有梦会计人

财务与會计创刊
五百期纪念 秦书

《财务与会计》新世纪会计文化系列丛书

有梦会计人

——《财务与会计》2005—2014 人文剪影

《财务与会计》编辑中心 编

中国财政经济出版社

图书在版编目（CIP）数据

有梦会计人：《财务与会计》2005～2014 人文剪影/《财务与会计》编辑中心编．—北京：中国财政经济出版社，2015.8
（《财务与会计》新世纪会计文化系列丛书）
ISBN 978－7－5095－6310－6

Ⅰ.①有…　Ⅱ.①财…　Ⅲ.①会计学－文集　Ⅳ.①F230－53

中国版本图书馆 CIP 数据核字（2015）第 161331 号

责任编辑：樊清玉　　　　责任校对：李　丽
封面设计：耕　者　　　　版式设计：康普宝蓝

中国财政经济出版社 出版
URL：http：//ckfz.cfeph.cn
E－mail：ckfz@cfeph.cn

社址：北京市海淀区阜成路甲 28 号　邮政编码：100142
营销中心电话：010－88190406　北京财经书店电话：010－64033436、84041336
北京财经印刷厂印刷　各地新华书店经销
787×1092 毫米　16 开　21 印张　350 000 字
2015 年 9 月第 1 版　2015 年 9 月北京第 1 次印刷
定价：49.00 元
ISBN 978－7－5095－6310－6/F・5086
（图书出现印装问题，本社负责调换）
本社质量投诉电话：010－88190744
打击盗版举报热线：010－88190492，QQ：634579818

《财务与会计》新世纪会计文化系列丛书

《有梦会计人》

代序

我们来自哪里，走向何方

今天，我愿意以一个从业三十五年的老会计人，从一位人文会计首倡者和践行者的角度，在这本书的前面与各位谈谈会计的态度，以及会计人的梦想。

做会计人为什么可以自豪？因为大禹在。《纲鉴易知录》卷一："癸未，八岁"，即公元前2198年，距今4213年，大禹到浙江绍兴一带视察，召见九州诸侯，防风氏还因迟到而被斩。司马迁先生的《史记·夏本纪》如此记录这一重大活动："禹会诸侯江南，计功而崩，因葬焉，命曰会稽。会稽者，会计也。"这是会计两个字第一次在史籍出现，称得上是中国历史乃至世界历史第一次会计审计工作大会。

做会计人为什么可以自尊？因为孔子在。公元前551年出生的孔子真真正正是会计界祖师爷。青山苍苍，青史磅磅！一部《论语》，大道至简，要言不烦，是先生的微博，是人生的教科书。我遥远而近的孔先生，第一个职业不是教师，而是财务会计核算专用的"会计"。《孟子·万章》篇中说："孔子尝为委吏矣，曰会计当而已矣。"

有了上述两位彪炳史册的伟大人物在，我想会计不仅是够分量的，也是蕴藏一脉相承的精神密码的。重量和密码，值得会计人用一生去探寻、去求索，不是限于“术”的层面，而是着眼于“道”的品味。这也是我对于会计的基本态度。

做会计人为什么可以自信？因为梦想在。我们都是有故事的人，有自身经历，有与同学同事的经历，有从前辈身上汲取力量的经历，这些经历常常撞击我们内心最柔软的部分。撞击前后，一个叫“梦想”的词总会不失时机地跳出来。是的，人文会计怎么能离得了梦想呢？如车之两轮，鸟之双翼。

也许在很多人眼里，梦想是一个虚无缥缈、不切实际的词语。然而，如果你不曾真切地拥有过梦想，你是断不会理解梦想的珍贵。我从这本书里读到的意味：第一，要有梦想。有梦想的人最富有，有梦想的人最开心。第二，要坚持自己的梦想。有梦想的人非常多，但能够坚持的人却非常少。敢于追梦、勤于圆梦，是因为坚持，并不是因为聪明。

我们沿着大禹、孔子的足迹走来，向着中国梦会计梦而去。梦想一旦被付诸行动，就会变得神圣。我们的幸福在于，做了一个可以微观思维、宏观视角的职业，可以不用吃青春饭的职业，可以用手中数据感受中华民族伟大复兴第一个百年目标即将实现的职业，可以用梦想编织思想、行动翅膀的职业！

十年前你是谁不重要，一年前你是谁也不重要，甚至你昨天是谁，都不重要。重要的是，今天你是谁，明天你将成为谁！来吧梦想，加油！

是为序。

张连起
乙未年季春于北京

《财务与会计》这十年

2002年《财务与会计》编辑部组织出版了新世纪会计文化系列丛书第一辑——《走进会计的日子》，2004年出版了第二辑《以诚信的名义》，如今第三辑《有梦会计人——〈财务与会计〉2005—2014人文剪影》又与大家见面了。从2005年至2014年，整整十年过去了。日子看似悠长，实则稍纵即逝，追忆似水年华，回溯来路风景，那些与《财务与会计》有关的人和事仍历历在目、记忆犹新。

这十年，寒来暑往，斗转星移，编辑部的人员发生了较大的变动，虽然有的人“走出去”了，但也留下了一段段吉光片羽的美好回忆，值得我们一一细数，一一珍藏，他们是：张玉伟，那时是我们编辑部唯一的帅小伙，于2007年通过公务员考试调往文化部。张智广，于2008年调往中国农业科学院下属的一家杂志社。屈艳贞、雷蕾、闵超分别于2009年、2012年、2013年因岗位变动调去本社《中国会计年鉴》编辑部、财务处。刘忻，于2011年调往中央编办事业发展中心，当时是我们编辑部最年轻的编辑。离开编辑部的还有原理财版的杨曼、刘莹。

当然，这十年，也有更多人“走进来”，加入编辑部这个大家庭，在这里挥洒才情，继续演绎着一段段平淡却动人的故事，他们是：李斐然、陈利花、武献杰、张璐怡、周愈博、李卓、达青、鲍双双、刘良伟、刘霁、王雅涵，这些80后甚至90后具有新时代年轻人的特质，朝气蓬勃，思想敏锐，理念超前，为《财务与会计》带来了一股清新之风，也为刊物的发展壮大积蓄了力量。

这十年，不管是“走出去”的还是“走进来”的，都书写着与《财务与会计》不同寻常的故事，并与她结下了深厚情谊。

这十年，《财务与会计》紧把时代的脉搏，不断发展壮大。2006年1月，《财务与会计》正式由月刊改为半月刊，上半月为综合版，延续原《财务与会计》的内容和风格，一如既往地为广大财会人员及时提供财会改革政策精神和财会新知识、新经验，热忱为广大财会人员释疑解惑，发挥刊物的指导性、权威性、导向性和实用性作用。下半月为理财版（2010年申请了独立刊号），以宣传国家财税政策、追踪财经财会热点、透视企业财管问题、交流企业理财经验、关注理财者生存状况为己任，以“新解”、“新知”、“新识”为基本追求，致力于打造一本面向企事业财务管理工作的专业理财精品期刊。

这十年，我们除一如既往勤勉尽责办好刊物、满足读者需求以外，还一直高举着人文会计这面旗帜，坚持以人为本，加强会计文化建设，为广大读者、作者提供优秀的精神食粮。继续加强“会计人物”、“会计人语”等栏目建设，并开展了一些主题性征文：2005年“职业规划”征文；2006年“考证时代”征文；2007年“会计人生”征文；2008年“难忘三十年——与《财务与会计》同行”征文；2009年“数豆岁月”征文；2010年“研经品典”征文；2011年“党在我心中”征文；2012至2013年“讲述感动——记身边的会计人”征文。各种征文活动得到了读者的积极响应，并收到了良好的效果。有读者撰文说：“《财务与会计》举办的各种征文活动及‘会计人物’、‘会计人语’栏目刊登的文章，因其接‘地气’，受到广大基层会计人的关注和喜爱。”

时序更替，梦想前行。苟日新，日日新，又日新。合着时代发展的步伐，2015 年的《财务与会计》迎来了全新的自己，自 1 月起，吸收合并《财务与会计》（理财版），改为全彩半月刊。改版后的《财务与会计》不仅外观上“旧貌换新颜”，封面变了，版式设计变了，而且在内容上也进行了较大调整，栏目设置更加契合时代要求，报道重点更加突出，报道内容更加丰富。改版后的《财务与会计》完成了其精彩旅途上的一次重大转变，以一种更高质、更优效、更悦读的全新面貌与大家见面。除此之外，编辑中心（因《财务与会计》改为全彩半月刊，编辑队伍扩大，自 2015 年 1 月起，《财务与会计》编辑部改为《财务与会计》编辑中心）在编辑、采访等各个环节努力创新，不断探索，以适应时代发展，更好地服务读者。在《财务与会计》改为全彩半月刊的同时，着眼于财务理论研究与创新，另创办了《财务研究》，致力于将其打造成为我国第一本专注于财务学的学术期刊。值此新的历史起点，《财务与会计》也迎来了创刊 500 期，为了纪念这一特殊时刻，编辑中心隆重推出《财务与会计》新世纪会计文化系列丛书第三辑《有梦会计人——〈财务与会计〉2005—2014 人文剪影》。本书的内容主要来自于 2005 年至 2014 年《财务与会计》和《财务与会计》（理财版）开展的有关征文及“财会审论坛”、“交流驿站”、“职场人生”、“会计人物”、“会计人语”等栏目中的优秀文章。入选本书的文章大多出自基层会计人，他们或讲述身边会计人的感人故事，或畅谈自己的经历和感受，或诉说作为新时期会计人的思索和感悟，或书写自己的追梦、圆梦之旅。凡此种种，无不折射出当代会计人积极向上、勇于拼搏、为了梦想永不停歇的动人光芒。

“《财务与会计》是一个百花齐放、姹紫嫣红的美丽家园。在这个家园里，每个人都是一朵绚丽的鲜花，争奇斗艳。”为了让这个美丽的花园更加绚丽多彩，我们一如既往，从人文视角传播会计正能量。此书是各位读者、作者献给《财务与会计》创刊500期的礼物，也是我们编者献给广大有梦、追梦会计人的新的祝愿，希望在新常态下我们继续砥砺前行，早日圆梦，再铸辉煌。

坚守未有穷期，改革没有止境。未来，《财务与会计》将继续高举人文会计的旗帜，与您温暖相伴，携手前行，书写新的瑰丽篇章。

《财务与会计》编辑中心

目录

第一篇　身边的会计人

第二篇　经历和感受

第三篇　思与悟

第四篇　追梦人生

第五篇　哲人风范

第六篇　我与《财务与会计》

第一篇

身边的会计人

青春的迁徙

曹 丹

这是一篇关于三代会计人的故事。平凡的青春，因为有爱，便璀璨似阳光下晶莹的水珠，虽然普通而简单，却能折射出感人的光芒。

母亲：青春的期望

母亲退休前是一所学校的出纳。对于职业，让她引以为傲的是，直到退休，她经手的业务从未出过一点儿差错。母亲是一个要强的人，但是因为历史的原因，她的职业发展受到局限，她的青春似乎只有灰暗的底色。这是母亲一生都难以释怀的，所以，她对我寄予了很大的期望。母亲常常告诫我们："少壮不努力，老大徒伤悲!""莫等闲，白了少年头，空悲切。"我想，母亲一定是期望我们的职业青春能如花般绽放，期望她的职业梦想能在我们儿女们的青春中实现。可是，我羞怯的性格也许曾经让她感到非常失望。

当时我所在的公司，经常会对员工的业务素质进行考评，实行末位淘汰。考评既包括专业测试，也包括领导、同事、客户的评定，其中，领导评定占比不低。作为新人，我对领导总有些敬畏：偶尔在走廊里看到领导走过来，我会立刻转过身，装作是和领导同向前进，以此避免尴尬无语、礼节不周的情形出现。我向家人得意地炫耀自己的小聪明，父亲宽厚地笑笑，"你学到的奥数就用在这些地方啊!"母亲却一言不发，但是，我几乎可以听见，她心底深深的叹息。

当时，我是出纳。有一天，正是办业务的高峰时段，一位领导拿了一张100元的钞票要求换零钱。接过钞票的一瞬间，我就感觉到异样，再仔细看看、搓搓，几乎没有任何的犹豫，我脱口而出："领导，谁给您的钱啊?""怎么了?"领导面无表情地问。"是假钞!"就在领导突然微笑的同时，我听到同事们的笑声和掌声——原来，这是一次实务测评的试验。呵呵，一不小心，就做了一次成功的试验品。回家后忍不住和家人分享了这个小小的职场故事。很意外地，我在母亲脸上看到了赞许。我简直有些受宠若惊——不就认个假钞，至于吗！母亲笑着摇头："傻孩子，妈妈夸你，不是夸你会认假钞，而是因为你讲原则。知道吗，讲原则是做会计的基本要求；讲原则，可以让你少出差错，平平安安一辈子。"

哦，是我误会了母亲的心思。对于处在关键岗位的女儿，母亲并没有太多期望，仅仅只是希望女儿能够有原则地做事，能够一生平安而已。

母亲去世以后，我偶尔会翻看老影集。照片里的母亲是那样年轻，抱着小小的我，眼中满是温柔。一转眼，我已经到了照片中母亲的年龄。不知不觉，母亲的谨慎认真已经深深影响到我，母亲的坚持执着潜移默化，已经在我的职业生命中如影随行。老人常说："孩子是父母生命的延续。"母亲的青春和期望一起，从她的生命里，迁徙到我的生命里。

吴姐：与青春同行

走过职场的青涩季节，我们的青春激情也曾遭遇幼稚的冲动、手足无措的惶恐，但幸运的是，有一些前辈、有一些朋友总在我们身边，用他们的善良、经验和专业指引我们前行。吴姐，就是这样一位前辈和朋友。

初入职场，幼稚的我以为自己可以与所有人为善。但是，"理想太丰满，现实太骨感。"在我遭遇了一些挫折、情绪最低落的时候，吴姐走进了我的职业生涯。我们常在一起探讨业务，对一些规章制度进行推敲。对于年轻、盲目而又善良的我，吴姐常说："没有实力的善良什么都不是，专业的善良才能解决问题。"

那时，每年年初，都有一位老人来公司财务科领取补助。听前辈说，她曾经有一位非常优秀的儿子，突然间因为意外变成了一个智障者。老人的白发和皱纹无一不在诉说着她的伤痛。单位每半年会给予老人一些额外补助。因为路途遥远，老人一年来领取一次。钱不多，就1 000多元，可是，我们单位的现金管理比较严格，按照相关规定，"1 000元以上不能支付现金"，所以，每次老人都是匆匆来、急急去——因为她还要赶快到银行排队取钱，之后还要赶回家的末班车。每次看到老人蹒跚的脚步，我都有特别想帮助她的冲动。转年年初，老人又来了。当凭证传到我手上的时候，我发现"银行存款"变成了"现金"——是善良的吴姐在认真研究了相关现金管理制度之后，帮助老人合理合规地领到了现金。

5·12大地震，四川德阳是重灾区。和其他灾民一样，那段时间我们每日惶恐不安。5月13日上午11点左右，接到单位通知：所有与职工工资发放、抗震救灾资金支付有关的人员必须尽快到岗，不能延误职工工资的正常发放和抗震救灾资金的及时支付。走进一片狼藉的办公室，想着昨天还像树叶般摇曳的办公楼，真有一种说不出的感觉。我以最快的速度，准备好所有资料奔赴银行，但是，根据不相容会计岗位的要求，必须要有一位监章的会计同行，吴姐淡定地说："我去吧。"紧紧牵着吴姐的手，我一下多了几分安全感。

银行的会计很敬业，地震期间专为我们一家公司开门营业。在办理相关手续的同时，突然接到一个非官方的紧急通知，说中午可能会有一次大的余震，我签支票的手不禁抖了一下。空气中弥漫着难以言说的紧张气氛，谁都没有说话，只是不由自主地加快了工作进度。我和吴姐互相校验对方的手续，我们都明白，越是在这种时候越不能出错。时间在一分一秒地流逝，突然，"嘭"地一声巨响，几乎是一瞬间，我们飞快地向外面冲去。跑到楼梯口，才发现不是地震，是一个柜员的零钱柜掉地上了。大家又呼啦啦往回走。这时，我惊讶地发现：在这紧要关头，吴姐居然是抱着公司的重控（印鉴和票据）跑在最后。可能是注意到了我惊奇的表情，吴姐轻轻握了下我的手："别怕，一切都会好的。"——亲爱的姐姐，我不是害怕，而是你的专业态度让我汗颜啊！

"5·12"之后我就调到了其他公司。虽然我和吴姐不再一起共事，但是还会经常在一起小聚，晒着暖暖的阳光，享受着属于我们的悠闲时光。和十多年前我们初识时一样，我爱说，她爱笑。一转眼，我也到了吴姐当初的年龄。有时候，帮吴姐拔去头上的白发，她也会轻轻地叹气。亲爱的吴姐，别难过。知道吗？与你同行的日子，你的专业和善良已经"润物细无声"地浸润到我的职业青春里，青春没有消逝，只是，从你那里，迁徙到我这里。

邻家小妹：我的青春叫"较真"

夏日的午后，我在档案室里查询凭证。不经意间，看到一个留着厚厚刘海儿的小姑娘正在不远处全神贯注地看资料，可能是财务系统新分来的学生吧。也许是我从梯子上下来的声音惊扰到她，她黑白分明的眼眸里迸出惊喜："老丹阿姨！"似乎在一瞬间，记忆的闸门轰然而开，那如歌的青春岁月穿越荏苒时光浮现在我眼前……

那时候，我和爱人刚刚结婚，在厂区附近租了房。小姑娘是邻家女孩，纯净得像一块晶莹剔透的水晶，那黑白分明的眼眸和厚厚的刘海儿让人印象深刻。一个炎热的晚上，我和爱人加完班走在回家的楼道里。我们嘻嘻哈哈地调侃着工作中遇到的趣事，似乎是在诉说工作中的一个小错误吧，我故意说成：

千（qian）细。这时，身后响起一个小小的、坚定的声音："阿姨，你说错了，是纤（xian）细。"回头处，邻家小女孩背着书包、抱着厚厚的资料站在昏暗的楼道里。呵呵，一晃十多年过去了，当年那个小女孩已经亭亭玉立，而那个扎着高高的马尾、蹿上跳下的我已经从小字辈向阿姨过渡了。不过，小姑娘的较真劲儿真地很适合做财务。

小姑娘非常认真、努力地适应着新的环境。那段时间，我刚刚接手了新的工作，经常加班，可是，几乎每次当我结束加班的时候，都能看到她那里的灯还亮着。跟她挥手告别的时候，小姑娘笑得弯弯的眼眸总让人心里一亮。

有一天，小姑娘拿着一份我做的凭证，非常谨慎小心地问我："老丹阿姨，你是不是做错了？"这是一个涉及债权债务转移、典型的"亡羊补牢"的特殊案例——原合同名称与发票开具单位不一致。当时由于手上有急活，我大致讲了一下原因，小姑娘"哦，哦"几句后离开了。过了一会儿，她又过来了："阿姨，我还有个问题——"因为要赶去参加一个紧急会议，我打断了她："开完会，我找你。"会议结束，已经接近深夜。QQ 上，小姑娘呼了我 N 次："阿姨，在吗？"无数的问号挂在后面，仿佛挂满了小姑娘数不清的疑问。一抬头，小姑娘已经一阵风似地跑到我跟前。天，较真的丫头为了等待心中的答案，居然还没下班！我把后面厚厚的附件展开，详细为小姑娘讲解了我们对于这种不规范合同的处理思路，逐个回答了她紧追不舍的"为什么？"她眼里的懵懂逐渐散去，弯弯的笑意重新回到脸上："我好担心是你做错了，又怕问多了你会烦，可是，又不敢轻易就这么付出去了，我很犹豫啊！现在明白了，明白了……"那一刻，我被小姑娘的真诚深深打动，我仿佛看到了十多年前那个总是挂满问号、羞怯而执着的我……

岁月很慈悲，因为，青春从来就不曾消逝，只是，从我这里，迁徙到她那里。

永远的青春：传承

青春如花，生命如此，职场亦如此。

平凡如我，期望永远驻留在青春的美丽时光里。

平凡如我，因为有爱相伴，走过职场青春的雨季，温暖而从容——这份爱来自亲人，来自善良的前辈，来自几代会计人对于这份职业的拳拳之心。

平凡如我，虽然青春渐行渐远，但是却渐渐懂得：一直期望能够紧紧抓住的青春，在爱的传承里，从未走远。

（原载《财务与会计》2012 年第 11 期）

追忆逝去的她

林　雯

我从一堆付款单中发现了她的名字，那是结算她的所有薪酬并最后支付给她的时候。我用手指轻轻抚摸那两个字，在心里问她：你还好吗？你还好吗？这是她去世后的第五个月。

集团决定设立这个公司时，她已有身孕，但她接下了派驻新公司财务经理这个职务，从此离开了熟稔的集团，担当了另一番事业。

新公司的业务与集团迥然不同，与集团旗下其他公司也不同，且是要大发展的。大发展，这意味着领导期望很大，因此要多获取市场份额，也因此有很大的财务工作量。她在集团分管财务部中很专业的一块，在新公司，需要全面建设一个规范的、高效的财务体系。

梳理各种业务、开会、与中介讨论、搜集税法、研究同行的做法、拜访税务局、评估各种会计处理的优劣、最终制定税务和会计流程、按人员性格做分工、组建财务团队，所有的这一切，都是在她身怀六甲时做的。所有的这一切，都要不时汇报给集团领导。

新公司开业半年之后，一切就都顺畅了。

阻力，是有的。业务经理见多识广，在领导面前当面问过：“某公司这么做行，我们怎么就不行？”某公司是业内著名公司。对此，她的回答是：“我们比某公司更加规范。”

挑战，是有的。领导的干劲很足，对财务的要求是：“别和我谈过程，我要的是结果。”

监管，是有的。公司和集团公司业务不同，凡是不同的地方，会计处理也就不同，必须向集团对口部门一一汇报清楚，让集团了解公司为什么这样做，为什么这样做才是合规的，为什么不能照搬集团的处理方法。

办法，是有的。公司忽然发现，业务部门经常被财务部培训，发票知识、税法条款，等等，报销和付款流程那就更不用说了。新的税务规定一下来，凡是可能对公司有影响的，她会在第一时间找税务局，沟通是否适用于公司。

这样过了几年。后来，业务人员自己都说：“财务严格把关是为公司好，因为账和凭证后面的发票，将来都有人要检查的。”一张发票不合规，即便是公司副总，也会亲自去纠正，而不是要求财务部必须入账。业务部门遇到各种细节问题，总会跑来征求财务部的意见。而集团公司在制定大方面的管理办法时，也不会忘记“抓”公司的会计去提供意见。

从觉察有病到离去，不到一年的时间。消瘦和衰弱，无情抹杀了一切要强。病床上，她不时问起资金、预算以及对分公司的管理。那种疾病的治愈率不是零，公司也动用了一切资源求医问药，然而，她走了，不到四十岁。离开了哀恸的家人和还在上幼儿园的孩子。

同事说，这样拼死拼活干，图个什么呢，落个什么呢？

细数她从事会计工作的年份，也不过十五年而已。大学毕业后，在很基层的公司做出纳，那时跑银行都要带警棍的，为了保护现金。后来，被选拔到省公司，又选拔到集团公司，再被派驻到现在的公司做财务经理，业务环境变了不止一次，她总能做到出色。追悼会上，她的履历很简单，但业内人都能读出，一个女同志，在悉心照料家庭、孩子、老人的同时，能把事业做得如此出色，是多么不易。

和市场等部门不同，财务部门的优秀往往不那么明显。如今和会计圈子的人讨论业务，无论是大政策，还是小细节，经常感觉公司真的很规范，各种规则均细致遵守，并且，在合规的同时也保持了高效，各种口径的数据，各种角度的分析，都不难做到。而这一切，都是在她手下构建起来的。

财务部的人按部就班地工作，并未因她离去而有所混乱，这是体系的作用。而这体系，是她的辛苦付出所换来的。

不到四十岁的生命里，有十五年在做会计，并且做得如此之好。这就是奉献，真的。

等她的孩子长大，或许会从亲友口中知悉母亲曾是多么爱他，可孩子会不会了解，母亲曾经在会计方面，是如何的优秀？或者说，有没有人，去总结她的会计经验，去描述她这十五年的奋斗？

她不是名人，也不算是高管，但我要说，优秀的，也是平凡的一个人啊，你付出的一切，人们都会铭记！安眠吧，带着我们永远的思念和追忆。

（原载《财务与会计》2012 年第 11 期）

会计苍鹰

袁琴凤

引言：鹰的重生

据说，世界长寿之鸟为鹰，能活七十年。等鹰步入四十岁的关口时，要面临重生或等死的两难抉择。原因在于这时的鹰，鹰爪老化不能抓捕，喙长得太长，会垂到胸脯的位置；翅膀长出又密又厚的羽毛，变得沉重，难以翱翔。

一旦认定重生，鹰将孤独地飞往高高的悬崖，借岩石的坚硬击碎自己的喙，新喙长出后借新喙把爪甲拔掉，新爪甲长出来后，再用它们把羽毛一根一根拔掉。在历时五个月“剥夺”、“苦难”、“饥饿”、“口渴”、“无力”的重新生长后，老鹰重获新生，再可翱翔蓝天三十年。

四十之惑

临近四十，却生惑。我从业十几年了，在子公司财务经理岗位也做了有几年。业务熟悉、沟通顺畅，只待每月结出费用成本，月底出完三张报表就可轻松进入下一个轮回，周而复始之间似乎可以看见我在现有岗位上退休终老。然而内心却希望职业上有变化、有提升，于是边考着注会边等待着机会。

机会来了，老板一纸调令，将我由“财务”转为“内审”岗。内审是公司首次设立的，只我一人，无现成经历，无专人指导，只能摸着石头过河，工作开展得磕磕碰碰，在与同事及上司沟通中，暴露出自己种种不足，已有的财务经验不足以面对新生的问题。正如鹰到四十所面临的两难抉择一样，我备受着自我的否定与内心的煎熬。我是否不适合挑战新的岗位？十字路口的我进退两难，甚于十年前我该走该留的抉择。

鹰之初识

十年之前，我怀揣着一张会计师证徘徊在职业生涯的十字路口。这边是轻车熟路的流程、按部就班的操作，相对简单的商业会计岗位，虽然薪水不高，但朝九晚五带双休，轻松安逸；那边是民企加外资的会计主管岗位，前景未卜的人际关系，复杂的工业成本核算，全然陌生的涉外税务系统，还有，只能单休，福利也差得多。

“外资企业的涉税从没做过，我怕不会。”我向推荐人直言我的担心。

“放心，那边有姓殷的老会计带你的。”他说。

“鹰？”一只老鹰的形象飞进我的脑袋。

“是殷商的殷。她可是我们家乡第一批会做外税的会计，给公司办成过全市第一份‘两免三减半’优惠政策的。”他给我吃定心丸。

“这么厉害，那她多大了？”

“差不多快退休了。别看她年纪大，她可是老板从乡下老家费力挖过来的。她本领大，去年光向银行贷款就申请到8 000万元。这位殷经理，是企业宝贵的无形资产啊。她的经历在我们老家那可是传奇！她的这本领你有得学呢！”

一见如故

听了这番话，我终于下定决心，加入这家单位。但又生了另一层担心，我脑中鹰的画面越来越具体：敏锐的鹰眼、锋利的鹰爪、强劲的翅膀。这位殷经理，必是位厉害角色，这样的人，大概是不好相处的吧。

第一次见到殷经理，是在董事长高雅的办公室里。

“殷老，请您上来一下。”

董事长一个内部电话，殷经理来了，一种一见如故的感觉，顿时击退了脑海中关于“龙钟老态、不近人情”等诸多猜测。她个子不高、略发福、慈眉善目、耳不聋眼不花、皮肤白皙，若不是头发花白、眼角有经历沧桑的皱纹，看起来顶多四十多岁。

董事长简单介绍后，我说：“以后向殷经理多多学习。”她微笑着谦逊地说：“你是会计师，我们互相学习吧。”

知道我没做过涉外税收的账，第二天她就开始教我，又给我一本外资企业会计和税务的书，指导我办理税务申报及会计业务处理，很快我就适应了这里的新环境，感觉自己的职业生涯也打开了新的局面。

鹰之传奇

往事历历在目，清晰得仿佛就发生在昨天。眼下的困惑为什么不求助于殷经理？我走进了殷经理的独立办公室，春天温暖的阳光铺进来，正迎上殷经理那双热忱的眼睛。此时正是外审、税务汇算清缴都结束的闲适下午。这次外审、国税、地税在大会议室轮番查下属多家公司的账，一会要这个资料一会要那个资料，像打仗一样，而年逾六旬的殷经理应付自如。我的开场白就从这次查账开始："殷经理，这次看您接受连轴查账，亏您的身体比我们年轻人都好，睡一觉第二天照常接受审计。我记得前几年我接受审计，晚上觉也睡不好，稍微递点资料就腰酸背痛了。套用一句广告语，我们是三十多岁的人，六十多岁的心脏；而您是六十多岁的人，三十多岁的心脏。"

殷经理呷了一口茶，笑眯眯地打开了话匣："噢，我经历得多，且又是农村人，可能做惯了吧。我最初是做农业会计，就是在公社记工分，做农村的生产方案。比如杀一头猪，有多少钱，这是收入。再按工分分派，这是支出。有点像我们现在的收支表，一做就是十七年。"

"做了十七年后，就是差不多你现在这么大，承包到户了，也不用记工分了。可是我的老公下岗了，他身体还不怎么好，干不了力气活。那时我一儿两女，大儿子 13 岁，小女儿才 7 岁，家里如果仅靠村办会计的工资不够用。这时老天帮忙，我们乡下一个新办的彩印厂刚开业，人家喊我去做工业会计。在家里整整犹豫了四天，到底去了。"

"工业会计，啥也不会啊，怎么办？不会只好学，问别的企业的会计，学了几个月，慢慢就上手了。所以我想，只要肯学，没有学不会的。新办的厂，人手极缺，我又要做会计，又要跑供销。厂里忙的时候，天南海北地跑，去联系印刷业务。一到家就务农，照顾儿女，还要灯底下做账。那个日子你们不经历，不知道当中的辛苦，可就这样，我地里种的菜都比别人浇得勤、长势好，我们村上人都觉得奇怪。"

"一直到七年后，老公身体好转，也有了新工作。彩印公司引进外资，享受第一批'两免三减半'优惠政策。这时公司让我到上海进学校学一年外资企业账务。没办法，会计要学习，不学就要淘汰。"

殷经理侃侃而谈，谈起她在上海进修期间，看到一种新型的很紧俏印刷机器，于是想方设法通过渠道一下子订两台，这在当时可是件了不得的事，就连她在厂家食堂吃饭时，人们都指指点点说：瞧，那个就是订两台机器的人。后来又陆续订了十台，定价只需五千，卖价最高时达到十万。她因此领到了公司丰厚的奖金，也因此在业界声名鹊起，得到同业的钦佩。之后再经手些紧缺的印刷材料，催收一些货款，业内多少都给她面子。

手头宽裕后，她一下子在城里买了两套房，顿时成为乡间传奇。要知道，在二十多年前，房价虽然只要五六万一套，但有些老板都未必肯一下子扔出这么多钱。

鹰之楷模

那个下午的阳光很温暖，殷经理谈兴很浓，讲到那些艰辛的往事时，她的眼眶红了，我也拿纸巾拭了几次泪，见我动情，她轻描淡写地转而宽慰我说："那些都过去了。"虽然关于纠结与痛苦，她并没有过多地讲，但设身处地，可以想象那个年代一位女性的辛苦。我咂摸着殷经理的经历，回忆起与她相处的这十年，心中泛起无限敬佩。

无论是四十岁时农业会计转工业会计，还是近五十岁时去上海培训学习一年外税会计；不管是学习五笔打字、财务软件，还是繁琐的统计报表网络申报，殷经理一直都保持很强的学习力。各种会计税收政策层出不穷，一旦选择会计这个职业，就注定了要终身学习，殷经理的经历告诉我们，年龄不是拒绝学习的理由。

平日里，她往往能回忆起账上一笔多年的其他应付款的来龙去脉，也能对昔日的某笔账务的原因经过说出个子丑寅卯，倒反而是我们年轻会计时不时地患上健忘症，对近期的事情都记不清。她对数字的敏感和惊人的记忆力让我们由衷赞叹。

人际关系上，她也能左右逢源。在内部，她上受领导的器重，尊称一声"殷老"，下受员工爱戴，员工都愿与她交流和倾诉。在外部，借助在银行、税务、工商、统计、环保、政府经年累积的广泛人脉，只要她经办的事情总是办得很顺利，解决了单位很多难题。

而作为财务团队的领头羊，她有担当有关怀。当我们工作上有困难的时候，我们总会听到她有力的声音："我来打电话。"当下属工作犯错面临问责时，殷经理挺身而出："这是我的责任，我没有指导好。"然后寻求解决的办法。她对下属关怀，曾在我坐月子时，亲自到家里来探望，我至今感动。在我考注册会计师的几年间，每到考前，只要有可能，她总是安排我三天不上班，让我专心复习备考。在殷经理的影响和支持下，我顺利通过了专业阶段的考试，这才有了如今转到内审的资本。十年来，别的部门走马换将是常事，而财务团队始终保持了很好的稳定性。

鹰之启迪

返回到我的内审岗位上，我再次陷入了沉思。无疑，作为一位财会人，殷经理是成功的，她身上所拥有的专业经验和各种软实力，我们或许可以通过考取证书而收获，或许可以随着时间的累积而取得，或许某些是与生俱来的能力不能强求，或许是时代与市场的机缘错过即不可再有……但有一点是肯定的，如果没有殷经理四十岁那年的转折，她的经验也就止于农业会计了。

在人的一生中，关键的只是那么几小步，如果我现在因为内审的阵痛而退缩到财务，人生也许就此慢慢终老，再无新的精彩。安居巢穴的麻雀，怎配拥有翱翔苍穹的壮美？纵使不再年轻，也要保持壮志豪情，抛下包袱，搏击长空；即使心怀忐忑，也要迎接困难挑战，学好技能，无畏前行。这就是鹰的心，这就是鹰的启迪！

想清楚后，我不再迷惘，拿出殷经理当年学工业会计的劲头，主动寻找各种途径学习有关内审的知识，虚心向领导同事请教。在实际做内审工作时，殷经理给了我许多很实际的帮助，也给了我很多鼓励。当我与同事因某些观点引起不和时，殷经理居中调和，并指导我从老板、管理层的角度思考问题，建立全局观。就这么，我这只内审的雏鹰，在她的翼护下，开始试着翱翔！

（原载《财务与会计》〈理财版〉2013 年第 8 期）

我身边的会计人
——母亲

杨　明

我身边的会计人是我的母亲，她叫赵素清，今年已经75岁了。老人家干了一辈子会计：从1961年自铁路财校毕业分配到铁路分局当会计，到1980年首批被评定为会计师并调入铁路局负责沿线各基层站段的财务审计工作，再到1986年调入铁路职工中专任授课教师，直至退休。

母亲曾一度想把我培养成一位出色的会计，因此，打我记事起就叫我背诵"有借必有贷，借贷必相等"之类的口诀。可阴差阳错，我没能继承母亲的衣钵，最终成了一个自由撰稿人。但在我成长的道路上，母亲的言行还是时时刻刻熏陶着我，她的可贵品质也令我受益终生。

业务娴熟

记得在我刚上小学的时候，母亲手把手教我写字。在与母亲职业有关的诸多细节中，我最佩服和欣赏的是其中两点：一是母亲数钱的动作。厚厚的一叠练习钞在母亲左手中一握，把钞票前端微微一弯，右手拇指一搭，双手一错之际，我耳边就响起"嚓"、"嚓"、"嚓"的点钞声。母亲的动作悠闲舒展，看似不紧不慢，实则比秒针还快。母亲数钱的样子让我很着迷，仿佛在我眨巴眼的功夫，钞票就已准确无误地点数完毕。就这一手，我始终也没学会。小时候我总是无比羡慕地对母亲说："您数钱的功夫真是太棒了！是怎么练出来的？"母亲什么也没说，只是笑笑拉过我的手让我摸她手指上的茧子。除了点钞票外，我还喜欢母亲的字。母亲下笔工致有力，尤其是她写的阿拉伯数字，很刚劲，又像她的人一样干净利落。这一点我学会了，虽然还远未达到母亲的功力，但我在取款单上填写的数字让银行的工作人员看了，竟然以为我是他们的同行，颇让我小小地得意了一把。

公私分明

我上小学二年级的时候，学校里开了珠算课。有一次班主任通知交钱集体买算盘并由班级统一保管，因此，中午放学的时候很多同学都去找家长要钱。我也去了母亲的单位，但母亲不在。刚进母亲办公室就被桌上的算盘吸引住了。算盘有三把，木框上都用漆喷着“分局”两个字。我抓起其中一把仔细地看，真是太喜欢了！红框白珠，边角都镶着黄澄澄的铜边。我看看左右没人，把算盘往书包里一塞就欢天喜地地回学校了。

当天下午母亲就急匆匆地来到学校，请老师把正在上课的我叫出来。母亲责问我中午到分局干什么去了，她办公桌上的算盘是不是我拿的——原来是门卫大爷看见我并告诉了母亲。我只好一五一十地对母亲说了拿算盘的事情。母亲得知我还没把算盘交到老师那里去，忙让我把算盘拿回来并如数给了我该交的钱。

晚上放学回家，母亲第一次动手打了我，虽然没舍得狠打，但还是把我吓哭了。母亲说，“打你是让你好好记着，公家的东西一分一厘也不准动。我是会计，每天从我手里经过的钱款不知有多少，如果我也像你那样随便拿公家的东西，那还得了吗?”父亲看母亲打我有些心疼，就说，“这么点小事你就打孩子，真是的！再说了，咱家不是也有算盘吗? 拿一把让孩子交给老师不就行了。”母亲说，“那也不好。学校统一买算盘，是集体活动，人家孩子都积极响应，咱家孩子凭啥就特殊。孩子还小，在集体环境里，得让他懂得什么是大局。”后来母亲得知我把算盘款如数交给老师了，才放下心来。

忘我工作

我上初中的时候，印象最深刻的就是母亲总是出差。有时刚从西线的一个车站回来，家也来不及回又匆匆登上火车去东线的一个车辆段；有时在一个沿线基层单位一驻就是好多天。那时候，我和姐姐十天半月看不着母亲的身影是常事，听父亲动不动就埋怨母亲更是常事：啥重要也不如你那些账本重要；你好像卖给铁路局了，家不管，孩子们的学习也不管……那时候母亲已经调到铁路局管查账的工作。我至今也不明白什么叫查账，少年时的印象让我认为，查账就是没完没了地出差和流血不止的大脚趾——那是母亲在查一个车站的会计账目时，为了去一个退休老会计那里取证，走夜路时被石头绊倒，大脚趾磕在了石头上，把大脚趾甲整个给掀掉了。每当看到母亲的伤处，我都感觉疼得要流泪。直至今天，母亲的大脚趾甲都没长出来。母亲的行为让那个车站的站长坐不住了，不辞辛苦大老远地坐火车来到我们家，趁母亲不在的时候拿出一个装着钱的厚信封让父亲收下。父亲正色地说："我们家老赵工作上的事我绝不参与，请你把钱收回去，不然我就上交纪委了。"

最终，母亲如实做出了对车站会计账目的审计报告，得到了大家的一致好评。

潜心教学

我上高中的时候，母亲被调到铁路职工会计学校当老师，她的学员都是基层各单位的年轻会计。在我印象中母亲是个不大爱说话、做多于说的人，而且就算说话也是轻声细语的。可自从她当了会计老师后，不到一个月嗓子就喊哑了，因为来听她课的学员太多了，每次都把阶梯教室坐得满满的，母亲只好把声音无限放大。有时一天竟连着上三四节课，腿都站肿了。记得我那时正面临高考，每天都复习功课到很晚，母亲就和我在同一张书桌面对面坐着，她备课、写教案、做课件，我看书、做习题，但她几乎每天都比我睡得晚。

记得母亲在她 53 岁那年扎上了蓝纱巾，而且这一扎就拿不下来了，无论春秋冬夏，纱巾仿佛长在了母亲的脖子上。爱美的母亲把纱巾扎得一丝不苟，不宽不窄不大不小，还系个鸳鸯扣，很是好看，女学员们都纷纷效仿。她们哪里知道，母亲因长年伏案工作，或做账或做教案，颈椎增生，压迫得头晕，她疼啊，才在自己脖子上做造型。

坚持原则

我刚参加工作的时候，母亲退休了。她是个闲不住的人，工作了一辈子冷不丁退下来让母亲无所适从。看到母亲失落的样子我心里很不是滋味。可没过多久，母亲过去的一个女学员就来找她，说是想返聘母亲去上班，担任财务主管，工作很轻松，待遇却非常优厚。没想到母亲一口就回绝了。我不解地问母亲，她告诉我说，那个女学员和她丈夫承包了一个铁路饭店，之所以返聘母亲去上班，是因为母亲和现在铁路局里的查账人员几乎都认识，有不少还曾是母亲的下属，是母亲一手带出来的。那对夫妻想聘用母亲的用意也就不言自明了。

后来那个女学员还不放弃，见聘不动母亲便又软磨硬泡地央求母亲教她几手“绝招”。母亲严肃地说：“什么绝招？如果让我教你，我只能告诉你，要永远牢记会计的职业道德操守。我作为你的老师，绝对不会教你做假账的，从前不会，现在和将来更不会。”

母亲是个面对现实而又热爱生活的人，她把自己的晚年安排得丰富多彩。在我女儿五六岁的时候，母亲就给她做了副小套袖，教她双手打算盘，小胖丫头学着奶奶的样子煞有介事，还在耳朵边夹了一小段铅笔头，嘟着小嘴边念叨着“逢四进二、逢八进四，二一添作五……”，边把算盘珠拨得噼啪作响。看着一老一小在尽享天伦之中其乐融融，我倍感欣慰。

这就是我的母亲，一个普普通通会计人一生当中的点点滴滴。母亲用毕生的精力和责任感对她的职业做了最好的诠释。

母亲，儿子为您骄傲，祝您健康长寿！

（原载《财务与会计》2013 年第 4 期）

感动我的会计人

——黄君

梁小健

2010年我从学校毕业，在茫茫人海中失去了方向，不知道自己未来的路在何方。为了生存，我不得不先找了一份临时的会计工作。

那是一家物流企业的分公司，规模不大，全公司大约就四十人，财务部四人。因财务部有两人准备休产假，所以着急招聘临时会计人员。我去应聘，连交接都来不及就赶着上班了。从那个时候开始，财务部就只有经理吴岩、出纳黄君和作为会计的我。

年过四十的黄君，脾气好，待人和蔼可亲，我经常向她请教。一方面是由于刚从学校毕业对会计实务比较陌生；另一方面是担心出差错。我刚进公司的时候，每天晚上都得加班，黄君也经常陪我一起忙碌。加班的时候，整个办公室只有我和黄君两人，她会放点轻松的音乐，让我们在工作的时候不会感到那么压抑，有时候还会说上几句笑话。黄君所做的事情看起来都是那么微不足道，但对于刚踏进社会的我来说，心里感到很温暖。只要她有空，她就会给我讲解有关公司的业务和操作流程。慢慢地，我从她的身上学到了很多，也被她深深感动了。

学会用脑

记得刚开始使用OUTLOOK的时候，邮件蜂拥而入，有时候我找一封邮件需要费很长的时间。黄君告诉我一个好方法——分组处理法。我们财务部日常的沟通对象主要是公司内部人员，只有追收逾期款项的时候才会给客户发邮件。因此，可以把处理好的邮件按照部门和客户进行分组存放，然后把未处理的邮件作个标识。这样每天下班前，就能知道还有多少封邮件没有处理，也不会漏掉任何一封需要处理的邮件。从那个时候开始，我就认识到，做任何工作之前先要认真想想怎样做，然后再付诸行动，这样才会有效率。

细节用心

第一次进入公司的资料室翻阅以往的会计凭证和原始发票时，我感到很惊讶。因为这里的每一本资料都经过打孔装订，并附有精美的封面，而且封面有一角突出的地方，用来填写资料的名称，这样就能在一堆资料中快速找到自己所需的，查询十分方便。后来得知这些封面都是黄君自己亲手做的，因为公司没有这方面的成本支出。黄君笑着告诉我，她女儿很喜欢手工课，这些封面都是下班回家和女儿一起动手做的。黄君说：经理经常让我找资料，所以这样做也是方便自己。黄君还说，能把工作和生活融合在一起，而且不觉得是个负担，还有家人的支持，那是一种幸福。可能我眼泪浅，听了黄君的话，很感动，眼睛竟然湿润了。

懂得分享

每当在工作中遇到新问题，黄君总会寻求各种各样的方法来解决它，并且会不断更新方法，然后把比较完善的方法与部门的同事共享。快速处理数据是会计工作中的难题之一，而黄君是 EXCEL 方面的操作高手，很多技巧都是她总结出来并提供给大家共同分享的。这种共同分享的行为得到了大家的赞许，也感动了我。黄君总是笑着说，以后我休假，总要有人帮我处理付款方面的工作，我不把经验传授给大家，大家在处理的时候会感到非常麻烦，简单来说，懂得分享也是一种互相帮助。在现实社会中，不少人会认为：教会了徒弟，师傅就无用武之地了。因此对于请教自己的同事，大家总会有所保留。我很赞赏黄君所说的，懂得分享就是互相帮助。

细致为重

黄君认为，在工作中要做到不出差错，就只有认真细致地复查。刚开始工作的时候，我习惯于一写完邮件就直接发出去，因此，总会出现发错对象或者发错资料的情况。后来经过黄君的提醒，我学会了认真细致地复查，效果很明显。我们的供应商是船运公司，延迟付款船运公司就会扣押货物。如果我们无法按时把货物交付到收货人手上，则要对客户负赔偿责任，所以付款的流程非常严格。船运公司以收到款项的日期为准，而客户一般要在交易完成后才愿意支付款项，因此，我们必须考虑周全应收和应付款的时机才不会出差错。我和黄君紧密配合，把到期应收的款项及时收回，满足了公司的付款需求。在工作中，黄君从来没有被客户投诉过，同事们也很信任和喜欢她。她的理念是，不管从事怎样的工作，都必须一件件认真完成。尤其是作为出纳人员，接触的都是真金白银，在付款之前必须进行认真细致的复查，所花的时间肯定比解决错误所花的时间要少得多，而且能够避免给公司造成不必要的损失。

知足常乐

黄君只获得过中专文凭，因此在公司一直得不到晋升。她本想参加会计师职称考试，但其学历不符合报考会计师的条件，而工作的繁忙、家庭的负担，使得黄君没有多余的时间自考大专。面对这些，黄君很乐观。她的先生是一名公交车司机，一家人挤在四十平方米的小房子里，但她从不抱怨，就算工作再不顺心，她也总保持着微笑。刚参加工作时，我感觉每天都忙得不可开交，有时候客户态度不好，自己受了委屈，情绪就容易低落。这时黄君就赠我良言：宽容对方，检讨自己，保持微笑。并告诫我，人生短暂，知足才能简单、快乐地过好平凡的一生。

黄君知道我一个人在外地打工，每逢过节都会邀请我去她家吃饭，这件事一直让我很感动，因为我觉得一个真正让人佩服的人，不仅是工作上得到别人的尊重，如果生活上也赢得别人的尊重，才是真正地打动人心。她说，对别人好，是我对生活的感恩，因为生活给了我满满的幸福。

不久前，因为黄君的表现突出，领导破格提升她为财务部门的副主管。同事们在得知这个消息的一刹那都欢呼起来。他们说：一分耕耘一分收获，在黄君身上得到了最好的体现。

我感谢黄君。是她，在我初入会计职场的时候，给了我许多的温暖和感动，并激励我前行。

（原载《财务与会计》2013 年第 3 期）

父亲教我做会计

刘志耕

我的父亲退休前一直是一家合作商店的会计。之前我在老家的税务部门工作，但当地人都习惯地称我为“刘会计”。现在的我在注册会计师协会工作，不管是日常从事对注册会计师的执业质量监管工作，还是喜爱的会计、税务和审计问题研究，从内容看我都应该是地道的会计人。而今我已工作三十多年，回想走过的职业生涯，是父亲一直教导并鼓励着我，让我一直热爱会计并努力工作着。

记账一分钱不能错

记得我中学毕业前，父亲的会计工作很繁重，不仅要复核、汇总近二十家门市部上报的账目和报表，而且还要承担总店的会计核算和报表编制任务，算盘声常常是从早到晚、通宵达旦地响着。记得一天夜里，算盘声又把我惊醒，我起床劝父亲早点休息，父亲说不知哪里错了一分钱，我说不就是差一分钱吗，自己垫上就是了，身体要紧。但父亲却说，这账面上差一分钱不等于就是真正少一分钱，一分钱虽补上了，但账不平的问题还是没有解决，而且差一分钱往往就意味着很可能存在其他更大、更多的问题，不查清楚怎么能睡得安心呢？

当时的我虽然没有完全听懂“账面上差一分钱不等于就是真正少一分钱”和“差一分钱往往就意味着很可能存在其他更大、更多的问题”的含意，但由于类似的回答有很多次，让当时不懂会计的我记住了这两句话。在我三十多年的会计职业生涯中，我对会计工作的认识、态度和表现与父亲一脉相承，特别是我刚刚工作时在税务部门担任税务专管员期间，经手的税款不计其数（那时可以由税务人员自己开票收税款），但从未错过一分钱。三十多年来我对工作一直保持着会计人应该具有的认真、严谨和执着，我想，这些都是父亲在影响着我。

会计必须公私分明

记得在我很小的时候，父亲还是现金会计，办公桌就设在自家的卧室里，商店各门市部上缴的现金销货款经常放满办公桌中间的抽屉。由于经常有门市部的营业员到傍晚才送来销货款，银行早已关门，父亲只好将现金放在家里，而且即使父亲来得及将现金存入银行，也仅是存入一个整数，还有一些零星尾款就留在抽屉里。那时，尽管父母都有工作，但工资都很低，如果逢到开学、家里有谁生病或有什么大的支出，不到月底家里就没有钱了。有几次月底，母亲想从父亲放现金的抽屉里借点钱先用，下月初拿了工资就还，但父亲总是摇头，所以，母亲以后就再也不向父亲提借钱的事情了。有一次临到月底家里又没有了钱，吃晚饭什么菜也没有，我向父亲提出从他抽屉里借一毛钱去买点酱菜，父亲硬是没有同意，我们一家人只好仅吃白米粥，类似仅吃白米粥的情况在我小时候经常出现。不仅如此，一些亲戚朋友到我家来借父亲管理的公款都会吃闭门羹，为此父亲得罪了很多人。

由于父亲对公款的管理非常严格，我和弟弟也从不敢拿他抽屉里的一分钱，因为我们从小就知道，那些钱都是公家的，这也养成了我在三十多年的工作中一直保持着公私分明的良好习惯。

刻苦钻研查账技巧

父亲虽然只有普通高中文凭，但他对会计业务却相当熟练，特别在不重视业务学习的20世纪70年代，他对业务的钻研精神更值得称道。他善于分析和研究一些异常账务处理的逻辑关系和本质内涵，因此在查找会计舞弊及差错方面总有独到见解。记得有一次父亲讲述了一种查找错账的方法：在日常会计核算中经常会发生两个数字前后颠倒、三个数字前后颠倒或数字移位的问题，但这些问题的共同特点是错账差数一定是9的倍数，或差数每个数字之和也是9的倍数，因此，这些情况下的差数均能被9整除，以此方法来查找错账可以很快发现问题，大大节省时间。由于父亲是用算术原理给我讲解该方法的，这使得我很快理解并记住了该方法，直到自己学会计后才知道这叫“除九法”。由于父亲对日常会计业务工作的不断钻研，使得他具有较高的会计专业水准，而正是由于看到父亲对会计业务的钻研精神，父亲商店的上级领导多次聘请他参加检查他人经济问题或处理疑难会计问题的工作。好几次问题的突破口都是父亲发现的。也许是父亲对会计业务的钻研和执着在我幼小心灵中埋下了种子，在某报从 2008 年 5 月起设立的“查账技巧”栏目中，我先后发表了一百二十多篇文章。

摆正国家与个人的关系

如今，父亲退休已有二十年，但仍然不忘关心时事和会计工作，他从电视、报纸或与人闲聊中得知一些公务人员或会计人员出了经济问题后，往往保存好相关报纸或将有关内容记在他的笔记本上，我一回老家，他就拿出报纸或笔记本对我说教。他告诫我一定要摆正国家和个人的利益关系，不能损公肥私、中饱私囊。

最让我记忆犹新的是前几年我老家房子拆迁，因父亲年事已高，自然由我承担了拆迁谈判任务。老家镇政府的一位副镇长出面与我谈拆迁补偿，由于我与副镇长谈了多次没有结果，在我又一次回老家后，父亲严厉地批评了我，说我与政府要态度，拖政府的后腿，与政府讨价还价。我听后只好向父亲解释，我肯定没有要态度，双方是在友好的协商中，因为有些数据没有搞清楚，还要等一等。但父亲却说，你不是学会计的吗？这点数据就能难倒你？我忙说，不是难倒了我，是难倒了副镇长。考虑到父亲的态度和意见，我还是很快与副镇长达成了一致意见，完成了父亲绝不拖政府后腿的心愿。

父亲对会计工作的实事求是，对会计业务的刻苦钻研，对会计原则的执着坚守，一直影响着我，也勉励我踏实做事、认真做人。

（原载《财务与会计》2013 年第 2 期）

铁骨铮铮的“铁拐李”

武亮亮

“铁拐李”是我们单位年长的李会计。之所以称之为“铁拐李”，是因为我们单位是“铁军”（中建一局1959年曾被授予“工业建筑的先锋，南征北战的铁军”光荣称号），因为他姓李，之前下乡的时候还打过铁，更因为他对财务工作挚爱和对财务人员爱护的那份铁劲。现在的他虽然已经年过花甲，却依然“吃秤砣铁了心”地奋斗在工作岗位上。

一丝不苟来记账

1997年5月21日的下午，绝大多数同事都像往常一样已经开始收拾准备下班，只有“铁拐李”还在那踌躇不决，大家不知道他在想什么，只有他知道自己今天要再犯一次“铁”劲。下班了，“铁拐李”喊住了出纳要求进行盘库。出纳约了同学晚上一起打球吃饭，“铁拐李”也看出他着急的表情。“铁拐李”讲道：“下班前一定要盘库，财务人员一定要做到现金库的日清月结，每日必盘库。”盘库结果出来了，现金与现金日记账不符，差了5分钱。经过一遍又一遍的盘点，还是没有发现错误，此时出纳已是满头大汗，但越发着急越是难以发现错误。

晚上八点了，门外的同学开始有点焦急了，出纳也想亲自掏钱垫上，而“铁拐李”却丝毫没有动摇的意思，公私分明。“铁拐李”先安抚好出纳的同学，然后依照多年的会计经验开始与出纳一起认真清点现金，跟他一起细致地核对现金日记账。由于当时采用的是手工日记账，每笔的现金分录都是手工记录的，要求字迹清晰。最后发现一笔职工报销的劳保费，因为字迹潦草，8分钱误看成了3分钱。终于找到原因了，问题也解决了。门外的同学等得又倦又饿，此时的“铁拐李”为了表达自己的“歉意”，亲自请他们吃了一顿大餐。虽然饭吃得晚了点，但是出纳的同学也没有责怪他，反而更加羡慕他有这样一个“铁”领导。小小的5分钱，“铁”到找出来；小小的5分钱，也成就了这群人的“铁”关系。而“铁拐李”对工作的认真、严谨和执着，也深深地烙在了大家的心里。

彻夜未眠调资金

“铁拐李”在对业主分包的谈判上更是有一股让业主、分包闻风丧胆的“铁”劲。2003年“非典”时期，房地产公司的工程款支付受到了影响，作为施工企业的我们资金也受了限制。此时国家已出台了相关的保障农民工工资的规定，作为公司财务经理的“铁拐李”深知年底公司的资金压力。在公司年底资金支付计划出台以后，内忧外患，公司从上至下心里都没有谱。年关不好过，“铁拐李”分析公司的资金缺口在2亿元左右。他彻夜未眠，积极分析公司可能取得的收款，同时在保证农民工工资的前提下深入剖析能够降低支付比例的款项，此外，还积极考虑向各方面的“铁”客户申请援助。

第二天，他凭借多年与银行的“铁”关系取得了1亿元的贷款，又积极与业主沟通谈判，取得了5 000万元的工程款，在保证农民工工资的同时，适当压缩了相关分包的支付比率。这样，既保证了农民工工资、工程款的及时发放，又保证了职工工资的准时发放，让大家过了一个安稳祥和的春节。“铁拐李”正是凭着这么多年的“铁”关系，靠自己的“铁”劲，帮助企业渡过了一个个的财务难关。

义无反顾奔前线

2008年汶川地震发生后，公司作为大型国有建筑企业也承担了部分援建任务，财务部门也要往灾区委派人员。由于财务系统女多男少，女职工去灾区不方便，而在公司的男职工身体素质都较差，因此，当年值五十六岁的“铁拐李”知道这个消息后，在未跟家人沟通的情况下，就主动跟公司请缨要求到最前线。虽然公司也考虑到他的身体及家庭，不太想派他去，但是“铁拐李”的“铁”劲上来了，坚持到了灾区。在灾区重建的半年时间里，时时刻刻都存在余震，水跟物资也是相当匮乏，有很多同事都因为身体扛不住而撤了下来。但“铁拐李”一直“铁”到了援建工程的结束，凭借他的那股“铁”劲保质保量地完成了重建工作，真正展现了公司“铁军”的风采。

鞠躬尽瘁为企业

年轻时的“铁拐李”也是意气风发、踌躇满志。作为财务系统的优秀代表，他参与了中建总公司的援非建设。为了国家、为了企业，他离开了自己的祖国和呱呱坠地的孩子，来到异国他乡。在那片陌生的土地上一干就是三年，为援非建设奠定了一个坚实的基础。后来中建总公司进行重组，组织调他回国，总公司鉴于“铁拐李”的优秀表现和突出的个人能力，提出要留他在总公司任职。此时他曾经工作的五公司，正值起步发展的困难时期，人才匮乏，尤其是像他这样有经验、有能力的年轻人更是缺乏。前任董事长找到他，问他能不能回来继续为自己的企业贡献一份力量。就这样的一句“自己的企业”，深深触及到这个年轻人的心灵。他放弃了在总公司工作的机会，回到了自己挚爱的企业，在这里一干就是四十三年。当我们问他后悔不后悔时，他答道：“这里是我最铁的企业，在这里奉献自己的青春我无怨无悔。”

高风亮节让贤位

曾经的董事长为表彰他的无私奉献准备提拔他当副总会计师和总会计师，而“铁拐李”却说：“能在我深爱的企业上班，看着他就像自己的孩子一样健康、快乐地成长就心满意足了。”他把更丰厚的待遇和更高的职位让给了年轻人，让年轻人有一个更宽的视野、一个更好为企业服务的机会。作为财务科的老领导，他对下属永远是那么和蔼可亲，对相关部室的工作也是积极努力地配合，对每一个来办事的人都是细心、耐心地解答和服务，完全没有任何架子，几十年如一日。

现在的“铁拐李”已年过六十，伴随企业走过了风风雨雨的四十三年。岁月不饶人，“铁拐李”的身体已经没有以前那样“铁”了，但是他那铁骨铮铮的形象却永远立在我们心里。

（原载《财务与会计》〈理财版〉2013年第6期）

杨会计

孙同林

1987 年，我被推荐到一家镇农业服务单位担任现金会计，杨会计担任总账会计。于是，我跟他有了一段共事的时光。

杨会计文化程度不高，平时说话很少、声音也很低，生怕说错了似的，在人多的时候甚至显得有点拘束。杨会计办事谨小慎微，给人留下一种古板的印象。

我当会计是半路出家，刚开始时对会计业务一点都不懂，杨会计总是很耐心地教我。记得第一次为顾客开票时，杨会计首先为我做示范。金额计算出来，顾客应该找杨会计两角钱。顾客与杨会计是老熟人，他身上一时没有角票，就大大咧咧地说："杨会计，算了吧，不就是两角钱吗？你入账时省去就行了。"我觉得数额确实不大，顾客说得有道理，没想到却遭到了杨会计的拒绝："那不行，如果今天两角钱可以不入账，那么明天就可能会是 20 元甚至 200 元。今天你身上确实没带够钱的话，我可以先帮你垫上。"说着，杨会计就从身上掏出两角钱来放在收款的抽屉里。顾客摇摇头，向杨会计斜了一眼，不情愿地掏出一元钱交给杨会计，杨会计很认真地找回他 8 角。

会计工作是辛苦和繁琐的：算不完的数据，点不完的钞票，做不完的账务。特别是每逢月底，结账、出报表，限时限刻，拖延不得。我们单位规模虽小，但却涉及多个更小的单位，每月的结账工作量比较大，而杨会计又是个办事认真的人，常常因为这家单位与那家单位的几度电、几分钱材料款对不上，一查就是半天甚至一天。每逢夏天的月底，大家经常能够看到杨会计通宵达旦工作的情景：坐在煤油灯下，点上一盘蚊香，一手拿把芭蕉扇，一手把算盘拨得噼里啪啦地响。

1988 年，杨会计已经临近退休，这时的我对做财务报表还不是太熟练，临近年底了，单位的财务报表还没有眉目，心里非常着急。想请教杨会计，但想到杨会计前些日子生了个疖子不能坐，一直躺在家里休息，就不好意思去惊动他了。没想到的是，杨会计知道月底要编报表，带病来办公室了。不能坐，他就一直站着。我为他当助手，提供各种数据资料，四个多小时过去了，终于把财务报表及时做出来并上报给了领导。杨会计的家人不理解，说都快退休的人了，何必还这样拼命？杨会计笑笑说："一个单位的报表报不出来，就要拖全局的后腿，责任重大。别说我还没有退休，就是退下来了，我还是个会计，年轻的会计人员在工作上遇到难题，我还得帮，这是我的职责。"杨会计的话朴实无华，却彰显了一位老会计的崇高品德，让我深受教育。

在工作上，杨会计是我的良师，而他那种求知好学的精神也鼓舞着我。记得就在杨会计退休的前一年，财政部门开始对会计人员进行会计电算化考核。电算化最基本的东西是电脑常识，只有初中文化、对电脑一窍不通的杨会计对此很伤脑筋，决定利用业余时间好好补补会计电算化方面的课。杨会计的家人劝他：都快退休的人了，还学电脑知识做什么，别总是跟自己过不去。单位同事也笑杨会计是"八十岁学唢呐，吹吹而已"。但杨会计就是要跟自己"过不去"，他硬是报名参加了会计电算化的学习，辅导课一场不拉。考试的时候，杨会计因临场发挥过于紧张未能通过，但他不气馁，又继续学习，参加补考，最终通过了考试。至今总有人在跟我谈起单位往事的时候会问起："你们单位的那位杨会计还好吗？"敬佩之情溢于言表。

还记得当年我初入会计职场时，杨会计常跟我说做会计最关键的要把握两点：一是要谨慎，二是不贪心。他说，坚持做到这两点，你基本上就算得上是一个合格的会计了。是的，一生中谨小慎微的杨会计做的账也许不是最好的，甚至是比较原始、比较简单的，但他的账却做得条理清晰、往来分明，无丝毫差错。也正因为如此，杨会计的工作在多次财务审计中得到了充分肯定。

今天，杨会计已退休二十多年了，由他经手的账册依然被保管在我们单位的档案室里，那是杨会计几十年如一日、认真工作的最好见证，同时，也像是为我树立的一个标杆，让我脚踏实地朝着他走去。

（原载《财务与会计》2013 年第 5 期）

曾经的温暖

李向阳

1990年我参加工作时被安排在陕西省岐山县孝子陵乡财政所。孝子陵乡不大，财政所更小，当时所里只有韩师、张师和易师（我们当地尊称“师傅”为“师”），连我四个人。

韩师是所长，四五十岁的样子，浓眉大眼，仪表堂堂。他的品德和仪表很相称，是一个很正直的人。我曾见过他因为处理一个站所的违纪问题同前来说情的领导发生争执，那真是据理力争、寸步不让，一点面子都不给。他对我们也很严格，除了下村调研、检查，上班时间必须在办公室，不许去别的站所串岗，没事就要看书学习。我是学工科出身的，一点都不懂会计。一到所里上班韩师就让张师找了一本《会计原理》给我，并对我说：“在财政部门做事，不懂会计可不行。”我刚上班时什么都不会干，但歪点子特别多。装订农业税凭证时，趁着韩师和张师不在，我怂恿着易师只订凭证，封皮则另外用糨糊粘上。装订速度又快，看起来又漂亮。结果装订好的凭证还没送去县财政局，在办公室门口就让韩师给挡了回来，那一顿批评啊，到现在我依然记忆犹新。原来为防虫蛀，装订凭证和档案只能用线绳，不能用糨糊。其实韩师是很善良的，他跟张师说，人家父母把孩子交给咱们，咱就要给人管好了，乡政府人多嘴杂，到处串岗，惹上是非怎么办？多学习总没坏处。他还要求我们对前来办事或咨询政策的人，无论是谁，都要让座倒水、热情接待。他说，一个农民，要进乡政府的大门，那是迫不得已，是思量了又思量、下了很大决心的。我们热情一点，帮他们打消顾虑，解决问题就容易一点，不然的话，可能会引起更大的问题。韩师的这番话我一直记在心里，并付诸实施。

张师，一想到这个称呼，我就觉得很亲切。相对于韩师的刚正严肃，张师显得儒雅平和。我开始学会计时，连“借”、“贷”都弄不明白。但只要一问他，他是问一答十，知无不言，言无不尽，而且通俗易懂。在张师的引导下，我很快就跨进了会计的门槛。也正是由于和张师在一起打下的基础，后来通过自学，我由一个对会计一无所知的门外汉到考上了助理会计师、会计师。记得我刚上班时，不善于和别人交往，下班不是呆在宿舍里就是一个人去田间地头瞎转悠，自己心里明明感到很孤独，却还被人误以为假清高。张师看在眼里，后来下班大家一起娱乐时，张师就叫上我，我学会了下棋、打球，也慢慢学会了与人交往。记得农业特产税刚开征时，群众抵触情绪较大。有一次我们遇到一个脾气很暴躁的人，不光说话难听，甚至还拿着西瓜刀乱挥舞，可是张师一点都不畏惧，也不急躁，只心平气和地跟他谈心。从老人到孩子再到家庭经济情况，没讲什么大道理，但后来，那人不仅交了税款，还和张师相互敬烟、让茶，成了朋友。那时候，我特别敬佩张师，觉得他干什么事情都轻轻松松、游刃有余，跟人说话也是和和气气。现在想来，那是因为张师懂得尊重别人，尽管他在所里资格比较老，工作能力又强，但他从不摆架子，也从不以教训的口气跟人说话。他懂得尊重大家，也赢得了大家的尊重。

易师，其实我一直直呼他的名字——易平，因为他只比我大两岁，而且性格特别随和。他不太爱说话，走路也是慢腾腾的，但和他在一起一点都不觉得沉闷。他很爱笑，你跟他说半天，他都笑眯眯地不吭气，偶而说一句，又直击要害，让你心服口服。他的算盘打得极好，七珠的大算盘打得又快又准，让人眼花缭乱。那时候，经常是他带着我们下村收农业税。他平常是磨磨唧唧的一个人，但一遇到蛮横不讲理的，就会迅速地挡在我们前面，虽然依然是慢声细语，却从不后退。大家都说易平是一个命大的人，因为他从二楼掉下去也是毫发无伤；骑车掉到渠里，车轱辘都摔扁了，他还能骑着车回来。他很少生病，强壮得让人羡慕，吃面条也要吃厚厚硬硬的。可是，2000 年元旦，当新世纪来临时，他却因为突发心肌梗塞永远地走了。好长一段时间，我都反应不过来，也不知道难过，因为我一直觉得他还活着。直到半年后的一天，检查农村饮水项目去了易师所在的村，正午耀眼的阳光下，看到那片荒凉的墓地，想起他年轻善良的面容，突然全身发冷，心像针扎一样疼痛，我这才清楚地意识到易师是真的不在了。

现在，孝子陵乡早已撤并，我也离开了工作近二十年的财政系统，跟韩师、张师难得见面，与易师更是阴阳两隔。可是那些和他们在一起的日子，那些简单而快乐的记忆，常常会跳出来，温暖我的身心，洗涤我的灵魂。

（原载《财务与会计》2013 年第 7 期）

我的会计启蒙老师

——韩青

熊大苇

我结识韩青先生时文革尚未结束，那年我二十二岁，随爱人工作调动到了劳改系统下属的江西新华煤矿医院当会计。韩青（大家都直呼其韩青）当时就有五十多岁了，身份是“老就”（刑满或劳教期满留场就业人员），在一分矿医务所当挂号收费员。

韩青个子很高，宽宽的肩，方方的脸，有些花白的头发整齐地向后梳着，长长的眉毛下是一双深邃的眼睛，薄薄的嘴唇紧紧抿着。一袭中式的旧衣服总是穿得干干净净、整整齐齐。他的腰板挺直，但有一条腿不能弯曲，走起路来一瘸一拐的。韩青的过去我一点也不知道，工作纪律也不允许打听政治犯的案情，从他的外貌上我暗自猜想他或许是当过国民党的军官吧。

我和韩青有着工作关系，每周他都要走四五里路从一分矿到我所在的医院财务办公室上交收到的挂号费、医药费，交发票存根并领取新发票。每个周六的早上总能在一分矿通往矿医院的小水库堤坝上看到他一摇一晃的身影，风雨无阻。

韩青的话很少，每次一到我的办公室，总是毕恭毕敬地说：熊会计，我来换发票了。我拿起算盘噼里啪啦复核完所有数据，填好收款凭证，随后拿出发票登记簿，把交回来的存根一本本登记注销，又将发出的新发票一本本登记，让韩青签字。由出纳收好钱，开好收款收据。所有手续完成后，韩青总是点点头，客气地说：谢谢侬，我走了，再会哦。从他开出的发票和收费清单上看到，韩青写的字非常漂亮，汉字秀秀丽丽，阿拉伯数字工工整整，从没记错过一个数，也从没算错过一分钱。

韩青工作的认真努力是众所皆知的，除挂号收费，还兼任医务所全部医疗器具的清洗消毒工作，一年三百六十五天，除了回老家探亲十五天外，天天上班，从不休息。

一分矿医务所的所长贺医生是我的邻居，他告诉我韩青是解放前的复旦大学经济系毕业的高材生，有很深的学问。我初中毕业就下放插队，参加工作后做了几年财务，由于没有受过专业培训，只是依葫芦画瓢，看见别人怎么做自己就怎么做，所谓只知其然，不知其所以然。我很想提高一些业务水平。可地处偏远煤矿，求学无门，很是苦闷。有一天韩青来领发票，我试探地问他，能不能抽点时间给我讲讲有关财会专业方面的知识，没想到他很爽快地答应了。那时，每周只有周日一天公休，我不用上班。韩青虽然上班，但医务所周日只看急诊，病号要少些。我们约好每周日的上午，我去一分矿医务所韩青处听课。

周日早上，我早早起床，做好家务，吃过早饭，安顿好小孩，就赶往一分矿医务所。韩青已做好了充分的准备，没有课本，他就凭着记忆为我一人写好了教案，出好了习题。在一分矿医务所面临挂号窗口的长桌前，我俩并排坐着，韩青开始用他的宁波普通话给我讲起了会计学的原理：有借必有贷，借贷必相等……

之后有许多个周日的上午，我都是在韩青那简陋的挂号室度过的。

大约是到了20世纪80年代初期，国家对原国民党县团级以上人员实行特赦。韩青最后一次来到我的办公室，他说：熊会计，我要走了，落实政策回宁波老家。这天，韩青为我带来了一张报纸，上边刊登了一所财会专科学校招收函授学员的启事。临行时他嘱咐我说：“你还要坚持学习，不要放弃。”想到韩青可以回去与家人团聚，我真替他高兴。但毕竟共事数载，师生一场（尽管我从未叫过他老师），也有几分不舍。

后来，我也离开了新华煤矿回到南昌工作，多年没有了韩青的消息。但我始终没忘记韩青临行前对我说过的话，走上了艰苦而漫长的自学之路。我在学完财会专科学校的函授后，又开始了高等教育的自学考试。然后，考会计专业技术职称，考专业资格，连续十几年未曾间断过。我在年过四十时考取了注册会计师资格，来到会计师事务所工作至今。

2007年，我所在的会计师事务所派我去宁波的金海公司做报表审计业务，我很高兴，和韩青分别二十六年了，总算有机会去看看他老人家。

见面聊天时韩青告诉我，他从江西回宁波后，由于经济发展较快，财会人员奇缺，他虽然年近六十，还是应聘担任了一家企业的财务工作，用自己的学识才智发挥余热。后来身体不好没有上班了，但一直在网上炒股票，投入虽然不大，但业绩还算可以。

韩青很关心新华煤矿和从前的老同事，我将知道的情况一一告诉他，同时，也向他汇报了我的自学历程，他高兴得直点头。当我感谢他当年对我的帮助和鼓励时，他却笑着摇了摇头。

临别时，我用带去的相机和韩青合了影。他把我们的合影当做了电脑桌面，照片上，我们的笑容格外灿烂。

（原载《财务与会计》2013年第12期）

师　傅

胡　平

我的师傅是一名快要退休的老会计，他的名字叫洪波。师傅做了几十年的会计，在他的身上有一种会计人的优良品质：吃苦耐劳、坚忍不拔、精明能干、乐于助人、不怕麻烦。

在手工记账年代，一把算盘，一本账，会计的工作是较为辛苦的，所有的加减乘除，所有报表凭证的编制，乃至盈利与亏损的计算，都是靠人工来完成的。日常的会计核算还好些，年终岁尾时，不但工作量大，而且受到时间限制，由于单位的年终决算报表需层层上报、集中汇总，因此，基层单位的会计报表是绝对不能拖后腿的。否则，主管部门的会计负责人就不停地打电话跟你要，在最后上报的时间里，一天能接上十几个催要报表的电话。话说回来，不能怪人家催，在规定的时间内，汇总的报表做不出来，还有上上一级部门来催要。

当年，师傅是企业的总账会计，第二天就要报出本单位年终决算的会计报表了，因为商品明细账与总账相差一元钱，怎么找也找不出来，不但影响会计核算的准确性，而且要耽误会计报表的上报时间。怎么办？师傅决心加班加点，不把一元钱错在何处找出来绝不下班。时间一分一秒、一小时、两小时过去了，师傅翻凭证，对账簿，一直找到第二天的凌晨两点，才水落石出。如释重负的师傅这才关上财务室的大门，推着自行车踏上了回家之路。谁知，刚出门，北风吼、雪花飘，大街上已是白茫茫一片大雪，饥饿、寒冷袭来，师傅大有“柴门闻犬吠，风雪夜归人”之感。

事后，朋友聚会谈及此事，有人说：相差一元钱，吃这么大的苦，随便在哪个数字上改一元钱不就得了吗？师傅严肃地说：差一元钱账账不符，账表不符，就会影响会计工作质量，而且差一元钱可能不是一元钱的错，说不定会有一万元之错，也可能不是一笔账之错。

十年前，我所在的公司刚成立时，条件很艰苦，老板为了节省房租，在一幢大楼的顶楼，即六楼租了个办公室。师傅上下班骑的都是自行车，冬天还算好，夏天没有空调，一路赶到单位再一口气爬上六楼，坐下来汗水直淌。后来，办公室虽装上了空调，但老板为了节约用电，规定不到三十五度以上的高温是不可以用的。十年后，师傅的生活条件得到很大改善，上下班开轿车也不过分，但他依旧骑自行车。对此，你听师傅怎么说：咬得菜根，百事可做。会计人不能没有吃苦耐劳的精神，再说骑自行车既环保又能锻炼身体，在繁忙的街道上有时比开车还快。

年轻的时候，师傅除了工作就是学习，除了考取学历和职称外，实际工作中遇到问题，就从会计报刊上找答案。当不少会计人还不知道读会计杂志和会计报纸时，他就跟《财务与会计》、《财会世界》（《中国会计报》前身）等会计报刊结下了不解之缘。几十年来，他不断学习，不停研究，会计报刊上的新知识和工作中的新经验不断充实着他的会计人生，久而久之也就成了会计学方面的行家里手。

前些年，师傅以前所在的国有企业改制，大批年轻职工下岗。在很多人因没有一技之长而为再就业困惑时，师傅言传身教，劝他们趁年轻学点会计知识，考个会计上岗证。在师傅的帮助下，有多名原单位职工经过学习、考证，极为满意地走上了会计工作岗位，有的还获得了晋升，工资收入也不断增加。

当年听了师傅话当上会计的人，在工作中遇到新问题时经常会给师傅打电话请教。对此，师傅不问忙与闲，不分早和晚，甚至中午休息时，只要有电话询问会计业务方面的问题，都会耐心解答，深入浅出、谈得头头是道。如此经常联系者，少说有十几个人。

师傅虽然已经是上了年纪的人，而且工作也非常忙，但怎么也不显老，在不同场合，遇到不同的人，老板都爱拿他开玩笑，请客人猜猜师傅有多大年龄，每次都没有人猜对，大多数人猜的年纪都比师傅的实际年龄要小十岁左右。对此，师傅总结了两条：一是坚持运动，早睡早起。除了出差外，师傅每天到公园跑步一小时，已经坚持了近二十年。工作几十年来，他从来没有因病请过一天假。二是读书。读书看报，既是一种美的享受，又可增长知识、陶冶情操、充实生活，使人心情愉快，从而变得年轻。为此，师傅还给我们讲过一个《韩诗外传》上的故事。春秋时，鲁国有个名叫闵子骞的人，拜孔子为师时，脸色干枯，时隔不久，便变得红润起来。孔子觉得很奇怪，问他原因，闵子骞说：我生活在偏僻乡下，看到达官贵人坐在华丽的车上，前后龙旗飘舞，很是羡慕，因此寝食不安，脸色干枯。如今，我受老师教化，精读做人治国之书，懂得的道理慢慢多了，心情平和，脸色也就自然红润起来。我默默地听着，心中暗喜：师傅呀，你不仅仅是我会计业务方面的师傅，在你身上，我要学的东西还很多。

作为徒弟，我们为拥有这样的师傅而骄傲。

（原载《财务与会计》〈理财版〉2013 年第 12 期）

我的妻子

——李会计

焦水泉

同窗校友

我和妻子李会计是一起读的高中，一起上的晋东南会计学校（以下简称会校）。当时，她长得瘦小，饭量也小；我长得人高马大，饭量也大。在会校，我的饭票不够吃，她的饭票吃不完，每月剩下的饭票就都“救济”我了。我在读会校以前，父亲打工、母亲种地，家里很穷，父母也没有时间照顾我，因此长期营养不良，经常生病。在会校期间，我常请假回家治病，她回家的时候都要去看看我，给了我莫大的安慰。有一次，期中考试共四门主课，我三门不及格，她就常抽空给我补因为治病而拉下的课。她在会校时考试一直是年级前两名，学习成绩没得说。在她的帮助下，我的补考也得以顺利通过。

同行并非冤家

1986 年，我们俩毕业回到县城，我被分配在偏远乡镇的一所职业中学任教，她被分在一个镇上的税务所工作，一个在东，一个在西，相距五十公里。那个时候，我们之间路远车少，平时见面机会不多，再加上我一个月就放一次假，所以她来看我的时候比较多。正好我所在的职业中学有一个待业知青财会培训班，我负责教《会计基础原理》和《珠算入门》两门课程，因此她就偶尔趁上县报表、培训的机会，跑来我的学校帮我代代课，过过老师瘾。借此机会，我主动让贤，并虚心请教，她在上面讲，我在下面听；然后是我在上面讲，她在下面听。下课后，我们互相指出对方的不足和应当注意的地方。那样的时光感觉过得特快，非常难忘。

她刚到税务所时，做的是税务专管员，常常到企业核定税额、征收税款、检查财务，她所在的税务所管理的乡镇企业特别多，所以税务工作特别繁忙，业务提高也比较快。我后来被借调到县里的一家企业搞财务工作，正好遇上税务政策大改革时期，新东西、新内容特别多，所以常常跟她探讨税收业务。就这样，一个税务系统的会计，一个企业的会计，在平时的生活、工作中互相联系、互相交流，既促进了工作和学习，又加深了感情。我的企业领导用很赞赏的目光看着我说，好样的，给我们企业找了一个税务顾问，功劳不小啊。我们俩在一起时，周围的熟人经常开玩笑地说，你俩都是会计，同行是冤家，吵架吗？她笑着回答，同行并非冤家。

一家人不说两家话

结婚后我们在县城安了家，和老人生活在一起，孩子由老人来带，她在乡下工作。那时候忙，她平均半个多月才回来一次，孩子还小，见了她也不叫妈，也不让她抱，她的脸唰地一下就红了，感觉欠了孩子许多，我在旁边也抱怨了几句，她也没吱声，不知道该说啥好。这时候孩子的奶奶说话了，为了工作，家里的事不用你们操心，也不用抱怨、发牢骚，一家人不说两家话。从那以后，她更加积极地去工作。

每年年底，国税局都要组织一次税企人员座谈会，我们俩都在开会之列，轮到她发言的时候，她常说，企业的生产经营和管理都不容易，企业有企业的难处，我们税务人要在原则范围内，做好税法宣传和指导；要以身作则，从我做起，决不吃、拿、卡、要；要尽自己的能力扶持企业渡过难关、走出困境，从而保证税源。她是这样说的，也是这样去做的。会后，她的同事们都说，你们俩可真是一家，说话都是帮着他，她笑着回答，一家人不说两家话。

我的根在农村

时间如白驹过隙。转眼间，我们都到了不惑之年，我被调到了一个乡政府的财政所当会计，李会计也调回到了县国税局当会计。这个时候，国家的财政资金大幅度地向“三农”倾斜，种粮补贴、农资补贴、退耕还林、家电下乡等各项强农惠农政策层出不穷。农民朋友常常因买卖猪、牛、羊、苗木、花卉等物资和商品需要到税务部门开具免税证明和免税发票。可是，大多数农村里的人不知道办事的部门和程序，到了单位又认不得熟人，怎么办呢？这时，我就主动和他们说，上到县城后找我的妻子——李会计，叫她带上你们去办事，她人缘好、业务精，办这事轻车熟路。

后来，一传十，十传百。乡里的人都知道我的妻子在税务系统工作，到了县城就给我打电话请求帮忙，我干脆就把我妻子的手机号码、财务室的座机号码都告诉了他们，如有啥事就直接打电话找她好了。有几次快到中午时分，农村朋友给我打电话，说晌午了请李会计吃顿饭，可她就是不肯赏脸。其实，我知道，她是个很普通、很实在的人，谁找她，她都是实心实意帮人家办事，丝毫没有其他的想法。

周末，我回到家和她说起了此事，她笑着说，农民兄弟都不容易，你我的父母也都是老农民，能帮忙就帮忙，我们不能忘本，因为我们的根在农村。

这就是我的妻子，一个勤快、善良、美丽的税务系统会计。

（原载《财务与会计》〈理财版〉2013 年第 12 期）

她的名字叫“世界冠军”

肖玉峰

苗条的身材，清秀的脸庞，甜甜的微笑中常有两个陷下去的酒窝，戴着一副黑色框架眼镜，像个小博士。今年已经二十八岁，看上去只有二十三四岁，你猜她是谁？她的名字叫“世界冠军”，现为扬州一家国际贸易公司的现金会计。

其实，“世界冠军”是我和同事们对她的一种雅称，因为她同世界跳水冠军郭晶晶的名字一模一样，不差一笔，不多一画。五年前，就是这个会计学本科生郭晶晶还在大四的实习期间，便怀揣相关资料来到我所兼职的国际贸易公司应聘现金会计工作。那时的“世界冠军”只是个腼腆的小姑娘。两位老板坐在旁边，我出题让她应答：“你知道《资产负债表》中的存货包括哪些内容？企业的净资产有几本账？计算企业偿债能力的一个重要指标叫什么？”对这三个问题，“世界冠军”无言以对，回答我的只有三个微笑。

招聘一个现金会计，报名者众，从中选出来面试的也不少，凡来面试者，对我提出的问题多少都能答上一些，而一言不发者唯有这个“世界冠军”。面试结束后，老板急等人用，问我哪一个最合适，我直言不讳地说：郭晶晶。对此，老板疑惑不解：“不是开玩笑吧！你面试的三个问题，她一点也没答上来，怎么能录用她呢？”“老板，这个郭晶晶在所有面试者中，不论是文字还是数字，都是写得最好的一个。再看相关资料，是会计学本科毕业，受过专业、系统的训练，其综合素质较高，只是我对她要求较高，给她出的面试题较难，没有实践经验的很难作答，因此她答不上来很正常。另外，从外表看上去，郭晶晶是个本分纯朴的女孩，很适合做现金会计，而打扮得花枝招展者并不适宜。”我的一番话，让老板听了点头称是。

“世界冠军”上班的第一句话就问我：“肖会计，你提的三个面试问题，我一个也没答上来，老板怎么会录用我的呢？”显然，她对这份工作很满意。

“你不是在面试我吧？好好努力，现在没有答出来的问题，你以后会答得很好。”我说。然后，见到的还是一个微笑。

国际贸易公司的会计核算较为复杂，如出口退税、外销发票、美元结汇、往来结算，如今公司又增加了国内贸易的经营项目。还有财务部门对外打交道的单位也多，国税、地税、工商、技术监督局、外管局、信用保险公司等，特别是银行外汇贷款期限短、手续烦多，几乎每月要贷款，每月要还贷……这么大的工作量啊，公司财务部只有一个半会计，一个是“世界冠军”，半个算我。因为我是兼职，每周只上一天班，大量的会计事项处理都是由郭晶晶来干的。

一个刚从学校毕业的小姑娘，面对账单、凭证和要做的各种报表，这么多复杂的财务会计工作干得了、干得好吗？起初，我很担心也花了不少精力加以指导、检查，但因为时间有限，具体的事还是“世界冠军”去做。可能工作太忙，可能事情太多，可能经验不足，有时这个“世界冠军”做的事啊，真让我头疼。远的不说，去年有笔贷款到期，虽然她早有准备，也知道某月某日的贷款非还不可，但到那天的下午五点，公司账上还贷的钱还差 10 万元。银行已停止了对外营业，我又不在公司，老板也去了外地办事，若不在当日将贷款还掉，公司会在银行留下不良贷款记录，下次贷款就难了！再过半小时，银行就关门下班了，真是急死人！

接到老板从外地打来的电话，我连忙同银行行长协商，从另一个企业的另一家银行将还贷的资金转到我公司的还贷账户上。谢天谢地，总算在很短的时间内解决了问题。事后，我对着“世界冠军”发火：“还贷的事怎么能拖到最后一刻呢？真要打板子！”纯朴善良的她真的伸出右手，将手掌朝上：“肖会计，你打吧，都是我的错。”此情此景，让我鼻子一酸，眼角边沁出一股潮热之气，泪水在眼眶里直打转，差点掉了下来。这笔还贷的事，老板早已知道，没有引起重视；账上资金不足，我这个总账会计，没有及时查问，该打板子的是我。我怎么可以责怪这个才工作的现金会计呢？事后得知为这笔还贷之事，她早几天就忙这忙那，几乎日日都会跟老板说这账上资金不够，她确实尽到了责任。

风风雨雨，时光从身边悄悄溜走，五年过去了，会计工作中的酸甜苦辣、喜怒哀乐，让她经历了许多，也成熟了不少。财务部的事情复杂而繁多，今天的“世界冠军”，基本上能应对自如，虽没有惊天动地之举，但能做到、做好，也实在不是一件容易之事，这是她用几年的汗水努力干出来的。在同

“世界冠军”共事的一千多个工作日里，当我对某件事表现急躁时，她给我倒上一杯茶，反而劝我：“淡定，淡定。”每当这时，我的心情也就平静了不少。

五年过去了，我和郭晶晶所在的国际贸易公司出口商品销售额从当年的不足1 000万元，发展到今天的4 000多万元，出口退税总额从每年不到100万元，发展到去年的实际退税收入600多万元，一年一大步，一年上个新台阶，在扬州市商贸出口企业中名列前茅。其中几乎每笔会计业务的处理都是要经“世界冠军”之手的，说她为公司的发展作出了应有的贡献，一点也不夸张。

公司发展了，更要加强管理，而企业管理的核心又是财务管理。眼下，公司老板打算再招一名会计，对我千叮咛、万嘱咐，一定要招一个像“世界冠军”一样人品好、业务素质高、工作认真负责、有发展前途的年轻会计，即使面试回答的问题不怎么样也不要紧。可见老板对“世界冠军”的工作以及各方面的表现是十分满意的。老板对郭晶晶会计工作的认可，既是对我的信任，又从一个侧面肯定了财务部的工作。如今学生就业难，企业用人难，用到满意的人更难，如果多些像“世界冠军”这样的会计人，大概双方都不难。

会计是门学问，要研究的东西是无止境的，要使自己成为一名能为企业看病的医生而不是普通的记账人员，更需要持久的积累与磨练。祝福“世界冠军”及所有的年轻会计人，在人生的道路上，在会计事业的发展上，一路走好，勇往直前！

（原载《财务与会计》〈理财版〉2013年第10期）

罗 姐

朱文君

即将毕业的那年夏天，我进入一家国有旅游服务公司财务部实习。上班第一天，财务经理就将罗姐介绍给了我。从那天起，我有了会计职业生涯的第一位老师——罗姐。

罗姐是公司的出纳员，已工作了二十多年，经历了公司几次的合并、改制，算是公司的元老了。罗姐虽然职位不算高，可在公司里深受大家尊敬。

罗姐每天最主要的工作就是负责公司四个账户的境外汇款、开支票和发票。我实习的任务就是接手罗姐负责的这些工作。旅游公司的业务人员很多，每天出团的、结算的不断，我和罗姐从早到晚都被业务员们弄得团团转。越忙的时候越容易出状况，我用的两台电脑显示器居然都出了问题。不断有业务员来要求开发票、付外汇，看到黑屏的电脑，有的人悻悻离去，有的人就在一旁抓耳挠腮："电脑什么时候能好啊？我的团明天就要出发了，很着急，小朱！"没办法，我只好向财务经理申请采购新显示器，没想到他一脸的不悦："怎么你一来，电脑就都坏了，怎么用的?!"罗姐听到了，忙向财务经理解释："我用的时候就经常坏！已经让修了好几回，不买新的耽误工作啊。"当时心里很忐忑的我，立刻觉得松了口气，也在心里默默感谢罗姐帮着我说话。没过几天，新显示器到位，我和罗姐又开始忙碌起来。

旅游公司每天的境外汇款多达二十多笔，按照罗姐传授给我的经验，上午现金收付比较频繁，因此，可以在下午不太忙的时候集中处理境外汇款业务。旅游公司出纳工作事情非常多，看着面前等待办理业务的同事，我心里比他们还要着急，每当这时，罗姐总是在旁边提醒我："别着急，一个一个地来。他们拿来的单据，处理完的一定要按顺序放好，不要跟没办理的单据弄混了。"有时来一个人会有好几种业务要办理，罗姐就会停下手里的工作，过来帮我张罗。遇上一些等得着急的同事，罗姐还会"倚老卖老"地跟他们开开玩笑，聊聊天。渐渐地，我也不那么紧张了，遇事能做到有条不紊地处理。

实习期间加班是家常便饭。由于现金收付量很大，有时下班了还没能对上日记账。看到我手忙脚乱地整理各种单据，罗姐就会问我："钱是少了还是多出来了？今天提过现金吗？要把现金单据按照四个账户整理好。"好几次出的问题都是被细心的罗姐发现的，比如会计做过调账而漏了记账、四个账户之间拿错了现金等。罗姐一般会在第二天小小地批评一下责任人，而对我则是委婉地点拨教育。罗姐经常说的话就是："做出纳工作得格外小心，现金多了少了都要查明白，咱们得对这个工作负责。"

我实习了不到一个月，邻座的张姐就休产假了。罗姐之前一直在和她交接应收账款的工作。公司使用的软件是 ERP 和 K3 系统，罗姐对软件系统不是很熟，工作时难免会磕磕绊绊。有一天下班后，罗姐还在为一个旅行社的往来账发愁。"小朱，快来帮我看看，怎么这家的应收账款有正负那么多笔?"我赶忙过去查看，这家旅行社的往来账果然很乱。从那天起，每当我的工作做完了就帮着罗姐梳理账务。虽然罗姐使用软件系统比较吃力，可她还是利用时间学习和研究。罗姐从旅行社三年前的账务梳理起，又与原始凭证核对了好几次，终于理清了一堆乱账。清账过程中发现因为时间太长，有笔应收账款被错误地转回了，罗姐就此事向公司相关主管人员和财务经理汇报，公司及时采取措施挽回了损失。罗姐为此立了一大功。

世事无常。后来的两个月里，公司因为一点小事故得罪了一个大客户。业务部互相推诿，财务部也受到了牵连。其间一位会计被调到集团下的其他公司任职，罗姐因为年纪较大仍回到了出纳的岗位，而我的实习期也即将结束。后来我进入了一家外企做财务工作，并很快融入到全新的环境中。可是，从那以后，在工作中再也没有人能像罗姐那样事无巨细地教导和帮助我了。

随着公司业务量增多和新系统的上线，我们部门招了一个大三的小姑娘当实习生。没工作几年的我居然也开始当师傅带徒弟了。当我在教她怎么填银行凭证、怎么审核报销申请单时，仿佛又看到了在旅游公司实习时罗姐带我的情景。我尽量学着罗姐的样子，把我总结出的经验传授给她，让她能知其然也知其所以然。

曾有同事问过我，为什么要那么认真细致地教实习生，点到为止不就行了。我笑了笑，没有回答。我想，这可能是源于我职业生涯的第一任"老师"——罗姐，是她为我树立了一个传道授业、帮扶新人的榜样。

（原载《财务与会计》2013 年第 12 期）

一家三代会计人

付晓利

记得2002年的时候，山东某报刊登了一篇关于会计刘某宁肯失业也不肯做假账的文章。文中称，刘某在财经大学毕业后，先后在四家企业的财务部门上班，但是他发现公司财务部门都存在着做假账的问题，他不愿意违背自己的良心与公司领导同流合污，先后四次辞去了工作，并发出了“会计就要做假账吗?”的质问，引发了社会对会计人忠诚与责任的思考。

记得当时我特意拿着这篇报道与岳父讨论过，他对会计刘某的职业操守赞赏有加。岳父是一名老会计，自20世纪70年代始就在银行从事会计工作。那个年代还是计划经济，信贷流向均由国家调控，基层银行更多的是对企业进行财务监督和检查。那时候没有电脑，连计算器都很少，查账全是凭借手工和算盘一笔一笔地核对。一次，有一家企业要贷款，由岳父负责办理，起初他们都认为岳父不过是走走过场，但岳父却严格遵照相关规定，对企业进行了严格的财务检查。他背着算盘在这家企业的财务科一呆就是一天，看到假、错账，当即就会填发整改通知，直到财务账目弄清楚了，才给企业发放了贷款。又有一次，一位厂长拿着银行行长批的条子来找岳父，自以为可以轻松通过岳父这一关，谁曾想话还没有说上两句，岳父就拿着条子直奔银行行长办公室，当面和领导理论起来。在岳父的据理力争下，银行行长不得不把条子给撕了。时间一长，岳父就得了一个“犟眼子”（济南方言，脾气非常犟的意思）的绰号，但岳父依然故我。岳父退休的那一天，他对送行的财务科同事说：“我这一辈子没做过假账，从今以后我可以四平八稳地过日子，天天吃得饱睡得香。我想告诉大家的是，到什么时候都是正直的人沾光。”

“到什么时候都是正直的人沾光”，这也是岳父在妻子上班第一天时送给她的话，而妻子，也是一名会计。妻子上班近三十年来，忠实履行着父亲送给她的这句话，从出纳到会计再到财务部副经理，所做的每一笔账都清清楚楚，处理每一项会计业务都能做到诚实守信。三十年来，虽然工作方式、工作手段变了，计算机取代了手工，但其秉持的职业操守却并没有改变。

“到什么时候都是正直的人沾光”这个道理谁都懂得，但是要真正践行起来却不易。记得是七八年前，妻子单位开客户答谢会。在审核凭证的时候妻子发现有一张购买礼品的发票不该从会务费中报销，但分管领导已签了字，妻子在问明情况后，仍然把发票退了回去。财务科的同事说：“你这一退，可就把分管领导给得罪了，万一是他要的东西呢？”妻子笑着说：“咱们财务人员，每一分钱的流向都应该是明明白白的，领导更应该以身作则。”后来事情弄清楚了，原来领导并不了解会务费的具体报销事宜，是部门经理私自买礼品送给了客户。虽说事情弄明白了，部门经理也是为了工作，但是从此以后他就对我妻子气哼哼的，妻子不以为然，见了他依旧笑呵呵的。

如今，随着科技的发展，发票可以上网查真伪了，妻子随即制定了一条规定，所有发票必须上网打印查询联证明是真发票之后才能进财务账。这条规定一出来可就炸开了锅，因为这大大增加了各部门内勤的工作量。一时间怨声载道，但是妻子不为所动。结果在此项规定执行一个季度之后，单位的各项开支下降了17%，把虚假发票报销的漏洞也补上了。领导高兴，各部门的内勤竟然也高兴，因为在报销的问题上，部门负责人再也没办法给他们出难题了。还有一件事情大家没有料到的是，那位私买礼品送客户的部门经理现在已经是分公司老总了，他竟然成为我妻子的好朋友。他不止一次找到我妻子说：“到我这里干分管财务的副总吧，只有把财务部交给你我才放心。”这也正应了“到什么时候都是正直的人沾光”这句话，妻子由此感到很欣慰。

如今儿子考上了大学，竟然也被录取到财经专业。受家庭影响，儿子从小就喜欢和数字打交道，更难得的是，在电脑日益普及的今天，他还打得一手好算盘。在儿子去大学报到的前一天，妻子给他讲了关于会计刘某的故事，儿子和小时候一样，老是爱问：“后来呢？后来呢？”后来其实很简单，刘某的事迹经过媒体曝光之后，第二天便有许多坚持诚信经营的企业争着聘他去做会计，经过慎重考虑，他选择去了一家联通公司，如今的他已是这家联通公司县分公司的财务经理了。看来“到什么时候都是正直的人沾光”这句话对会计人都是管用的。而且，正是受刘某这件事情的影响，山东某财经院校每年毕业的准会计都要进行诚信宣誓，于是越来越多的诚信会计走向了工作岗位……

“到什么时候都是正直的人沾光”，儿子把这句话端端正正写在了课程表上，这也成为我们这个会计家庭的信条。

（原载《财务与会计》2013年第11期）

朴　姨

王　磊

细心辅导新人

2003 年我被分配到一家机关事业单位财务科做出纳员。刚开始时，我对做出纳工作是非常抵触的，原因是出纳需管理大量现金，怕一时疏忽给自己带来难以估量的损失。

财务科的会计是一位将近五十岁的中年妇女，人们都管她叫老朴，由于我年轻又是新来的，所以尊称她为朴姨。朴姨是朝鲜族人，个头不高，脸上总是挂着笑容。朴姨着装朴素，性格和脾气都像她的容貌一样好，和蔼，亲善。朴姨问我以前是否从事过与会计或出纳相关的工作，我无奈地摇了摇头，生怕因为没有相关工作经验给她今后的工作带来麻烦。意想不到的是朴姨非但没有皱眉头反而和蔼地对我说："出纳员的工作就是要经常跑银行、收支现金、开支票、记账等，只要在工作中做到认真细致就一切都好办，今后如有不懂的业务可随时问我。"听完她说的话我放心了。之后的每一天我面对的就是看似简单但实际上又不轻松的工作。朴姨经常会利用空余时间教我如何填写记账凭证，并耐心细致地给我讲解做好一名出纳员的相关知识。到年底整理账目时，我们还会利用双休日或晚上的时间到单位加班。经过朴姨一段时间的指点和帮助，我的工作渐渐步入正轨。

朴姨曾给我讲过发生在她身上的小故事。20 世纪 80 年代初她做出纳期间，曾因疏忽大意把两分钱弄丢在办公室里，她就利用晚上下班后的时间和爱人一起在办公室里找，一直找到深夜十二点，最后在保险柜抽屉夹层中发现了这两分钱。她说这件事情之后，她在工作中越加仔细和认真了。这个发生在朴姨身上的小故事也深深感染并影响着我。

勇于承担责任

有一次，单位职工出差借款，回来还款时我也没有认真核查钞票，只把数目清点了一下就放进保险柜里了，以至于给别人报销时无意送出了一张百元假钞。一天过后，那人拿着百元假钞找我理论，我迫于无奈最后自掏腰包给他换了一张100元钱。此事让我懊恼不已。朴姨知道后，主动找我谈话，说我在处理现金方面有点儿大意了，并教我怎样在清点钞票的过程中识别假钞。后来朴姨掏出50元钱塞给我说："这次事情咱俩均摊责任，毕竟我之前没有认识到这个问题，导致了这件事情的发生"。当时我极力不要，但朴姨还是很坚决地塞给了我。50元钱虽然是个小数目，但朴姨勇于承担责任的精神深深感动了我。

乐于助人　无私奉献

2008年汶川大地震，单位组织募捐善款，大多数同志都是捐100元现金，出乎意料的是朴姨竟然一下子捐出500元。当时我半开玩笑地问朴姨："你在四川有亲属么，怎么捐这么多？还是因为你是老党员的缘故觉悟比大家高?"朴姨非常严肃地问我一句："假设是我们这儿受灾了，你最希望得到什么形式的帮助?"我说："当然是物质方面的帮助了。"朴姨说："国家能力也是有限的，只能依靠广大群众帮助灾区人民度过难关，所以我只是想尽我所能帮助他们。"其实朴姨的日子过得挺紧巴的，因为朴姨和她的爱人每个月都要省吃俭用攒钱供女儿上学念书。她使用的手机已是破旧不堪了，我曾不止一次建议朴姨换一部，但她总是说："这部手机是旧了点儿，但拨号键还是很灵活的，还能再用几年呢。"朴姨自己省吃俭用，面对灾区捐款却慷慨大方，这种精神值得我这样的年轻人学习。在朴姨的影响和感染下，后来我又到捐助箱补捐了400元钱。

恪尽职守　爱岗敬业

记得鸭绿江上游云峰电站泄洪的那一年，当时洪水已经涨到下游江堤的紧急水位线，市领导要求各个单位做好防洪、抗洪的心理准备，局单位领导为了保险起见，让我们财务科把一楼档案室里的凭证还有文件都搬到三楼会议室存放。当时朴姨感冒发烧特别严重，但她担心我们人手不够任务又紧急，就毅然带病与我们一起搬运资料。她与我们搬运的重量是一样的，丝毫不像生病的样子，只是她额头上豆般大小的汗珠直流脸颊，满脸是红彤彤的。忙活了一下午的时间最后顺利完成了任务，但朴姨却因劳累过度病情加重。一位老同志能带病坚持工作、恪尽职守、爱岗敬业，这让我由衷佩服。想起我有时因为头疼脑热的小毛病就要请假在家治疗休养，心里自觉惭愧。

时光如梭，岁月如歌。转眼间朴姨已到退休的年龄，她非常留恋会计这个工作岗位。退休的那天晚上，朴姨请我们财务科所有人员聚餐，在聚餐的过程当中，她把我们这几年的工作进行了详细点评，又把自己的一些工作经验分享给大家，后来朴姨又总结性地说了一句："既然选择了会计这个行当，就要坚持不懈。希望大家今后都成为一名称职的财务工作者。"朴姨的这句话我一直记在心里。我想，无论将来我从事什么工作，参照这句话去做，都能使自己得到提高、走得更远。

（原载《财务与会计》2013 年第 8 期）

奚会计

李鸿漫

上道师傅

我毕业那会儿，还兴分配工作，阴差阳错地我就被分配到了奚会计所在的单位，成了他的下属。据说他那时刚被提拔为财务科长，我报到时他正和其他人一块儿打算盘核数据，貌不惊人，语不压众，以至于我一点儿没看出来他就是我未来的顶头上司。

初生牛犊，初入江湖，我既有大干一番事业的冲动，又有自视清高但唯恐稍有不慎做出有损脸面事情的些许担心，毕竟我是当时财务科唯一的科班出身的大学生，不用说，别人正用敬慕和怀疑的眼光盯着我。第一次开支票，我踌躇满志地用美工笔以自以为还算漂亮的行楷填写着收款单位的名称。老天好像故意要给我一个下马威，收款单位名称特别长，我光顾激动而没有估算好填写空间，填到最后，收款单位名称居然拐了弯儿变成了两行。当我盖好银行预留印鉴并且规规矩矩撕下存根联将支票递给客户时，客户却满脸疑惑地将支票递给了奚会计："奚会计，您看，行么?"奚会计接过一看，微笑着对我说："到底是大学生，字写得挺棒。不过，你再开一张吧，咱开户行窗口柜台那个人挺认真，你这拐弯儿的活，他肯定拒收。""是吗?"我当时脸一热。奚会计接着又补充道："你用我的笔再开一张，字要小一点儿。再就是，盖章不要太用劲，洇了的话，银行也会拒收。"当时正赶上纳税申报期，或许就是为了锻炼我，奚会计让我再填写几份税收缴款书。那会儿的税票还是手工填写，并且一式六联，还得垫复写纸。我费了好大劲儿，不是透写不清楚，就是划破了纸。奚会计见我这样，放下手中的工作轻轻走到我身边："来，我帮你填一份。"说着他熟练地撕好票、垫好复写纸，用左手固定好上下两端，边写边对我说："圆珠笔要稍微斜着点，这样就不划纸了；另外，要一份一份地复写，这样就能写清楚了。”那一天，奚会计还亲自骑着自行车带着我跑银行、奔税务、上主管局，跟有关业务口的人员热情介绍我。

转眼到了元旦，在一次同事的婚礼上，趁着酒兴，又因为奚会计比我也大不到哪儿去，于是我半开玩笑半认真地对一同参加婚宴的奚会计说：“从今天起，您就是我的上道师傅了，我以后也像您一样在上衣兜里并排别两支笔，一支开支票笔，一支圆珠笔。”奚会计只是微笑着说：“千万不要别三支笔，那就成修钢笔的了！”

知遇之恩

时间如白驹过隙，一晃三年多就过去了，我对奚会计的认识也更加深入和清晰。

一天，奚会计把我叫到一边轻声对我说：“咱科还缺少一个副科长，看你这几年干得还不错，我向老总推荐了你，你有什么意见没有?”其实我早就感觉到了他对我有意无意的培养。比如：我到财务科工作还不到三个月，他就把我从银行出纳岗换到成本核算岗，据科里的同事介绍，之前要完成这一轮换，至少也得一年半载；出席一些重要会议他总是携我同往，并有意让我在一些会议上发言；安排我给分公司会计人员搞专业培训等等。虽然有些心理准备，但听了奚会计的话，我还是有点喜出望外，不过我只是故作矜持地对他表态：“谢谢领导栽培，我一定不辱使命！”但奚会计却话锋一转对我说：“那我就给你提点儿意见。对人礼貌是对的，但不必过于谦卑，否则，就让人感觉有点假了。说到底，咱是最基层的单位，平时面对的大多是工人，所以，一定要注意沟通的方式方法，别脱离大众。再就是，说话要大胆和直接一些，尽量不要拐弯抹角。你说呢?”我连连称是。人们都说祸不单行，福不双至，偏偏我在不长的时间内竟然双喜临门。就在我被提拔为财务科副科长之后的两个月，我的入党申请也被批准，我光荣地成为一名中国共产党预备党员。

为表达对奚会计的知遇之恩，我特地准备了一份礼物送到他家。没想到他竟然先稳住我和我说话，暗地里却让他媳妇将我送的东西假称是单位发放的福利又送回了我家。“不是我清高，你说要是咱科老孙送我这些东西，我向咱老总推不推荐他？要不推荐他，我在人家手里有短了，今后我还怎么干工作？要推荐他，老孙的水平你也知道，我往后也没法再干下去了！”奚会计推心置腹的一席话，打消了我原以为他嫌礼轻的疑虑。“其实，提拔你也减轻了我的工作压力和负担，我高兴还来不及呢。你要真的感谢我，就抓紧把你的中级职称考下来吧。”

第二年六月份的一天，通过电话资讯台得知我的中级职称考试已经顺利过关的消息，我第一时间告诉了奚会计。那天奚会计破天荒地主动约我晚上和全科里的同事一起喝酒庆贺，并替我买了单。

良师益友

刚参加工作时年轻气盛，我同时报了注册会计师和中级会计师职称考试。工作空隙，我见缝插针地认真研读有关教材，这时我才恍然大悟为什么这么快奚会计就把我调岗了，显然每天开支票、跑银行太占用时间，而成本核算工作则集中在月末，相对而言在时间上主动性要大些。我再次体会到了奚会计的良苦用心。结果，中级会计师职称考试顺利过关，而注册会计师考试仅仅过了两门。尽管奚会计只是中专毕业，但他的注册会计师证却是一次全科通过考试顺利拿到手的。“他山之石，可以攻玉。”我少不了向他求教一些问题的解决之道，他居然讲得头头是道，令我这个科班出身的不禁暗自佩服。每当我向他表示谢意时，他总是不无幽默地调侃道：“别看我个头不高，但我可不想当卖炊饼的武大郎。有什么问题，咱都一块研究。”

工作稳定以后，婚姻大事很快就被提到议事日程上来了。等到终于和我的另一半敲定终身之时，房子问题却又摆在我的面前。当时我们单位的新房刚刚竣工验收，由于我参加工作时间不长，资历浅，新房自然没有我的份儿。奚会计当时正住在单位的旧筒子楼里，但是他分到了一套新房，万般无奈我便打起了他的主意。我问他能不能先搬到新房，把旧筒子楼给我们腾出来结婚用，他非常爽快地答应了，但是他爱人却不无担心地说：“新楼刚验收还没有院墙，就咱一户搬过去，恐怕不安全吧？”听到此话，我的心一下子就凉了，但这又是实际情况，毕竟我不能自私地光顾着考虑自己的事情，可是，结婚的日子已定，要改变婚期看来也不太可能。大概半个月后的一天，正当我马不停蹄地在外寻找出租房时，奚会计微笑着把一串钥匙递到我面前：“我把房子给你腾利索了，赶快准备办喜酒吧！”

天有不测风云，人有旦夕祸福。我结婚生孩子后没多长时间，我妈不幸得了脑梗塞，尽管命保住了，但落下个半身不遂。爸妈商量后，决定搬回老家居住，一来可避免上下楼的不便，二来老家有一当医生的舅舅，寻医找药更方便些。奚会计知道后给我联系好单位的客货车，把我爸妈平安送回了老家。当月我在复核会计凭证的时候发现了一张缴款单，上面缴款人的名字赫然写着奚会计，用途栏简单地注明“用车”。我感动万分。

我和奚会计萍水相逢，但在工作和生活方面却得到了他无微不至的关怀和照顾，我感激他，由衷地敬佩他。

（原载《财务与会计》2013 年第 4 期）

我的老科长

李 龙

从事财务工作20多年了，中途也经历了好几任领导，可不管时光如何流逝，自己刚参加工作时遇到的老科长一直令我难忘。

勇于担当

记得那是1990年年初，我被分配到老科长所在的国营农场财务部门从事会计工作。工作不到半年，就遇到了全民所有制企业职工调整工资。由于单位管理人员较少，调资又是一项细致缜密的工作，农场一般都是由财务部门牵头布置，各基层单位的会计办理具体的填表、汇总等事项。因为我是新分配来的，在财务科还没有安排具体的工作，调资任务自然而然就落到了我的头上，由我具体经办。我要做的事情其实也很简单：各基层单位的会计人员按照职工花名册填写《企业职工固定升级登记审批表》后统一交给我查看，由我在表中的“呈报单位意见”一栏填上“按省劳资字（1988）第1274号文规定，同意升级”几个字，加盖农场公章就可以上报。

大约花费了半个多月的时间，全场的调资工作就完成了，到了上报审批表的那一天，老科长带着我去上级劳资部门呈报材料。哪知上级劳资部门领导在审核我们的审批表时却发现了问题：我场职工审批表中的大部分文号由“1274”写成了“1247”。我当时就感觉到了问题的严重性，刚参加工作，就犯了这么大的错误。正当我站在一旁不知道该怎么收场的时候，老科长说话了：“是我布置错了，我现在就开始想办法补救。”上级部门的领导当时也没有说什么，只是要求我们尽快完成好这项工作。

老实说，文号由“1274”变成“1247”，我真的不知道是当初布置错了，还是我自己后来弄错的。我在忐忑不安中加班加点改正错误，心有不甘。在更改的过程中，我发现错误确实是出自我之手，因为三千多份职工审批表中，前面四五百份都是正确的，之后才出现了错误，很明显，这是我的过错。我向老科长承认了自己的错误，老科长说："我是这个部门的领导，所有的责任应该由我来承担。你专心把错误改过来就行了，不要多想。"

之后，虽然完成了这项工作，可我听说老科长在调资工作中还是受到了批评，但他从来没有责备过我。

对信任的诠释

1995 年，老科长已退休，我在财务科出纳岗位上也工作了 3 年。一天，我遇见了老科长，他问起我现在的工作情况。我抱怨财务科出纳工作太辛苦，并且说："职工结算、报销领款来找我，很多人查账的事也来问我（因为职工不清楚财务科的内部分工），弄得我很烦。"老科长说："你的心态还是要调整一下，职工找你是因为他们相信你呀。"他接着又说："假如有一天你住在外地的父母电话不通，你想找你父母的邻居去了解一下他们的情况，你是找你熟悉、信任的那个邻居，还是找一个不太熟悉的人？"这时，我才明白了其中的道理。是的，一个人在遇到困难需要别人帮助的时候，一般是会去找他比较信任、熟悉的那个人。我应该为自己成为这样的人感到高兴而不是抱怨。

时光在悄悄地流逝，转眼一二十年就过去了，老科长如今已 80 高龄，但他仍然在关心着企业的发展和会计制度的变革。2009 年 9 月，在安徽农垦建垦 60 周年之际，老科长还被安徽农垦事业管理局授予"第一代垦荒创业者"奖章。我常常为拥有这样一位领导而自豪，因为是他教会了我用什么样的心态去为职工服务，用什么样的心态与同事相处，并激励我积极上进。在我身上发生的这些事，老科长可能已经不记得了。可每当我想起老科长，心中总是满怀感激，正是他们这一代会计人在日常工作和生活中的言传身教、无私奉献，才有了我们的成长……

如今，我也成了企业的一名财务科长。我常常告诫自己，在工作中一定要认真细致，再也不能发生看似简单的常识性的错误。假如真的有一天在我的身边也发生了这样的事情，我一定要像老科长一样，勇于承担责任，给年轻人创造一个成长的空间。

老科长虽然没有惊天动地的感人事迹，但他犹如我的老师、我的榜样，助我进步，伴我成长。

老科长的名字叫李忠明。

（原载《财务与会计》2012 年第 11 期）

我身边的会计人

李曙亮

因为同是会计人的缘故，在我求学和工作期间认识了很多会计人，其中有很多与我一样的“革命”者，他们起点很低，曾经当过锅炉工、车间工人……但他们都通过自己的努力改变了自己的命运。今天，这些朋友大都找到了自己理想的职位，且做得很好，他们都是成功者。

阿刚

与阿刚相识是在5年前的一个注册会计师考前串讲班上，我和他去得很早，由于教室的门还没有开，我俩就啃着烧饼聊了起来。

阿刚是初中毕业后上技校的，学的是锅炉专业，毕业后在一个油田烧锅炉，由于不甘于天天拿着大锨面对大煤堆的生活，等他攒了一笔小钱后，就参加了成人高考，出于对坐办公室的向往，阿刚就选择了会计专业。

能够进入高校学习会计专业，阿刚已经非常满足，他似乎可以看到毕业后到油田做一名会计的情形，不用再呆在锅炉班看像小簸箕一般大的铁锨一锨一锨地铲煤，拿的是算盘和账簿，掌握的是单位的经济命脉，多好！

然而，一次和同学的聊天，使阿刚感到彻底失望。这个同学是阿刚所在油田的子弟，据他介绍本校上一届有个会计本科毕业的学生，本想毕业后到油田做会计，但由于家里没有关系可走，毕业后花了不少钱也没进到财务上，最后只在油田做了个保管。这个同学还说油田财务竞争非常激烈，没有关系，花钱再多、再有能力也进不去。同学的介绍对阿刚打击很大，他的会计梦似乎要破灭了。然而，“既来之，则安之”！既然已为成人高考付出了努力，不管同学说的现实有多么残酷，不管毕业后能不能进油田做财务工作，也不能听他一家之言，说放弃就放弃。

以后，在学习中，阿刚知道了会计师、注册会计师考试，通过努力，顺利通过了助理会计师和会计师资格考试。他知道回油田进财务困难，毕业后就在学校附近与同学合租了一间民房，专职在学校学习注册会计师课程，到我们认识时他已经通过了3门注册会计师考试。

以后的日子我与阿刚联系较为频繁。注册会计师全科考试通过后他回到了油田。阿刚回到油田做的第一件事就是写了一份自我介绍，直接找到油田的老总，他说："我是锅炉班的锅炉工，您肯定不认识我，我为了进油田财务工作，奋斗了整整四年，现在已取得了中级会计师、注册会计师资格证书。今后我是不会再呆在锅炉班了，摆在我面前有两条路：一是进财务，一是另谋职业。不知油田肯不肯留我？"老总详细看过阿刚的资料后说："给我一个月的时间好吗，等领导班子研究后给你答复。"

通知阿刚到财务报到那天，整个锅炉班惊动了，因为他们谁也没想到老总会亲自打电话找一个锅炉工，更没想到锅炉工还能直接调到财务工作，但他们哪里知道阿刚为此奋斗了整整四年。

阿刚到财务后，被派到新疆的一个钻井队锻炼，通过领导的观察，一年后被调回机关财务，先后做过主办会计、会计主管，老科长退休后，阿刚凭着自己的实力接任了财务科长的工作，成为油田财务上有史以来最年轻的科长。

伟

第一次见到伟，觉得他傻傻的。那是几年前的一个晚上，我到同事家玩，见到了刚从湖北回来的伟。同事给伟联系好了一家会计师事务所，说好试用期工资每月800元，后来伟去面试，却变成每月700元，可伟居然还愿意去。同事觉得那个所长太不讲信用，本心就是不想让伟去，可伟却说："人家给700元一定有给700元的道理，不上班一分钱也没有！"

伟那时已通过注册会计师考试，拿到了全科合格证，以他的条件在这个城市找个试用期每月1 000元的工作不算难。我想，按照他的说法，愿意接受每月700元的试用期工资也可能有他的道理。

以后与伟熟识了才知道，伟大专毕业后被分到湖北的一家工业企业，报到后被派往西安办事处做会计，没多久又做销售工作。据伟说，销售的产品质量差、价位高，他没能成交一笔业务，数月后就被调回厂里，安排到生产车间工作。一次春节回家，在与同学的闲谈中知道了注册会计师考试，他就报了名。伟在高温车间"三班倒"的工作环境下，三年通过了注册会计师考试，后来就回到家乡的省城。能从车间的体力劳动者变成会计师事务所的一名注册会计师，700 元的工资对伟来说已很满足了。

到事务所后，由于伟勤奋肯干，几个项目经理做业务时都愿意带他。伟参加了烟草、民航、粮食、高速公路等几个大型审计项目后，对企业管理产生了浓厚的兴趣，觉得企业经管的成败在很大程度上决定于管理水平的高低。伟于是立志要从事企业管理，决心在未来的三五年成为一名合格的职业经理人。以后的业余时间里，伟对学习内部控制、预算管理、成本管理、绩效考评、公司治理等投入了很大的精力。

由于会计师事务所人才流失严重，加上伟的勤奋好学，一年后伟被提升为项目经理。伟带队审计过的客户中，第二年有很多还指名要伟去做，因为他除了能给企业提供审计服务外，还能给企业提供很多有价值的咨询服务。

前年春天，一位朋友告诉我有家生产特种金属的单位从香港聘请了一位总经理，听说这位总经理具有很高的管理水平，上任后通过对单位的了解，想在内地招聘一位财务管理人员。没几天，报纸上就登出了该单位的招聘广告，我将信息告诉了伟。很快，伟被该单位聘为高级财务主管，负责公司的预算管理、现金流量管理等工作，伟上任不到一个月，原财务部长主动提出辞职，他就接任了财务部长的工作。

经过一个多月的情况了解和与有关部门的沟通，伟在公司董事会上提出了预算管理的讨论方案，该方案得到列席参加会议的上海某证券机构高级顾问的高度赞赏。半年后，伟升任公司财务副总。

2004 年的冬天，伟所在的公司组建集团公司，原总经理升任集团公司总裁，经他推荐，伟被任命为公司总经理。

小张

小张初中毕业后上了省城的中专，读了不到两年，听说上中专前途不行，加上对所学专业提不起兴趣，他就参加了会计专业高等教育自学考试，两年后顺利拿到自学大专文凭。那时省城开始兴起注册会计师考试，因与其他会计类考试相比，报考注册会计师没有工作年限的限制，小张就报名参加了。

第一年，他通过了三门。年底，经一位老师介绍，小张进入了省城的第一大会计师事务所做助审。在审计期间小张发现，不管是上市公司审计还是股份制改组都涉及很多法律问题，加上学习审计时了解到注册会计师处于“诉讼爆炸”年代，且法官在判案中因不了解注册会计师应负的责任往往判其败诉，他就想，要是既懂注册会计师审计业务又懂法律，不就可以保护注册会计师行业的利益了吗？他感觉这种人才在不久的将来一定有很大的市场需求。

第二年，年审过后，小张离开了事务所，报考了律师资格考试，加上还剩下的两门注册会计师考试，小张就没有再找其他工作，专门到一所大学学习。这一年，因家乡的煤矿裁员，在煤矿工作的父亲被迫办理了内退手续，母亲、姐姐、姐夫也相继下岗，小张的心理受到了严重的打击。也真是祸不单行，他的注册会计师财务管理考试差 2 分没能通过，律师资格证也因总分差 7 分与他无缘。那年春节，小张为了不让家人再度伤心，称事务所业务太忙不能回家，只委托到家乡钢厂审计的同事带了两袋大米回去。

小张毫不气馁，发奋努力，第三年以全省第三名的成绩通过了律师资格考试，注册会计师考试也顺利过关。于是小张准备了一份简历，到曾经干过的那家会计师事务所应聘，所里却以“人员已满”为由拒绝了他，经过几番周折，所长才同意见见他。见到所长后，小张像抓住了救命的稻草，对所长的提问回答得极其认真。在介绍自己的简历时，说为进这家事务所，他在家里四口人下岗、一天只啃几个烧饼度日的环境下，为通过注会考试拼命用功学习。说到伤心处，连所长都感动得眼圈红了。

不用说，小张如愿进入事务所上班，故事却并没有结束。

一年多后，小张所在的事务所在北京成立了分所，因经常随到北京任所长的项目经理做业务的缘故，小张也被调到北京。到北京后没多久，当时的国务院稽查特派办到事务所借调熟悉审计和法律的人员做助审，小张因具有注册会计师和律师资格，被选中。

在做国务院稽查特派办助审期间，小张增长了见识，开阔了视野，业务水平也得到了很大的提升。有一年遇到了一次助审转正机会，但因为没有北京市户口，机遇擦肩而过。后来小张打定主意考个研究生，这样不仅可以解决户口问题，还可以学到更多的知识，学历也能提升。于是，小张向单位提出了辞职，又回到以前考试时学习的大学，拿起《新概念英语》第一册，从 A、B、C 学起，备考 MBA。

2004 年，小张因英语差 1 分没能进北航读 MBA，但对于英语没有一点基础，且近 10 年没有摸过英语的他来说已经很不错了。2005 年小张又继续报考了人大，据他说，考得不错，现在正准备复试。眼下成绩公布在即，但愿小张如愿以偿。

英华

英华是我在做审计业务时认识的，她是一家房地产公司的常务副总，一看就是位女强人，具有职业经理人的干练和独特的气质。交往久了，才知道她在大学学的是中文专业，毕业后到一家房地产公司做文员，因为做事干练且很机灵，深得公司财务经理的喜欢。一次财务经理在让她复印资料时与她闲谈说，一个女孩子不可能做一辈子文员，年龄大点可能就没有自己真正的专业了，并鼓励她转行学财务。于是英华利用业余时间上了三个月的会计短训班，拿到培训合格证后在财务经理的帮助下进了财务部做了出纳。

英华聪明肯干，不但把自己的工作做得很好，还主动帮助别人。她很快就熟悉了财务业务处理的流程。一年多后，英华因生孩子歇了几个月的产假，出纳工作已被别人替代，由于没有合适的岗位，她就一直在家带孩子。

在这期间，一个同学去看她，在闲聊中说起婴幼母孕用品。英华说医院附近没有专门卖的地方，得到其他地方去买，如果在妇幼保健院门口开个婴幼母孕用品店，生意肯定会很好。说干就干，很快两人筹齐了资金，把婴孕用品店开了起来。由于经营有方，店里的生意非常红火。

后来，由于种种原因，英华离开了婴孕用品店，她原来所在的房地产公司的财务经理与她联系，说自己已离开原公司，到了另外一家房地产公司做财务经理，想请英华做会计，她就又到了财务经理所在的房地产公司。凭借开婴幼母孕用品店与工商、税务部门的交往经验以及经商体会，加上原来就熟悉房地产公司的财务业务，英华的工作干得很好，还帮公司筹集到一笔1 400万元的资金，财务经理也因此荣升为财务总监，英华也被提为财务经理。做了财务经理后，英华感觉到财务并不只是会计核算和与银行、税务等外界打交道这么简单，更重要的是利用财务信息为管理决策服务和进行管理控制。经多处打听，英华了解到北大光华管理学院有个半年期的管理会计学习班，经单位同意，她离开单位自费到北大攻读管理会计。半年后，当她踌躇满志回到单位时，单位的人事发生了很大的变动，财务总监已离开，财务上的一切事情都需要自己解决，这时的英华才感觉在公司独当一面是多么不容易。

这时的房地产市场形势很好，楼盘一个接一个地开发，每开一个楼盘都能挣到大把大把的钱，总经理还扬言要把房地产做到北京去。英华似乎感觉公司的发展速度太快，多次建议公司在投资之前做好投资分析，实施预算管理，但公司挣钱挣红了眼，这些话谁也听不进去。在一次会议上，公司不顾英华的一再反对，决定拿出1.5亿元的资金开拓北京市场。会后不久，英华离开了这家房地产公司，几个月后，公司也因资金周转不灵停止运转。

得知公司经营失败的消息后英华非常伤心，心想自己明明知道这样做可能会失败，为什么还挡不住公司这样做？为什么自己学的知识只能让自己明白，却不能改变决策者的错误决策？英华感到十分迷茫，财务人员掌握那么多的专业知识，看起来很有用处，但该怎样发挥作用呢？她想来想去，思路终于开阔了，不是财务知识没用，而是财务没有最终决策权，财务管理者扮演的是参谋的角色，起不到主导作用，要想使自己的财务专业知识和掌控的财务信息发挥作用，就得改变自己的配角地位。

明白了这些，英华决定改变自己的职业方向。不久她应聘到一家新成立的房地产公司做了副总，主管财务、销售和办公室。一期项目开发后，她根据财务与销售情况对二期规划提出了很多建设性的意见，加上一期项目销售业绩突出，英华在二期项目开工时被提为常务副总，主管公司的所有业务部门。

英华正在为实现自己的目标而努力着!

我身边的会计人都很平凡、都是小人物，但靠着自己的努力，不断向理想目标迈进。有志者事竟成，我相信他们都有自己多彩的人生。

（原载《财务与会计》2005年第4期）

一凡不凡

张连起

引　子

这些年，我一直在做两件事：一是用执业获得生活的基础，一是用写作获得生存的理由。环顾当下会计学界和业界，不免为“世事喧嚣，思想稀薄”而怅惘。没有趣味的职业生涯，如同没有放盐的菜肴。

总要给“寡淡”的生涯加点盐吧。于是，我注意搜寻同行中有趣的人、有故事的人、有思想的人，一有机会，便加以推介。比如，有个叫“金十七”的人，写了一本叫《让数字说话——审计，就这么简单》的书，我读后欣喜而欣慰，遂乐之为序。也有遗憾的时候，去年冬日的一天，驾车行进在长安街上，手机响了，来自黑龙江的声音告诉我，那个喜爱我的文章，并且常常写信给我的退休老会计，走了。风打车窗，草木凄迷。顿时，我的眼泪止不住地流淌。哎，怎么就没给老人“画”个文字肖像呢。

就这么想着，一下子想到了一凡兄——一个值得大书特书的人。依稀记得，上世纪80年代前期，我认得一个也叫一凡的老兄，“今天派”诗歌的文化奇人。莫非叫“一凡”的都有不凡的经历？

此时，窗外分明是人间四月天，我开始为万里之外的一凡兄勾勒“画像”。

从“潜水者”到“浮出水面”

一凡兄姓汪，厦门大学会计系副教授。1951年出生的一凡兄，1984年以初中二年级学历一个猛子“潜”入厦门大学攻读会计学硕士，一时水花四溅，此一奇也；1987年留校任教至今，不申请当研究生导师，不申请正教授职称，矢志向学，别无旁骛，此二奇也；临近花甲之年，一系列严肃而有趣的力作逶迤而出——《改良现代会计方案：科学化的探索》、《恍然大悟会计丛书》四本，让人“咣当”一声发现，原来会计还有这么多秘辛，原来会计还可以这样学……刷新了内地学人厚积薄发的新记录，此三奇也。

我与一凡兄只一面之交，但似乎神交久矣。听说圈内朋友都亲切地叫他“老汪”，不知道我这样径直称兄，“老汪”同意否？那年夏天，我驱车到一凡兄旅京居住的老式楼房，与他作了一次时间不长的对谈。窃以为，引为同类者往往不需要借助语言，而需要借助味道。稍稍一闻，我从一凡兄身上嗅到了敦厚的爽直、淡定的坚守、从容的自信、思考的快意。“居高声自远，非是藉秋风。”毕竟，一凡兄是有故事的人，他登高望远，洞悉会计，妙语既出，电光石火……我们就这样气味相投，如魏晋人般视为知己。

20 多年来，一凡兄自甘“潜水者”，早年从自动数据处理的角度切入会计研究，虽然也偶尔“冒一下泡”，但更多时候，奉行自我边缘化立场，默默抵近心中矗立的标杆。这就好像锦衣夜行，寂寞而庄重。

“到了浮出水面的时候了。”一凡兄自信满满。他有意识地排斥“空对空式”研究，而注重在构建理论的同时，融入验证式实践。“这种研究方式是‘空对地’，既有理论高度，又能落地生根。”为此，他悉心耕耘起那片软件公司的“试验田”。

会计界做错了什么

会计，自从出现了现金制和应计制的分野，就丢掉了科学性的“袈裟”，露出了艺术性的“脂肪”。而艺术性无外乎凸显了模糊性。我向来对会计发展的方向心存疑虑，比如，利润导向、公允价值、应计制的极端化等。好在有了一凡兄，其观点在许多地方甚合我意，可谓心有灵犀“不”点通也。

在一凡兄看来，关于净利润的计算有个可疑的做法：“只要交付了实物，还没收到钱也算收入。”利用这一点，无良厂商只要设立几家当“托儿”的公司，其使命是“千年不赖账，万年不还钱”。将实物交付给“托儿”后，应收账款增加了，收入也增加了。这样的收入要多少有多少，利润也是要多少有多少。类似的手法还有，公司集团的关联企业们互为“托儿”，内部倒买倒卖，货物从没离开，看账上，却是从子公司到母公司都共同“致富”，这是做大业绩的最传统方法了。

公司真的赚钱了吗？一凡兄发出“安徒生童话之问”！净利润貌似“含氮

量”指标，公司有了净利润，人们误以为就是“赚钱”了；“公允价值收益”则貌似“三聚氰胺”，它的现金含量为零，利润含量却是百分之百，让人误以为公司很能“赚钱”。实际上，不过是苍白的唇上涂抹的口红。一凡兄让“净溢余现金”跃上前台，使长期以来“鸠占鹊巢”的净利润，在现金英雄面前几无容身之地。

至于衍生金融工具会计，一凡兄更是旗帜鲜明：属于“不治之症”！别小看这样的结论，在科学范畴内，论证出做不好、没希望的结论，同样是一大学术贡献，就像医生宣布某病人中止救治而不必徒劳延长其痛苦一样。

一凡兄以“会计中医”的胆识，强调“不治之症”肯定是治不好的；“难辨之症”如无名肿毒等疑难杂症，连病因都不清楚，只能凑合着碰运气；“免治之症”如一般感冒是可治可不治的，装腔作势地打针吊瓶要一周能好，病人不找医生，自己多喝点水也是七天包好；只有“可治之症”才是医生真正能药到病除的。一凡兄“望、闻、问、切”会计新四大难题——合并财务报表、外币折算、通货膨胀会计、衍生金融工具会计，运用“动态平衡、辨证施治”的思想，满怀医者仁心，一语道破当下会计“寒邪袭表、气血两虚”。

《改良现代会计方案：科学化的探索》出版后，反响强烈，有人问起：“未来的会计模式将是怎样的?”一凡兄于是创设了“双轨制会计结构”，既新增现金流会计的内容，又能“向下兼容”应计制会计，让“赚钱的本尊”与“净利润替身”同台竞技，真实与幻想齐飞，“婉约”与“豪放”共舞。

历史积淀的谬误需要时间来消解，这大约是一个随机飘移的过程。我们不知道最后的走势和结局，但我们知道优劣自有公论，“本尊”必胜！

思想者的身影

面对当代会计迷失方向的大势，我呼吁回到朴素的立场，回到常识，回到业余者的心态，注重“好用的会计”而非“好看的会计”，突破日渐僵化的“学院文体”，倡导个性化的独立写作。我走在寂静的山谷里，没想到一凡兄就站在不远处，好不惊喜，于是携手共吼，顿时觉得满山都是喉咙响。

一凡兄认为，我们在“知己知彼”的认知上存在严重偏差，以为凡是“国际惯例”，自然是“科学先进”的，西方会计模式似乎“艳若桃李”，中国会计模式则“冷若冰霜”。我们太多的大脑用在“跪着思考”上，以至于失去最基本的质疑能力，永远只想着“取经”，不敢想象自己可以并且应该“造经”。

“借贷记账法”系出名门，似乎坚如磐石，然而，一凡兄却不为所惧，振臂一呼：启用“左右记账法”，终结会计人“专业糊涂借贷始”的尴尬，推出足以傲世的原创性成果。2010 年的全国“两会”上，全国政协委员、福建省审计厅副厅长王光远教授呈报了推行“中国流复式簿记”的提案，如一石击水，涟漪四散。

凭心而论，我未必同意一凡兄的所有观点，但我欣赏他探索的勇气与论断的决绝。

一凡兄目光远眺，格物致知。从“谁来做账都能得到相同结果”的基准出发，指出以美国为“带头大哥”的西方会计模式离科学越来越远，而中国依托“现金导向”的文化传统和核心技术，完全可以在“会计信息化”的快车道上高歌猛进，成为世界会计的领跑者。诚哉斯言！

近年来，他神驰于中国近现代会计史的时光隧道，在故纸堆的飞尘中边打喷嚏，边用心灵倾听逝去的老一辈会计学人隐秘的声音。用他自己的话说，不意中，自身也恍若出土文物般，心如止水，快意无边。那些有个性、有主见、有担当的同行先贤，不也正是我“虽不能至，心向往之”的“民国范儿”么？被历史尘封的不仅是真相，还有迷惘；被岁月覆盖的不仅是真情，还有惆怅……

我一向把人文会计的首倡和践行当作自己的宿命，我暗想，或许也是一凡兄的宿命。

在山谷里行走，我发现一凡兄越走越快，我站在小路的这端，望着他的背影渐行渐远，消失在小路转弯的地方，而且，他用背影默默告诉我：不必追。

严肃的有趣

浏览一凡兄的博客，可以确信他是会计界的一个异数——严肃在前，莞尔在后；左手数字，右手人文。这样的人，会计界太少了，少到无趣竟成主流，有趣反被边缘。

不妨听听一凡兄讲的两个故事。故事之一：在女儿考上高中的那年暑假，特地安排了一次全家北京游，北大和清华园是必去的景点，让她作个比较和选择，也能使追求的目标具体化。

进入北大校园后，想起一些关于北大人神乎其神的传说，最典型的，莫过于有位刚入学的学生拉住路过的老大爷帮着看行李，自己却办理报到手续去了。半个多小时以后回来，老大爷还本本分分地守在原地，事后得知，那位老大爷就是季羡林先生。

诸如此类的故事听得多了，以为北大三步之内，必有高人，便对家人开讲："在这儿是不能以貌取人的，长得和农民一样的老先生，有可能是哪个领域的泰山北斗……"

在一路口，看到前面一位戴小圆框眼镜、提着大蛇皮袋的老先生，便毕恭毕敬地问路。没想到，他看到我手中快喝完的矿泉水瓶，说："你把水喝了，瓶子给我吧。"

故事之二：在上杭古田乡插队务农时，亲身参与过"打平伙"的风俗，可以说是中国式的 AA 制了。几个人凑在一起改善伙食，切块肉，备好酒水。开吃时，有人招呼"猪肉好"，然后严格地每人出手挟一次，每次挟一块，一直到吃完为止。

怎么保证切出来的块数正好是参与人数的整数倍呢？那可能是掌勺者在切之前先作了估算，再说了，如果不幸多切出来几块，谁不会在试咸淡时顺便就把它消灭了？所以，这是不必操心的。至于总钱款的分配，当然是按人头算到"分"为止的，如果最后还剩下几分没用完，还可以用这多出来的钱去买火柴，一五一十地均分，这一农耕社会风俗真的很会计。

听完一凡兄的讲述，你难道不会触摸到他探幽发微、妙趣横生的格调么？

尾　声

今我来思，杨柳青青；惠风和畅，万物复萌。

一凡不凡，意气腾腾；新见迭出，日夜兼程。

《诗经》体言罢，转念觉得七言绝句似更精当，不仅为了一凡兄，更为了站在新的历史起点上的中国会计：

会当击水三千里，计应谋得一万年；

长风浩荡终有时，春光满目展云帆！

（原载《财务与会计》2011 年第 7 期）

一路走来

——同事静的职场之路

王志超

努力拼搏、自强不息这些环绕在我们身边昂扬的声音，永远是一种奋斗的鞭策，时刻在开悟我们消沉的心灵。人生短短数十年，怎样才能不算虚度？我的同事静这十年艰苦奋斗的职业生涯或许能给你我些许启发。

1992年，静从复旦大学电子系毕业，因为父母舍不得她独在异乡，于是恋恋不舍地离开了大上海，回到了生她养她的故乡——xx省的一个小县城。那时在小县城里复旦大学的牌子还是很响的，县长亲自把静安排到了当地效益最好的锅厂，从事电子仪器仪表的监督检查工作。工作清闲，生活富足，同事之间相处得也不错，她满足于这样舒适而惬意的环境，读书时的激情一点点被消蚀掉。

改换职业

如果不是后来锅厂变得不景气了，或许静一辈子就呆在那里，终了一生。因为经营管理不善和领导的频繁更替，这个曾在国内红极一时的锅厂经不起折腾，日见萧条。静不愿面对下岗的命运，只有离开。在经历了一次次碰壁之后，静终于在一家建筑公司谋得一份差事。她的工作是跑工地、记录材料的消耗、掐算人工，劳心且劳力。辛苦倒还不怕，只是静不想只做个不动脑子的记事员，更不愿从此过行尸走肉般的生活。

“置之死地而后生”，领导曾这样评价静。“我要学习！我要做预算员！”她抽空查找资料，翻阅建筑书籍，从头开始学起。立面图、剖面图、平面图、女儿墙、天沟……这些术语对学习机电一体化的她来说，无疑是完全陌生的。“如果不苦一阵子，就会苦一辈子！天下无难事，只要肯攀登！我一定会成功的！”静时时刻刻这样激励自己。建筑基础知识、识图原理、施工技术、预算审核，她不会的就问，不懂的就查，不论是哪个预算员，逮到谁都要问到底。好在静并不太笨，摸爬滚打了近一年，她从对建筑工程一无所知变成了公司的业务骨干，先是考取了中级预算员，2001年又一次性通过了注册工程造价师的考试。公司的招标工程几乎都有她付出的劳动。“人有多大胆，地有多大产”，虽然这个论调早已过时，不过只有敢想，才能敢做。

挑战自我

有了本本，一家事务所邀请静加入。虽然原来的企业待遇不错，干得也很顺手，但她想挑战自己的能力，挖掘潜力。静说：“如果我可以跑一万米，为什么要停留在一千米的位置上呢?”于是她毅然决然地辞职，走进了事务所。静从最低处做起，实地测量，核实变更、签证，想办法取得第一手资料，那时候加班加点成了常事，有时甚至十天半月都不能回家。有一年腊月二十六，外面刮着凛冽的西北风，静和同事为核实一个被审计宾馆的铝合金门窗的数量去开发区，整整一个下午站在寒风里，冻得手都不能写字了。傍晚时分，“凯旋”而归，本想给家里打个电话问候一下，没想到手机都被冻坏了，根本没有信号。

由于勤学好问，不怕吃苦，在业务上静如鱼得水，游刃有余。再加上她语言沟通能力好，在她到事务所的第二年，业务上达到了前所未有的水平，付出的劳动得到了回报，大家的薪水几乎都翻了一番。然而幸福的日子总是很短，由于经常与两个男同事出差，风言风语慢慢传入耳中。自视身正不怕影子歪，她置之不理，不想失去这份喜欢而且薪水颇丰的工作。然而即使这样付出，仍然没得到她想要的结果，她的忍让反而越发助长了一些人的嚣张气焰。

是可忍，孰不可忍！于是，愤然离职。在家闲了大约半年的时间，静无意间听说招考公务员，学！一份辛苦一份收获，凭着良好的硬件，静如愿以偿进了机关。机关的日子是相对清闲的，习惯了忙碌的静反倒不太适应。单位一个同事正在考CPA，静对会计一窍不通，以前在事务所就见很多同事考CPA，但那时一是工作忙，二是觉得没能力学所以就没动这个念头。既然现在有时间，何不试试呢？工程审计开始的时候自己不也是一无所知吗？于是静又开始忙活起来，基础会计、财务管理，一样样从最基本的学起。这时静已经33岁了，家里还有年幼的孩子，学CPA难度可想而知，别人都劝她别考了，但她总是付之一笑——既然认准了，就风雨兼程。天道酬勤，付出总有回报。这两年她分别通过了经济法和税法的考试，万里长征走过了第一步，静说会继续努力……

要成为一个强者，需要自信和主动，规划自己、完善自己，从而使自己走向成功——“我是一块砖，哪里需要哪里搬。”静常常这样说。

（原载《财务与会计》2005年第5期）

第二篇

经历和感受

我的国企生涯

张　平

入　行

1984 年 7 月，我结束了在福州邮电学校两年的中专生活，分配到了离家最近的地区邮电局计财科，接替一位退休返聘的老会计记账。

上班第一天，科长就让我随农邮科的管理员一同去支局办理一个营业员的交接手续。这是我第一次接触业务，所以很紧张。科长告诉我只要将相关资金盘点一下就可以了。其实当时的营业员交接很简单，一个邮电所的营业资金不过四五百元，先把汇兑资金和银行账户对齐，印鉴更换后再开始交接。同去的管理员负责现场交接工作，我负责记录，将科长交给我的检查表逐项填好，并将交接的有关情况写了个说明。这次交接工作使我对支局所的营业资金管理有了初步了解。科长对我这次工作表现非常满意，将科里的记账和文字处理工作交给了我。

当时计财科还有两位女会计，一位是主管会计，另一位负责医药费、工资和专项资金核算。那时邮电企业的月报必须每月 2 号用电报报送省局，每月的记账凭证包括汇总凭证大约在 900 张左右，而我接手的第一个月大约有 300 多张凭证尚未记账，于是夜以继日地加班加点，仅是账页上用红笔加盖我的印章修改的地方就不下 20 处，总算在 2 号夜里 12 点将电报发了出去。这下我基本弄清了整个邮电局的账务处理，很快驾轻就熟了，9 月末做季报的时侯，全部的账就是我一个人记了。

那一年，刚好进行全国性的邮电企业整顿验收，实行厂长经理负责制，所以我在记账的同时，还帮助企业整顿办公室做各种表格，陪同科长下支局所突击检查，协助两位老会计做年报准备工作。就这样，在紧张、忙碌中，我度过了参加工作的第一年，也是我的会计生涯中最踏实的半年。这时我对会计的理解仍然只是记账、做账、报表。

学习中成长

转瞬进入1985年，记账工作交给了新会计，我的主要工作是支局所的财务检查。半年内我跑遍了全局的33个支局所，或是检查，或是办理营业员的工作移交，业务逐渐熟练。一年的见习期结束时，科长决定由我接替主管会计。正常的账务处理已没有问题，而紧跟着三季度的报表着实让我压力不小。但由于当期的季报从账务处理到获取数据都是我一个人经手，所以报表的完成比较顺利，领导也很满意。在工作之余，我还通过了4门会计学大专自学考试。这一年真的很充实。

随着邮电通信企业开始进入发展起步阶段，各个县邮电局开始甩掉摇把子的磁石电话，走入纵横制自动电话时代，HLF微波工程动工，农村电话的小交换机发展迅速。我们局看准时机成立了一个水泥制杆厂，由计财科统一管理制杆厂的财务。当时大家都没接触过工业会计，而我刚好自学了工业财务管理和商业财务管理，于是科长又找到了我。虽然当时工作负担较重，但我很想尝试一下自己在会计核算方面的一些想法，就欣然同意接下这个份外的活。从会计制度设计到会计科目使用，从记账方法到成本核算办法，全是按自己的设想做的，所有的理论指南就来源于自学考试教材和一本借来的《工业会计制度》，也算得上是活学活用。不过，也因此影响了当年的自学考试，一直拖到1988年4月才通过所有学科的考试，拿到了会计学大专毕业证书。

年底，邮政储蓄开办，于是我又多了一个新头衔：储蓄会计。而且，从这一年开始，省局在各地区抽调的每季会计报表汇编人员名单中都会有我。

科技解放双手

1989年2月，我参加了邮电部在南京邮电学院举办的为期5个月的基建财务培训班，最大的收益就是接触到了计算机，从此改变了我的工作方式。回到局里，科长将我的工作调整为基建会计兼工资核算。那时全局职工有近2 000人，手工抄一次工资单需要两周时间，而且工资项目繁多，找起错误来似大海捞针。所以，当局里买来了第一台微机——IBM PC286XT时，我马上打起了它的主意。当时全省只有淮南市邮电局用计算机发工资，但该局使用的SUN微机和我们的IBM机不兼容，他们请人编制的程序对我们来说也没用。

正当我一筹莫展的时候，突然想到长途电信科有一个副科长懂计算机，就跑去找他商量。他看了看我从淮南带回来的报表，说："咱们自己设计吧！"从那时起，我俩所有的业余时间都泡在机房里，几乎每晚都忙到两点才结束。我负责表格设计，他负责程序编制，经过一个多月的不懈努力，终于用 DbaseIII 编制了自己的工资管理程序。

接着我不断扩大战果，工资的账务处理、工会的计划生育人员管理、行政科的水电费管理，甚至工程的概预算管理，凡是能用上数据制表的地方，我都尝试用计算机来管理。看着一次次的成功，心中真是乐开了花。原来每月需要一个人专门负责的工资核算，现在只要三天就能轻松搞定。那时，邮电企业经常调整工资，我就在工资管理程序的基础上开发出了相应的补发工资程序，基本上劳资科资料一交给我，我当天就能把补发的工资发下去，而县局的会计们往往需要三四天，于是，纷纷到我们这里"取经"，很快全地区所有的县邮电局都用上了我编制的工资管理程序。1991 年邮电系统进行了全国性的固定资产清查工作，我被指定为清查办财务组组长。在整个清查工作中，由我设计的清查统计表被省局清查办采用，作为全省统一清查用表，得到省局的赞扬。

走近 CPA

1991 年底，国家第一次举行注册会计师考试，我在不知道考试的难易程度，甚至连教材都没有的情况下，一下子把四科全报了，拿出当年自学考试的劲头，按照考试大纲自己找书看，直到考试前一天，见到作为考试指定用书的《审计学》，才知道跟自学考试所学的审计学完全是两码事。所以，虽然财务管理和经济法考得很轻松，但审计和会计都没过。第二年的两门考试我压力很大，好在这次有了正规的教材，但会计仍然因为题量太大没有做完，只过了一门审计。因为当时考过的专业科目有效期限只有三年，于是第三次考试成了背水一战。我充分吸取了上次失利的教训，先浏览了一遍试卷，将容易做的题先做完，把需要做大量分录和调整报表的大题放在了最后，虽然最后也没做完，但仍以 70 多分顺利过关，终于拿到了注会考试全科合格证。

1993 年，我又顺利通过了会计师（中级）职称全国统考，同时还考取了基建土建概预算员和通信工程概预算员证书。这几年，用于考试的时间很多，收获也颇丰，为以后的工作奠定了坚实的基础。

无心插柳　下海经商

1994年年初，在省局的要求下，财务从审计科中分出，我留在审计科，一年也就一两次正规的审计任务，还抽调一大群人帮忙，实在是太轻松了。所以，当一个做计算机和通信产品的朋友请我帮助管理业务和财务时，我考虑再三，答应给他做兼职业务经理加财务主管。

当时我们把公司的经营范围定位在办公自动化全线产品和通信终端产品上。一开始我们做的是康柏计算机，但康柏的一次服务瑕疵让我决定寻求新的品牌。因为我是从IBM开始认识计算机的，有那么一点IBM情结，于是决定从IBM着手，在本地市场树立自己的风格。事实证明这步棋走得相当正确而且及时，当满街康柏卖不动的时候，我们却成功地将IBM PC300/486卖到了全地区包括各县的邮电局和供电局，而且利润丰厚。随后，公司在组建计算机网络方面有了更多的进展，联大、技校、期货市场、财政证券等单位的网络建设使公司在本市IT界声名鹊起，我们局里的会计电算化网络也是由我们公司做的。

国企经营　举步维艰

1998年9月份，邮电开始分营，我被分在邮政局财务部。一天，局长让人把我叫到他办公室，说局里要成立一个邮购公司，讨论确定我为经理人选，经过再三考虑，我决定接受这份工作，好好干一番事业，有所作为。我建议在原有邮购中心的基础上扩大业务，从本地土特产销售开始，在通信终端设备业务上寻求突破点，可惜，局长对此没有兴趣，而是想利用邮政在农村支局点多面广的优势，发展以百货经营项目为主的小超市业务。局长的方案最终得以实施。结果，不到一年时间，七八个农村支局超市基本关门，至今在仓库里还堆着不少洗衣粉、洗发精之类的商品，而我则被调整到了商函广告公司。

说实话对这样的调整我是心存感激的，因为广告公司的业务需大量应用计算机做平面设计，正是我熟悉的业务。虽然广告公司的任务也很重，但我充满信心。我打破了原来单一的邮政邮送广告业务框架，决定走户外广告这条路。在城市内外跑了几圈后，我相中了两处可以建立户外高架广告的地点，到城建部门一咨询，需要领导批准。经过一番努力，手续很快办完了。但找广告客户的过程异常艰难。因为手续刚办到市公路局，省公路局尚未答复，局长又坚决不同意先办租地手续，所以高架广告成了泡影，当时的心情灰暗到了极点。幸好这时省国信寻呼公司安排的一期 8 000 平方的户外墙体广告交给了我，但前提是价格不能比别人高，事情终于有了转机。加上移动、电信原来的同事支持的邮送广告、移动账单，任务总算完成了。接着，我继续在墙体广告上做文章，工作总算有了进展。

回到起点

2002 年应该是我人生中最灰暗的一年，也是充满反思的一年。不顾分管副局长的劝告，我提交了辞职报告，要求重新回到会计或审计岗位，报告交上去后如同石沉大海；想调到国信寻呼公司，人力资源部却不放行；这一年随着网络泡沫的破灭，IT 市场萧条异常，我们的公司年底结算时亏损了 12 万元。那段时间，每天上班后打开微机，关注股市冷暖，浏览国内、国际局势，日子按说应该是十分惬意的，但总有一种烦躁和空虚困扰着自己。我开始重新审视自己：在邮政局工作的这些年，虽然自认为十分敬业，但终因锋芒太露，又不擅于改变自己适应变局，所以无所成就；而作为全省邮政行业唯一的注册会计师，在会计或审计领域也没做出什么成绩。20 年后，突然有了许多感悟，对职场和商场也有了许多新的认识，或许回到自己的专业上来才是正确的选择。

也许我永远是一个不甘寂寞和精力旺盛的人，2006 年年初，我终于不想再无所事事地混在国企了，开始寻找国企外面的世界。办好了事务所的 CPA 注册手续，和宁波一家外资企业的国内事业部总监一拍即合，走马上任这家公司的财务稽查专员。从内部审计开始，一直做到国内贸易部财务经理，终于又回到自己最熟悉的专业，也是自己职业的起点。虽然多少有点宿命的味道，但毕竟是个全新的开端，我在国企的岁月也真正画上了一个大大的句号。

（原载《财务与会计》2007 年第 12 期）

我的初次跳槽

——从学校到外企

常 剑

2006年对我的职业生涯来说算是非常重要的一年，这一年我经历了毕业后的第一次跳槽，也是职业的第一次转型。

2004年我从广州某高校毕业，在大四第一学期就已经被批准留校担任教学管理和ERP教学工作。在这个岗位差不多做了两年半，2005年9月考完CPA后我就已经决定离开学校，到外面的世界去闯一闯。原因很简单，首先是我不想自己的一生就这样看得到头，其次做行政管理并不是我的理想，而要做专职的教师得读完博士，这对我来说太久远。尽管我在学校创造了很好的成绩，获得很多奖励，而且正副校长得知我要离职也多次挽留，在这样一个人才济济的地方这确实让我感到受宠若惊，但是，仅仅精神上的激励始终无法让我调动起留下来工作的激情。我已经在母校安逸地度过了6年的青春，必须尽快到社会上磨炼。

我的职业目标是CFO或者CEO，要达到这个目标，我深知实际的企业工作经验对我有多重要。为了尽早接触业务，在还没有离职的时候，我就利用寒假时间到事务所去兼职，同时一直在寻找合适的工作机会，最终，我很幸运地进入了现在这家外企。

准确地说这是一个汽车行业日资500强与国企的合资公司。人事课长、财务课长和部长的面试都很顺利。之所以选择这家公司，除了500强制造业的背景外，还因为可以强化锻炼自己的英语——这儿的书面报告都用英语，同时也由于课长对我的赏识和特别的希望。尽管此前我没有在企业实际工作的经验，但是我感觉，CPA的专业基础还有以前在学校的ERP和企业沙盘模拟教学对自己的帮助很大，因为这家公司的管理特别规范，基本上如同一个理论模拟上的企业，所以业务上我很快就上手了。在这个公司，我学到了一些非常先进的管理方式，特别是管理会计的运用，这在高校的课堂上是无法学到的。此外，因为公司日资方跟丰田是兄弟公司，物流的管理也非常先进，基本都是按照丰田的一套管理模式，如成本企划、周转物流、看板作业、流程优化等都在这里有着实际的运用，我的主要职责就是预算管理、财务分析，同时兼个别车型的成本企划。

当然，跳槽之后的日子也并不都是一帆风顺的。首先，日资企业在中国还是有其固有缺陷，就是外部人员很难进入高层，部长级以上都是母公司派过来的，作为打工阶层，到课长级就是顶端了。其次，公司中相当一部分是以前国企留下来的老员工，整体专业素质不是很高，使得在与其他部门合作时往往碰到很多困难。另外，公司的考核及激励机制造成等级之间差别不大，年终评价注重平均而缺乏对优秀人才的激励。

2006 年年底，公司进行年终人事评价，以决定工资涨幅和年终奖金。具体评价方法首先是部门内部同等级排序，然后排名第一的与其他管理部门同等级第一之间进行 PK，PK 获胜者将获得高额奖金和工资等级升级。年末，我与采购部门的一位同事进行了 PK，由两个部门的课长和部长对我们两人进行评价。为了提拔自己部门的人员，其间肯定少不了争执。最后因课长相互间无法妥协，由我们进行业绩汇报以最终决定结果。然而，财务与采购的评价是无法用一个标准的，采购的降低成本绩效可以很容易地看出，而我的成果，包括财务汇报分析的及时与准确，将复杂问题简单化程序化，费用控制的有效开展等，其成效很难马上以数字的形式表现出来。尽管在我的课长的坚持下，最终业绩评价进行了妥协，把工资升级和奖金的第一名分别给了我们两个人，然而这个过程中还是有太多无法言说的感受。

虽然跳槽离开学校有得有失，但是能力的提升还是不会让我遗憾自己丢弃了铁饭碗。对我而言，出来后最大的落差是成绩没有得到领导的认可，在日资企业总有种感觉就是没有荣誉感，有种民族隐含的感觉，更有日本人对中国人的看法，在他们眼里始终无法真正认可你。同时这里低效的工作方式也让我难以接受，我不想让它慢慢影响我而成为我的习性。所以我还是要更加努力，争取找到一个更好的环境去锻炼自己，不断提升自己的综合能力。2006 年我学习了日语，也加强了英语的学习，同时下定决心开始考美国注册管理会计师（CMA），希望能在 2007 年加强 CMA 的学习并取得初步成效，无论是英语还是专业、管理水平都能更上一层。

人最怕没有目标，其次是怕有目标而没有为目标奋斗的激情和斗志。幸运的是，这两者我现在都没有丢掉。很想问一句：我的朋友，你们呢？

（原载《财务与会计》2007 年第 3 期）

昨日重现

——痛并快乐的考试时光

王大山

我依然记得两年前通过 CPA 全部考试时的感受，这种感受清晰得犹如昨天才刚刚发生——我发送查询分数的手机短信，随后便得到回复，我紧张地翻读：会计未报，税法未报，财务成本管理 71……虽然曾经无数次梦想这一时刻的到来，但当真正到来时我还是没有做好准备。我有些激动，但又不是曾经想象的热泪盈眶或欣喜若狂；我很高兴，但表现出来的却像屠格涅夫写的："我高兴得几乎要从凳子上跳起来，但我发现我的腿只是略微动了一下。"有太多的感情要宣泄，有太多的压抑要释放，五年了，我终于通过了所有的考试，为此我付出了太多的时间和精力，也承担了太多的压力。还好命运没有捉弄我，我的付出最终得到了回报，而那段痛并快乐的考试时光，也给我的生活增添了一段别样的色彩。

2000 年，参加工作两年的我对工作的激情开始逐渐减退，但我不甘心这样平庸地生活，于是开始了漫长而艰辛的 CPA 考试之路。我首先报考了会计和税法两门，结果只有会计通过了，而这一年和我一起分到单位的另一名同事已经通过了所有的考试（他 1997 年开始考试），他得到了潮水般的赞誉，而我也立即感受到了前所未有的压力（他还不是会计专业科班毕业生）。第二年我一口气报了余下的四门，想着卧薪尝胆忍辱负重悬梁刺股，想着缩减所有的应酬集中所有的精力以持之以恒之精神气吞山河秋风扫落叶之势一次性通过。可是我错了，最终我放弃了经济法考试，只参加了审计、财务管理和税法的考试，结果只有审计糊里糊涂地通过了。放弃的原因很简单，在工作的同时没有足够的时间和精力来对付四门考试。我也是经过了长久的犹豫后才决定放弃一门的，而且当时还很不忍心，想着自己早先下的震山响的决心就这样不了了之，感到非常惋惜。其实现在想来，那年我应该放弃两门，在有限的时间内应付两门考试更能按部就班、有条不紊，集中优势兵力解决主要矛盾，这样才不会捉襟见肘力不从心。

应该说第二年后，我的压力更大了，想着这样一年一门何时才是尽头！如果五年有效期内没有全通过不就前功尽弃了？看来上了考注会这条“贼船”是下不来了。2002 年，我又报考了余下的经济法、税法和财务成本管理。因为工作的关系，我每年有两个月的暑假，这段时间便成了我复习的黄金期，也是我和其他考生相比占有优势的地方。炎热的季节里，有人出去旅游了，有人出去兼职赚钱了，我的同学里面也有个别开始自己创业并且小有一番成就的，而我只能每天坐在自己的小屋里看书做题。晚上出去散步看到别人喝啤酒吃烤肉谈天说地生活很是惬意，既羡慕又失落，这时只能自我安慰自我解嘲：热闹是他们的，我有我的 CPA。这一年考试还算比较顺，下了考场就敢肯定经济法过了，税法和财务管理也发挥得不错，特别是财务管理做得很顺，况且我又是教这门课的，应该没问题。可成绩下来还是有点意外，经济法和税法通过了，财务管理只有 57 分。我真是扼腕叹息捶胸顿足又心存不甘，想着自己到底是哪个环节出错了，笔误还是涂错卡了？我甚至有了查分的念头。不过还好，毕竟只剩下最后一门了，而我还有两年的时限，应该没问题吧！

2003 年，我报考了最后一门财务管理，应该说那一年考试的感觉并不理想。我清晰地记得考试时因为题量大和紧张，右手不停地颤，字写得非常潦草。可是成绩下来竟然是 71 分，真是有点出人意料，这也是我五门考试中唯一上 70 分的，不过这已经没有什么特别的意义了，重要的是终于全部通过，可以长长地松一口气了。小结一下会计、审计和经济法都是第一次参加考试就通过了（不包括报名没考试的情况），而税法和财务管理都考了四次。

我前后差不多用了五年时间才通过了所有考试，说起来都有些惭愧，但我还是想给那些现在仍在努力考试的考生们一些忠告，或者不能算是什么忠告，只能算是感受，以供他们参考。第一，考试中保持平常心很重要。不要以赌徒压注的心情参加考试，这样很容易导致心理失衡也更容易受挫伤。我很理解大家的心理，迫于种种压力都想尽快通过，幻想着只要考过了 CPA 境况就会马上改变，于是给自己制定了超乎实际难以达到的目标，结果往往适得其反。其实，考过了 CPA 并不意味着什么，有人说过这样一句话我觉得很恰当：CPA 证书只可能是锦上添花但决不可能是雪中送炭。我身边就有很多朋友通过了考试但仍然在做原来的工作，我考过之后也依然站我的三尺讲台，没有出去兼职。所以不要给自己过多的压力，让精神总处于绷紧状态，这只是一种考试，仅此而已，珍惜你现在的工作和每天的生活，以轻松自信的心态参加考试，我想效果可能会好得多。同时，辩证地看问题，任何事情都是有得有失，考注会也不例外。就拿我而言，我用一生中最“壮丽”的五年（24～28岁）换取了一个红色的全科合格证，还落下了不能久坐的毛病，这可以说是为CPA付出的代价。而说到“得”，我认为我最大的收获不是那个红色证书，而是通过五年的考试养成了学习的习惯。每天晚上吃过饭散过步之后，我钻进卧室，打开柔和的壁灯，便进入了属于我的时间和世界，我甚至已经有点不习惯纷繁喧杂光怪陆离的都市生活。考过注会之后本来打算好好放松一下，可是没多久就感到百无聊赖无事可做，我发现我已经停不下来了。于是2004年我又步入了考研的大军，也许正是我在考CPA时养成的良好的学习习惯，使得我当年就轻松上了国家线，这也是CPA带给我的另一种收获吧。第二，持之以恒的精神很重要。每年参加考试时考场都会有许多空位，这些都是报了名而没有参加考试的“逃兵”，他们中有很多人不是没有时间而是没有坚持。我承认，备考复习的生活枯燥而艰辛，其间总会有一些事情干扰你的学习进程，这时忙完其他事情要迅速回到你的学习计划中来。我很欣赏毛主席的这句话：贵有恒何必三更眠五更起，最无益只怕一日曝十日寒。我经常听说有些人为了考试每天学到凌晨，睡眠不足几个小时；或结成什么同盟，每天的话题都仅限于考试等等。而且天天面色凝重，紧张兮兮。我很不赞成这种违反生理特征、挑战人体极限的学习方法，这样很容易损伤身体。其实不管什么考试，只要你没有偏离目标，坚持到底、全心投入，而且学习方法对头了，结果肯定是满意的。

现在我又看到身边的朋友开始CPA的备考，看着他们忙碌的身影，心中不免有几分感慨。我从心底里祝愿他们有好的结果，因为我能理解他们所承受的压力，理解他们的感受和心情。同时，我更希望他们能抬起头来，微笑地面对生活，从容地应对考试。

（原载《财务与会计》2006年第6期）

我是一棵小小草

徐　峥

小时候，被命之写命题作文——我的理想，便会认认真真地写下：我长大了想当一个博学的语文老师；我长大了想当一个轻松自得，坐在家里码字的“坐家”……那时候的梦想不计其数，对未来也有过很多计划和期望，唯独没有想过，长大了要做一个会计。幼年时，想起会计，便会在脑子里勾出一幅手拿算盘、斤斤计较、不苟言笑的图像。会计这一行，在我眼中，没有浪漫。从来都没有想过自己有一天真的成了一个会计，而且一做就是这么多年，也算成了一个“老”会计。

一直遗憾自己没有上过大学。在 1988 年、1989 年那两年里，成绩还算说得过去的女孩子去读个中专好像是许多人的想法。初中毕业后，父母对我说，读个中专吧，毕业了也算是干部，而且还可以早点工作。那时候的我对于父母之命是言听计从，也没觉得读个中专有什么不好。结果考试没考好，上了一个很一般的中专，学的专业是机械制造。接到通知书的那一刻，似乎感到憧憬已久的作家梦是那样遥远，但我的内心里，仍然固执地不愿放弃。我曾经那样执着于那个梦想，直到中专毕业后，直到我已经成为一个出纳后，仍然坚持不懈地读完了自学考试的汉语言专科。

中专毕业后，我又听了一回父母的安排，进了父母所在的单位——当地一家比较大的国企。因为自己的专业，也因为单位制度要求新毕业的学生必须在车间锻炼一年，所以我一上班就进了机修车间。说来惭愧，在机修车间里呆了一年，我也没有学会修一个最简单的机器。那一年很郁闷，觉得一个女孩在做一个不适合自己的职业，而且远离了自己的梦想。一直一直，都对自己的现状心怀不满。

或许就因为对现状不满，才能刺激自己谋求进步吧。我那时下了班，便会躲在屋里坚持读我的汉语言专科。总想，我要努力，提高自己的学历，才能改善自己目前的处境。有时候车间里闲了下来，别的工人都挤在屋角打牌，我却躲在角落里悄悄地看书。因为爱看书，车间主任注意到了我。不知是不是他觉得那充满铁屑和机油的环境不适合我，他把我调到了车间里办的一个门市部，让我卖卖机修配件，记记账。很巧的是，当时车间里的会计生了很长时间的病，主任又让我兼做会计工作。那是我平生第一次接触会计，从此，我的生活开始与会计联系在一起。

在车间里做会计，业务非常简单，也就是记记工人工时，抄抄工资表。而人事上经常会有一些人员统计之类的事情，需要从车间里抽人帮着做。那一年里，主任总会让我去帮忙。于是，厂里的人事也慢慢注意到了我，据说曾经在我的主任面前多次夸过我，说小姑娘做事做得很细心。再后来，有什么新会计制度的培训，也会让我去听听。慢慢地，我很想去做一个真正的会计。很惭愧，那时想做会计，仅仅是因为觉得做会计比做工人轻松干净，除此之外，没有什么更多的想法了。

在车间呆了一年，厂里办的三产需要一个出纳，我的父母便托人事帮忙，也正因为我之前去人事帮忙做过事情，上上下下印象都还不错，便很顺利地做了出纳。那个地方是过去的国有企业为了照顾职工子女办的实体，下面有一个小商店，还有一个很小的工厂，专门生产厂里的产品所用的包装盒。整个三产也就十来个人，财务一共两个，另一个是总账会计。一年的销售收入也就是十来万，我这个出纳手头流过去的现金一年不超过十万；做凭证，也是那种很简单的收付凭证，交给总账会计汇总出报表。

没有想到，这种简单的工作我居然一做做了十二年。而且是从十八岁做到了三十岁，足足磨去了我一生中最青春最美好的时光。在做出纳的起初，我仍然不甘心此生做一个会计，还在坚持给报社、电台投稿，希望有一天能改行，去做我喜欢的工作。这个梦想直到我考取了会计中级职称后才开始改变。

那份出纳的工作简单轻松，却学不到更多的东西。唯一的好处就是时间充裕，可以让自己有时间有精力充电。1994 年，我参加了会计从业资格考试，拿到了会计证。因为知道自己从来没有学过会计知识，所以我学得很认真。那是我平生第一次参加会计类的考试。没想到从此一发不可收，陆续又参加了很多会计类的考试，一考考到了现在。

拿到会计证后，我自考专科毕业，当年结婚，生子。这时候，我的作家梦已经离我越来越遥远，于是，就想踏踏实实地做一个会计。此时，家人都已经不对我的前途作任何设想。从小到大，我一直都是个最平凡的女子，成绩一般，学历不高，我的父母一直觉得，我能做好一个出纳，下了班踏踏实实地带带孩子，就是一个女人最平常最幸福的生活了。我也不敢梦想自己有一天会做到财务经理、财务总监，只想做一个踏踏实实的好会计。生了孩子后，1998年我参加了会计初级资格考试。当时考了三科，很顺利地通过。考完后，当时的规定是取得初级资格五年后方可参加中级考试，加之孩子也小，我也就没再学习，每天下了班回家带孩子，就这样过了两年。

2000年的时候忽然有了新政策，说大专毕业从事会计工作满五年就可参加中级考试。于是，我那颗不安分的心又开始萌动。为了让自己在厂里有更好的待遇，也为了让自己将来有更好的前途，我必须参加中级职称考试。

当年年底报名的时候，因为看到周围很多同事都没有考过会计师，我没敢报四科，只报了实务一、实务二和财管。因为实在不自信，又报名参加了当地会计学校举办的培训班。说实话，我一直觉得自己智商实在是平平，上财管课就如听天书，年金啊，现值啊，实在是无法领会。和一个同事一起去上课，她是财会科班毕业，总是一听即懂、一点即通，我的心里实在不是滋味，常感叹自己不是学会计的料。上了几天课后，过年了，培训班暂时停课。在那个春节里，我坐在家里，整整三天没有出门。我学习的方法很死，就是一遍遍地看书，一遍遍地做参考书上那有限的几道题。三天后我终于有了茅塞顿开之感。那一年，财管以高分通过，我的财会科班的同事们，都没有达到我的分数。

然而三门科目全考完后，我的心情还是沮丧到了极点。因为那一年的实务试卷对当时的我来说实在是太难了。对于自己的成绩，我不抱任何希望。我常常想还要不要继续考下去。这时候，我的一个同事，是厂里财务科的一个出纳，他通过了注册会计师考试，在我所在的企业里，成了一个很了不起的新闻人物。我看到他，便和他说，中级考试太难了，我不想考了。他问，你今年多大了，我说二十八。他便说，我已经三十多了，还在学习呢，你居然就不考了！那天下午，他和我整整谈了半天，谈学习中的辛苦，谈考试后的喜悦。他帮我重新树立了一种信心，一种勇气。

成绩还没有出来，我就开始天天看实务书了。学习的方法同样很死，就是把那些自己弄不懂的分录一遍遍地写，一遍遍地算。两个月后，成绩出来了，我的实务一考了59分，实务二66分，财管83分。当年由于实务试题比较难，55分为合格分数线——我一次通过了三科。这给了我极大的鼓舞，也让我悄悄在心里生了一个念头：要不，我也去试试CPA吧？虽然CPA考试很难，但会计师的考试已经让我对财会知识有了积累。这世界上，什么事情都要试了才会知道，不是吗？

2002年，我参加了会计师的最后一科经济法考试，同年报考了注册会计师考试。第一年报名，什么都不懂，我报了财管、经济法和税法。开始走上注会之路的我，仍然在那个三产上默默地当个小出纳。那时候，企业改制的风声越来越紧，我也开始要面临下岗的危机。我什么也不去想，下班后除了带孩子，就在家里看注会的书。我想，即使下岗了，在我走向人才市场的时候，我这么多年的努力学习，总不至于连个饭碗都没有吧？

那一年，我通过了会计师考试，注会考试通过了两门，财管差了四分。第一次尝试注会考试，也算小有收获，这让我看到了希望。常听人说注会考试通过后的辉煌前程，这更让我坚定了考试的决心。听说会计和审计是最难的，我找来了旧的教材，在新教材出来前已经看了五遍。第二年报了三科，那一年正赶上“非典”，考试是否能够举行都成了未知数。但我从不敢放弃，不能出门的时候，就躲在家里，在网上与学友们交流学习。

考试时间定了后，我对自己充满了信心。想想会计和审计我都学了那么多遍，财管去年也就差了四分，一次过三科算什么难事。没想到，那次的考试让我深受打击。首先是审计，因为前一年的高通过率，那一年的考试考得奇难。第二天的会计倒不算难，可我总觉得发挥太差，分数在及格与不及格之间徘徊。第三天的财管，一拿到试卷后，我就知道了判决。上面那么多的数学知识，让小时候数学常不及格的我，实在是如见天书。坐在考场上，我想了很多很多：我的数学基础实在是太差了，财管会不会永远都通不过？来参加这个注会考试，对我来说是不是不自量力？

走出考场，我恍惚地走在路上，看到汽车，居然都有想迎上去的念头。现在想来一切都是那样的平淡与可笑，但当时内心的苦涩与彷徨，实在非笔墨所能形容。回到家里，打开电脑，看到网上很多热情的网友留言，关心的、鼓励的，那些温暖的话语，让我泪流满面。那一夜，老公整整做了我一夜的思想工作。现在想来，当时的我，是多么的脆弱，内心又是多么的要强。其实，人生当中，精彩的事情又何止是一场考试呢？

一周后，我走进了人才市场。如果不是为了考试，我是再也无法忍受国有企业那一潭死水的生活。在一家民企面试的时候，老总问我，平时喜欢干什么？我说，喜欢写文章、学习。老总问考了什么？我说考注会，第一年过了两科。老总说，凭你的学历与经历，能过两科已经不错了。言语之中，我读到了他眼中的欣赏。

那时候，一家民企集团收购了我所在的单位。由于那个老板和工人起了冲突，叫了黑社会的打手打伤了工人，工人们开始闹事，那一闹居然就是半年。每天，工人们去上班，什么也不做，就在那里静坐示威。每天坐在那里消磨时光实在是浪费生命，于是我进了之前面试的那家民企，老总给了我一个总经理助理的职务。

也许是为了报答他的知遇之恩，我做了很多自己能够做到的工作，老总也常鼓励我好好学习，将来一定会有好的前程。在那份轻松的工作环境里，我努力地读书，好好地工作。那个企业很小，所接触的财务很简单。对我来说，我所学的那些知识其实都是用不上的，但我仍然努力地去做。一方面是报答我的老板，另一方面，我觉得人生当中，考试不是唯一的，在工作中培养自己的沟通能力、处事能力也是非常重要的。我相信一个人不管做什么工作，只要努力去做，总会有所收获。

在我的原单位仍在闹事的时候，我的注会成绩出来了。结果让我喜出望外——我通过了会计和审计。两年通过四科，还剩一科财管，对我来说，就是再难，也一定要啃下它。至今，我还是很感谢那个老总，在单位闹事的时候，他给了我一个安静的环境，让我可以维持生活，好好学习。可是，那个公司效益一直不好，拿着他的工资实在是让我心里不安。在没有更好的去处时，我一边工作，一边学习。那时候，寄希望于通过 CPA 考试后，开始一个新的前程。

2004 年 6 月，原来的单位闹事终于平息，我拿到了一笔破产安置金。离开那家国企的时候，回眸看看自己曾经工作过十几年的地方，心中掠过一丝留恋，但那感觉很快就逝去了。不能再留恋过去了，眼前还有更长的路要走。年底时，我通过了注册会计师的考试。这条注会考试之路，是那样艰辛，却又是那样难忘。它让我收获了自信，也收获了面对挫折的勇气。

考完后，我也终于告别了我的老总，告诉他我希望有一个更好的前程。在四处寻觅而屡屡不顺后，我作了一个一生中最重要的决定，家人的阻拦、朋友的不解都没能挡住我的决心——我来到一个陌生的城市，开始了一段崭新的职业生涯。初来时的心酸、寂寞、孤独与彷徨，已经不必再提了。在任何时候，都没有越不过的沟沟坎坎，没有无法逾越的苦难。在过去的那么多年里，我一直都没有机会接触真正的财会实务，而今，我在一家财务咨询公司做了一名财税专业顾问。每天面对不同的客户，面对不同的问题，我必须要做一个不断学习、不断进步的专业人士。在工作的挑战中，我又通过了注册税务师考试，并且给自己定下了新的目标——在 2007 年，通过自学考试的会计本科阶段考试，并且达到比较流利的英语听说水平。

谁也没想到，中专学机械，大专学中文的我，会有一天成为一个真正的会计人。我不仅成为了一名会计，而且还成了一名财税方面的专业人员。所以，在给自己定下目标的时候，我从来都不去想目标是否能够实现，因为我相信，只要自己去做，没有实现不了的目标。我常常会想，也许有一天，当年华老去，生命将要走到尽头的时候，我会觉得自己这一生会是了无遗憾的。在已走过的三十年里，我学了自己喜欢的专业，考了自己想考的试，并且实现了自己走出家门、去外面闯荡的梦想。曾经看过一句话：花开一时，草长一世。我想，如果让我选择，我愿意做那棵草儿，不怕风雨，不怕踩踏，永远永远，都在风雨和阳光中，自由自在地生活着、成长着。

（原载《财务与会计》2007 年第 9 期）

一个会计教师二十年的苦与乐

李　虹

1981 年，我参加了高考。后来被一所农业大学的财务会计专业录取，从此开始了我的会计人生之旅。

入学后不久，班上就发生了一件令人震惊的事情。那个时候大学生的学习及医疗费用基本上都由国家负担。有个同学生病后在报销药费时涂改了金额，尽管只有几毛钱的差额，但其行为在当时看来还是比较严重的。辅导员以此给我们上了一堂活生生的会计职业道德课，开班会时系党总支书记也到场了。这件事情给同学们留下了深刻的印象，使大家对会计职业的严以律己性及先成人后成才的做人和做学问的道理有了更深入的认识。

专业课程的学习是枯燥无味的，但我还是慢慢地喜欢上了会计。毕业的时候，我选择了当老师，那个时候会计专业教师很缺。1985 年 7 月，我一脸学生气，满怀着对未来的美好憧憬来到一所财经学校报到，开始了我三尺讲台前的苦乐会计生涯，至今整整 20 年。

回顾这 20 年的经历感慨颇多。平凡，踏实，做人、做学问都像所教的会计一样——认真、客观、不做假。

记得第一次上课，从办公室往教室走的时候，心紧张得砰砰乱跳，推门进去的一刹那，学生几十双眼睛齐刷刷投过来，我感到心都提到嗓子眼儿了，整理教案的手在微微颤抖。但当我站在讲台上开始讲课时，顿时就变得镇静起来。那个时候会计课讲的是资金循环，资金的来源、运用等，由于内容熟，备课充分，首堂课下来我总算长长松了口气。到期末考试时，学生进考场后，我在走廊里徘徊，第一次考学生而生怕学生考砸了的那份紧张，至今难忘。第一场监考，我严肃认真，牢记学校严格考场纪律的规定。这个班是一个成人进修班，考场纪律不太好，我一刻也不敢松懈，也没有理会另一位老教师睁只眼闭只眼的做法，竟然还抓住了一个夹带作弊的学生（警告过无效）。在我收卷作记录时，没曾想到这个 30 多岁的学生根本不把我这个才毕业的小老师放在眼里，居然冲我大吼大叫，不时还有脏话冒出。我气得眼泪在眼眶里打转，直率的性格不容我妥协，拉住这个学生一起到教务处。我刚讲了个开头，教务主任就一把将试卷撕掉，叫这个学生回去写检查，听候处理，并向老师赔礼道歉。接下来几场的考试纪律自然好多了，但这件事情也让初涉社会、年轻气盛的我变得冷静下来，开始潜心研究教育心理和教学方法，并注重与学生之间的交流、沟通。1989 年，凭借专业优势和良好的教学能力，我调到南方工作。

在 20 年的教书生涯中，我也见证了我国会计大变革、大发展的历史。这种变革和发展可以说是日新月异：法制、法规日臻完善；会计知识不断更新；各种培训学习班不断；全国性的会计资格考试以及注册会计师考试炙手可热等等。也深切体会到会计人要想跟上时代的步伐，就必须终身学习。记得 1992 年 7 月，我休完产假回校上班，得知会计内容发生重大改革，《企业会计准则》发布实施，学校要求老师利用假期尽快学习领会，开学讲新内容。为把新知识带给学生，我冒着酷热到书店找书，甚至让同学从北京邮寄过来。最困难的一次当数 2001 年《企业会计制度》的推出，会计也要与国际惯例接轨，很多全新的会计知识、综合复杂的会计业务处理方法扑面而来，特别是一些特殊业务事项比如租赁业务、非货币性交易等的会计处理，难度更大。我只好边学边教，还报考了 CPA 考试。那一段时间学习是最艰苦的，在课堂教学中也遇到了前所未有的挑战。一次，有个学生问一道会计实务题，我一下子没反应过来，很难为情，正犹豫想搪塞过去，但是会计人的不做假，学者的“知”与“不知”的平实，使我平静下来，我看着学生的眼睛告诉他，老师要回去仔细研究题意才能给予解答。我认为诚实、坦荡、不做假也是教师应遵守的基本规范。

教会计有苦也有乐。有次课堂上，我发现有个学生思想走神，就走过去问他在想什么，他的回答让课堂笑声一片。他说他正在想如果给每个会计分录谱上曲子那该多好学、多好记呀。我也忍俊不禁，告诉他这是我教会计这么多年来听到的最有创意的一个想法。当然，教会计最头疼的还是课堂理论与社会实际存在的差异。在假账盛行的那几年，我一方面回绝了几家单位聘请做兼职会计，一直坚持不做造假的帮凶；另一方面，当学生毕业前询问我怎样迎合老板做假账时，总是晓之以理，加以正确引导。现在有新《会计法》撑腰，我更是理直气壮教育学生要遵守职业道德。每年在新生入学的专业教育中，我常常告诫学生，要以“诚信为本，操守为重，遵守准则，不做假账”为执业理念。我以为做人、做学问都该如此。

（原载《财务与会计》2005 年第 7 期）

我与《会计法》的故事

日　田

在一些人看来，《会计法》印在纸上，似乎感觉不到什么，但只要你时刻想着它，运用它，它就会给你无穷的力量，使你到达胜利的彼岸。

1984 年 12 月，经过半年实习，我从铸造车间调到厂部财务科担任核算会计员，负责各车间的经济指标考核、费用结算、利润审核、奖金兑现等核算工作。按理说，从此不再与黑乎乎的型砂为伴，不再与 1 000 多度的铁水接触，是进了“天堂”，工作轻松得多了。可几个月下来，并非如此，我就像风箱中的老鼠——两头受气。一方面，有的车间主任拿来非定点医院的药费发票，拿来招待亲人的餐费发票，还有的车间核算员拿来多填的夜餐费、加班费单据，要我将其作为他们车间的费用予以报销。我稍一认真核实，他们就冲着我说，车间是我们承包的，有一点个人费用算啥，影响的是车间的利润，少的是车间的奖金，与厂部没关系，你何必那么较真。喉咙粗，声音高，逼着我不报也得报。另一方面，厂长、科长一查到我放过关的“漏网之鱼”，又指着我责问，你这是怎么当会计的，做会计的就是要真实、准确，不能当老好人……因而我常常是心烦得如一堆乱麻。

就在这时，一股春风吹遍了神州大地，也吹进了我的心田。第六届全国人民代表大会常务委员会第九次会议通过的《会计法》颁布实施了。我试图用会计法的威力来解决这一难题，这一想法得到了领导的支持。我从新华书店买来了一张印有《会计法》的版报，贴在我办公桌右方的墙壁上。每当一些车间主任和核算员与我为难时，就读《会计法》第十七条的内容给他们听：“会计机构、会计人员对不真实、不合法的原始凭证，不予受理；对记载不准确、不完整的原始凭证予以退回，要求更正、补充。”有时还连续读两遍、三遍。这一招果然灵，他们看着墙上的《会计法》，听着我读的法律条文，不再与我纠缠。当时，我就像吃了蜜一样，心甜甜的，第一次感受到《会计法》有这么大的作用。从此，《会计法》也深深地铭刻在我的心里，我工作更加刻苦，不到5年就担任了企业的主办会计。

1994年，正当我为自己在会计岗位上干了10年而高兴的时候，刚调来两年不到的厂长找我谈话，说为了加强厂里的营销工作和照顾我的家庭在县城，想把我调到新组建的驻城办事处工作。面对这突如其来的决定，我心里清楚，这哪里是照顾，分明是不放心我，是嫌我有时与厂长不合拍。就在这去留决断之际，我想到《会计法》，该法第二十三条明确规定："国有企业、事业单位的会计机构负责人、会计主管人员的任免应当经过主管单位同意，不得任意调动或者撤换。"（见1993年12月29日第八届人大常委会第五次会议修订的《会计法》）我浑身就像增添了无穷的力量，一口气跑进城里，向主管单位汇报，然后又凭借主管单位不知道此事的情况和《会计法》的规定，与厂长据理力争，最终我重新回到了会计岗位。

经过多年的努力，1998年我取得了注册评估师资格，进了县城会计师事务所工作。当时，到企业做业务，客户们对我们很客气，我也开始有点变了，总想力求满足客户的"要求"。就在这飘飘然之中，1999年10月31日第九届全国人民代表大会常务委员会第十二次会议修订的《会计法》，像一声春雷震醒了我，使我预感到那变味的"满足客户需要"的可怕。次年3月，在一次审计业务中，客户法人和所长都要我为其出具无保留意见的审计报告。面对企业提供的虚假财务会计报告，我再一次想到了《会计法》，我拿着《会计法》，并指着其中第三十一条的规定"任何单位或者个人不得以任何方式要求或者示意注册会计师及其所在的会计师事务所出具不实或者不当的审计报告"给客户法人代表和所长看，他们无言以对。尽管此次业务影响了我当月的业务收入和奖金，但我感到很欣慰，也由衷地感到会计法是我们会计人的"保护神"。

我想，我永远也离不开《会计法》。

（原载《财务与会计》2005年第7期）

两代会计人

王纪平

改革开放三十年间，我国经济社会发生了翻天覆地的变化，父亲和我也经历了不同的会计人生。

父亲的会计故事

父亲是一名老会计。从小在银行当学徒，之后陆续在供销、商业和财税领域从事会计工作。1988 年财政部给他颁发了“会计人员荣誉证书”，以嘉许他坚持不懈从事会计工作三十年，为社会主义事业作出了贡献。那年，我走上了会计路。父亲的荣誉证书时常鞭策和激励着我。

我记事的时候常去父亲的办公室，总被一排排整齐堆放的账本和散发着墨香的报表所吸引。而那些五颜六色、错落摆放的账簿，又为简朴的办公室增添了几分生动。更有趣的是，每逢父亲空闲的时候，总会拉我在身边，有节奏地拨弄几下算盘珠子，口中念念有“诀”，我虽似懂非懂，但听到自己拨弄出算盘珠子清脆的响声，心中也很是惊喜。还有一些会计常用的物件，如装订机，是我较早接触的“机械”产品。父亲装订凭证的技术令人称赞，凭证内部虽然充斥着参差不齐的原始单据，但装订起来后却棱角分明，整齐而结实。

父亲的桌上总是摆着红、蓝两瓶墨水，平时在墨水瓶中各插一支蘸水笔。当时我还不知道红色墨水在会计工作中所起的作用。等我学了“划线更正法”、“红字冲销法”等会计术语的时候，脑海里立刻浮现的就是那种红墨水。还有一种刻蜡版用的金属笔，现在看来已是非常落后的写字工具了，在我的记忆中却和会计紧紧联系在一起。随着计算机在会计工作中的广泛应用，会计人员对笔的依赖逐渐减少。笔的变迁也是会计工作的一个缩影。父亲现在已经光荣退休，也整整度过了五十年的会计人生。

会计——我终生学习的职业

1993 年，企业会计制度改革风暴使刚刚走上工作岗位的我无所适从，因为所学的旧制度已经被新的“两则两制”取代。原本很熟悉的“资金来源等于资金运用”被“资产等于负债加所有者权益”会计等式所代替。面对知识大换血，毕业之后我没有直接去从事会计工作，凭借所掌握的会计基本知识开始自学新制度。知识面前来不得半点虚假，面临如此巨大的制度变革，不打下坚实的会计基本功就无法适应新环境。为了学习新知识，我曾经抵挡住了许多诱惑而“闭门修炼”，也曾经多次在可容纳数百人又座无虚席的大礼堂里聆听老师的辅导。改革开放初期会计人那种好学上进的精神面貌深深感染了我。也正是凭着这种热情和冲劲，我连续通过了助理会计师、会计师资格考试。

在参加注册会计师考证的历程中，我经历了成功的喜悦和失败的挫折。第一年报名考试，我热情百倍地参加了辅导班的学习，购买了当时为数不多的几本参考书，认真准备，勤做练习，顺利通过了经济法和财务成本管理的考试，但会计却“挂了”。究其原因，还是自己对会计实务接触太少，对教材内容更是一知半解。第二年，虽然觉得已经做好了充足的准备，但考试中却由于没有把握好时间，匆忙中忘记在答题卡上写上自己的姓名。结果可想而知。第三年，我有机会脱产学习，有充分的时间备考。培训课上我录下老师的讲解，回去后反复听，认真领会，经常在听录音的过程当中进入梦乡。功夫不负有心人，这次我一次通过三门。

尽管我拿到了注册会计师执业资格证书，但对会计知识的学习一刻也没有停止。近十年我国会计领域经历了一系列制度的变革：从第一批具体会计准则到企业会计制度，再到最新的企业会计准则体系，每一次变革都吹响了会计人学习的号角。活到老、学到老，这就是会计人生的生动写照。

我目前从事的是高等教育事业，在会计教学实践中，我切身感觉到会计实践教学对于会计学习的重要性。社会需求的不仅仅是掌握了基本知识的会计人才，更需要具备实践能力和学习能力的会计人才。因此要注意在实践中学习，不断提高自己的工作能力。

（原载《财务与会计》2009 年第 7 期）

岁月的诗篇

——写在工作进入第十年之际

戎小红

作家冯骥才在《岁月的诗篇》中说："保存葡萄最好的方式是把葡萄变为酒；保存岁月最好的方式是致力把岁月变为永存的诗篇或画卷。"时光匆匆流过，转瞬间我已进入工作的第十个年头。蓦然回首，有很多事情值得回味和总结。

回首：却顾所来径，苍苍横翠微

1. 脚踏实地，业务水平稳步上升。我是2003年8月进入现在这家国有企业的，在生产车间、仓库实习了3个月之后走上了财务工作岗位。从企业的出纳干起，历经成本会计、总账会计、集团总账会计等，再到如今的综合财务管理岗位，我始终认真地对待着自己的业务，并努力地去钻研、领悟，业务水平实实在在地得到了提升。十年间，从对报表数据的无所适从到对其勾稽关系的自信从容，可以说都是岁月的功劳。当我回首时，深深地认识到，业务能力的提高其实并没有真正的捷径可走，老师讲了千万遍不如亲身经历一遍，需要脚踏实地去实践。

记得在2012年，我需要草拟某新建子公司的财务资本结构方案，也就是确定负债和所有者权益的比重。财务资本结构的种种理论和方法在学校中早已学过，但真正运用这些原理去解决实务中的问题时，成本费用的估计、盈利能力的预测、投资回收期的确定、现金流量的分析、风险和收益的均衡，种种因素都需要细致分析和通盘考虑。为了做好这个方案，我加班加点，其中的辛苦不言自明，但收获也不少。

2. 固步自封，停滞不前。工作的前五年，我时时警醒，不断学习，也不断进步，顺利通过了注册会计师资格考试、中级会计职称考试和会计硕士专业学位考试。取得这些证书后，我放松了对自己的要求，专业书籍看得越来越少，期刊杂志翻得越来越慢，论文写作更是从未提起。结果是可想而知的：会计准则不断修订，财税政策日新月异，一劳永逸不过是黄粱美梦，我在这一轮的学习中早已落后。

3. 定期自省，转变观念。从事综合性财务管理工作后，我的思想发生了新的变化。我意识到，思想认识不能停留在会计业务的层面。因为就会计业务岗位而言，无论是总账会计还是出纳会计，只要业务过硬、能够独立完成分内的工作就可以了。但是，综合性的财务管理工作却需要开拓视野，能够提出一些建设性的意见，处理一些有难度的问题。因此，思想观念必须要实现由核算向管理、由知识向智慧的转变。

2012 年根据领导的安排，我负责测算、上报企业的工效挂钩指标。由于当年有业务政策的重大调整，功效挂钩指标的计算不同于往年。在此过程中，我积极与上级主管部门沟通，将沟通结果归纳整理，及时向部门领导汇报，在保证数据准确的同时最大限度地为公司争取利益。事后，我还延伸出两种管理思路：一是做一本公司财务政策调整大事记，将相关的文件和数据汇编成册，以便查询和调阅；二是研究产品销量、价格的变动幅度对利润增幅及工资增幅的影响，研究是否存在一个类似于弹性系数的指标或范围，当然这需要反复测算甚至构建模型。通过认真思考和定期自省，我觉得财务管理有很多事情可以做，尤其是对政策的关注和敏锐、研究和应对。

4. 众里寻他，文字水平有所提高。在我所在的单位里，公文写作是考量综合素质的重要方面。工作伊始，我就接触到了这方面的内容。前几年虽然也在写，但是思想认识并不到位，总以为公文乃是务虚，业务才是务实。现在我才体会到这种看法的偏颇。公文，在企业管理中起着十分重要的作用。公文一方面有其规范性的要求，另一方面又需要不断地推陈出新。如何谋篇布局、遣词造句，如何起承转合、详略得当，如何言简意赅、朗朗上口，都需要下一番功夫。古人说：“学然后知不足。”确实如此，越学习，越感觉到自己欠缺得太多。不过，通过学习总结，我觉得写好公文最起码要做到“五有”，即“脑中有思考，眼中有观察，胸中有丘壑，腹中有诗书，手中有妙笔”。这需要时间积累和持之以恒，需要众里寻他，最终才能在蓦然回首的瞬间恍然大悟。

思考：衣带渐宽终不悔，为伊消得人憔悴

1. 工作态度和境界。工作十年重谈工作态度这个话题似乎有些奇怪。然而，我在工作中确实感受到工作态度和境界需要顺势而变。工作之初，我的座

右铭是“认真、细致、耐心”这类词汇，无非是从自身出发，希望不出差错，得到肯定；而今，十年之后又当如何呢？我想了又想，觉得论起工作态度和境界，无出范仲淹之右者。他在《岳阳楼记》一文中写出了三种境界：第一，不以物喜，不以己悲；第二，居庙堂之高则忧其民，处江湖之远则忧其君；第三，先天下之忧而忧，后天下之乐而乐。能达到第一种境界的，是心胸宽广的人；能达到第二种境界的，是大智大慧的人；能达到第三种境界的，是流芳千古的人。我认为，不管能达到哪一种境界，都是值得努力的。

2. 工作方法和路径。《诗经·秦风·蒹葭》中说：“所谓伊人，在水一方。溯洄从之，道阻且长；溯游从之，宛在水中央。”道出了求索之难和求索之路。正向求之，逆向求之，多向求之，总有一条道路通向罗马。当然，“两点之间，直线最短”。但不是每个人都能找到直线，愚人如我能找到曲线就很满足了。所以，我推崇“书山有路勤为径”、“好记性不如烂笔头”。希望在今后的学习工作中，自己能够扎扎实实地多学一点东西，多做一些笔记。

3. 工作结果和希望。下一个十年看起来很长，但是真正走起来会如这十年一样，弹指一挥间。我心中的理想结果是在专业之路上能做到“自出机杼、自成一家”。当然，“自成一家”的要求太高，十年内都不敢奢望，只希望能先做到“自出机杼”。

展望：莫道桑榆晚，为霞尚满天

1. 不懈地学习理论知识。2012 年 12 月，财政部印发了系列企业会计准则的征求意见稿。会计准则的每一次修订都意味着会计人员需要再次学习。在这一轮的会计准则修订过程中，我需要给予充分关注的是：一是会计准则修订的内容；二是会计准则修订的原因。同时结合高级会计师资格考试，切实提升自己的理论水平，完善自己的知识结构。

2. 积极地开展论文研究。进行论文写作和课题研究是理论和实务融合的重要方法。在十年的实务工作中，我也积累了一定的实践经验，但需要静下心来好好地梳理一下，并结合相关的理论知识，由简单到复杂、由微观到宏观地作一些积极的探索和尝试。

3. 用心提高文字水平。提高文字水平包括公文和写作两个方面。公文写作方面，需要收集较多的材料，并按照李瑞环先生所言，“学会分析综合”，“将繁杂、零散的材料掰开了、揉碎了、摆正了、捋顺了”，“分好类、排好队、归好堆、论好辈，不断地分，来回地分，边分边合，分分合合”，寻找其中的内在联系，更好地把握公文的尺度。至于散文，则随兴所致，多读多写。

张爱玲曾经有句名言："生命是一袭华美的袍，爬满了蚤子。"可以解读为生命看起来是美好的，然而底色却是苍凉的。在工作了十年之后，我已经不会简单地说"工作着的每一天都是美好的"。我认为工作和生活其实都是辩证的，有春风得意就有黯然神伤，有开满鲜花就有布满荆棘，我们需要的是一颗平和的心、一双辩证的眼和一种不老的精神，将岁月活成永存的诗篇或画卷。

（原载《财务与会计》2013 年第 6 期）

我的财会职业生涯回想

陈少勇

放弃，是为了选择一个更好的平台

在十年前，选择放弃其实并不是一件容易的事情。给我第一份财务会计工作的单位，让我在人生道路上迈出了重要的一步，但考虑到未来的职业规划，我还是选择了跳槽。当时一家上市公司正在招聘财会人员，我怀着憧憬和忐忑不安的心情，寄出了生平第一封自荐信。经过初试和复试后，我的第一次跳槽成功了，岗位是内部审计。

这次跳槽，可谓我职业技能上的分水岭。就掌握会计理论知识和实务经验而言，这家公司是一个难得的好平台：特大型上市公司，国家一级企业，全国乡镇企业的排头兵，国家试点企业集团，利税总额占所在县（市）全部财政收入的1/5，同时，集团集工、商、农、科、贸、金融、酒店、物流、仓储、房地产和物业管理于一体，辖有全资、控股公司30多家，具有完整的产业链。可以说整个企业集团（包括所有的子公司和二级单位）基本涵盖了所有的行业会计制度，而其内部审计也必然是难度大、范围广、错综复杂、技术要求高，需要从业人员对不同行业的财务战略、财务风险的控制与应对等有一个清醒而全面的认识。

按照集团的规定，要想成为一名合格的内部审计人员，需能及时发现下属企业财务决策的失误与舞弊，及时制定相应的弥补措施，避免财务决策失误对企业经营造成不良影响，杜绝舞弊现象的再次发生。要求具体的实施人员善于结合集团自身特色，在不违背国家法律法规和政策的前提下，能制定出给企业带来显著效益的财务战略，从而作出有效的财务决策，组织和督促所属全资或控股公司执行，并就其执行情况进行检查。这种企业内部的纲领性要求，对从事这项工作的职员来说是非常严峻的考验——不但需要了解整个企业集团的基本情况，熟悉国家法律法规和政策，还要精通会计、审计等各类业务和知识。

由此可见，所谓更好的平台，实质上是更大的挑战。

平台，意味着需要付出更多的努力

工作难度大是一剂激发挑战欲望的良药。在尚没有新会计准则理论体系支撑的那段时期，内部审计人员只有熟悉各种行业会计制度，才能从事相应的工作。为此，每次到下属企业进行审计调研时，我都会从下属企业的会计实务中了解或体会不同企业、不同行业的会计核算方法和技能。年轻的足迹在仅仅两个月的时间里，就踏遍了公司所有的全资或控股公司。我常常是白天工作，晚上看书，并随时进行理论和实务的比较验证。

但光是好学，显然是远远不够的，还要把学到的知识付诸实践。通过对所属企业的调查了解，我发现下属子公司的应收款项大多有逐年增加的趋势，于是我思考能否采取一些措施来加强控制，以达到减少坏账损失、保证资金回笼和资金安全的目的。于是我主动请缨，在翻阅大量文献资料后，制定了一套控制应收款项增长及坏账损失的授信管理制度。这套制度贯彻实施后，不但有效控制了应收款项的增加，而且还使应收款项的总量有了一定程度的下降。经过进一步调查，我发现所属企业的原材料、在产品和产成品亦占用了太多资金。我和同事一起摸索、调研和分析，把应收款项、原材料、在产品、产成品这四项资产以前期间每月的期末余额进行了汇集，运用科学预测方法，测算出这四项资金未来月末需要控制的余额，并与预定计划产值相比，将得出的计划资金占用额作为考核值按月考核，基于此制定的《关于对四项资金占用进行控制的规定》，可在计算实绩时做到与关键人员的个人收入挂钩。该制度实施仅半年，百元产值占用额就下降了13.61元，按公司的总资产规模估算，节约资金近2.29亿元，间接创利300万元。

随着工作上不断取得成绩，领导更加信任我了。全面预算管理、集团公司内部控制制度、集团公司财务战略与决策体系中的风险管理机制等全被提上了议事日程并得以实施。在内部审计岗位上，我摸索出了一套特大型企业集团实施科学财务管理的思路和方法，全方位提高了自己的能力和素质。

努力，不一定都有称心如意的回报

成长的道路也并不都是一帆风顺的。一个很好的平台，提供的也并不都是顺畅的机遇，满腔的热情，除了会换来鲜花和掌声外，有时也会有冷落和非议，甚至是委屈。

我认为，人在职场，最需要的也是最为关键的就是职业操守。不能为迎合公司领导的个人需要，而用操守作为代价。对于那些确实有问题的人，我是绝不迁就的。由于自身经营的原因以及外部环境的影响，集团下属某公司的经营业绩大幅下滑。为了完成提高收入水平的任务，公司采取虚构盈利的手段粉饰财务报表。由于养成了一有闲暇就翻查账簿凭证的习惯，无意间，我发现了该公司粉饰业绩的蛛丝马迹：压下来的成本基本上都已被均衡地分配到了各项在产品成本中。问题曝光后，我遭遇了前所未有的职业危机，因为这家下属公司的一把手是跟着老板创业的五位元老之一，老板认为我是无事找事。好在这家企业已是上市公司，集团考虑公司形象，所以在审计中发现的问题最终还是得到了一定程度的解决。

回报，并不能完全以待遇来考量

在这家公司工作的时间，满打满算还不到一年，其间，我的待遇也一直不高。但现在回想这段经历，我发自肺腑地认为，回报不能完全以待遇或者遭遇作为考量标准。这段经历，让我涉足了很多工作领域、积累了很多经验，使我对财务管理的实质有了深刻的理解，为我未来从事各种与财务会计相关的工作打下了坚实基础。尤其是在上市公司能收到很多政府文件甚至还有内参，因为岗位特殊我总能浏览到这些珍贵的文件。根据公司的要求，只要掌握了这些信息，就要结合公司实际，从战略高度制定出适合公司实施的制度并组织执行。这种能力的培养，使我现在依然受益匪浅。这一经历也在无形之中为我积累了很多写作素材，并最终助我走上了高等教育的讲台，成为了一名虽学历不高但却自学成才的大学教师。同时我目前所担职的公司也正在酝酿 IPO，这段特大型上市公司的内部审计经历无疑对我大有裨益。一言以蔽之，自身能力和品行都能得以提高，才是一生可以受用的最好的回报。

（原载《财务与会计》〈理财版〉2010 年第 7 期）

毕业一年

——我的职业规划

吕晓蕾

好的开始是成功的一半

初涉职场，拥有良好的心态你就成功了一半。

2003年2月，我由学校踏进了职场。在开始工作的第一天，除了新奇之外，更多的恐怕就是迷茫了。虽然早已耳濡太多的职场规则，但真的身临其境，依然会有一种云山雾罩不知所措的感觉。毕竟从今天开始“人在江湖”，需要为人生进行更多的打拼……我暗暗为自己鼓劲，要求自己以完美的工作状态做好每一件工作。秉承着这样的信念，我翻开了自己初涉职场的第一页。

事无巨细，对于每一件工作，每一个数据我都要求自己认真、认真、再认真，这时候我才真正体会到会计工作的辛苦，有时真的会因为一个数据甚至一个小数点的疏忽，使一天的工作付之流水，而沮丧之后又必须再打起精神，以饱满的激情重新开始。一天下来，眼里、脑子里都是飞来飞去的数据。不过我仍然会有“痛并快乐着”的感觉，因为工作对我来说虽然很苦，但它也让我品尝到了苦后的甘甜。

当然，处于实习阶段的我也第一次尝到了经济上“青黄不接”的滋味，体验到职场中“梦想与现实的差距”。第一个月下来，拿着手里的三张“老人头”，真有一种可怜巴巴的感觉。虽然自己和公司的老员工做同样的事情，付出同样的劳动，但在待遇上却有着天壤之别。“不公平啊，不公平！”在自言自语发了一顿牢骚后，我开始学着调整自己的心态，说服自己在开始阶段不要将钱看得太重，应该继续全身心投入到工作中去，以工作业绩来证明自己的能力。相信总有一天，自己会得到应有的东西。抱着这样的心态，我的工作劲头更大了，并注意在做好自己本职工作的同时积极去协助相关部门同事工作，尤其是在月末结账时，我不管白天黑夜地泡在公司里处理业务，这种勤恳的做事态度不仅为我赢得了“拼命三郎”的名声，也使我在较短的时间内给同事留下了业务能力强、亲和力强的印象。

渐趋平淡的生活让突如其来的“非典”打破了，因为是重灾区，学校强制我返校。被迫返回了校园，因为临近毕业，所有的课程基本结束，我的同学除了睡觉就是靠打扑克来消磨时间，而对于我来说，这样的生活简直令人窒息。在完成了近万字的对通讯行业的分析报告后，我想尽一切办法，采取一切“攻势”，终于取得了老师的“宽容政策”，重新返回了工作岗位。我之所以在那样一个非常时期采取“非常”之举，既不是故意作秀，也不是哗众取宠，而是因为我真正体验到了工作给我带来的无比乐趣，这种乐趣值得我去冒险，去付出。当然，我也清楚那个时期公司正处于用人之际，虽然我一个人的力量是单薄的，但我想只要认真做好自己的本职工作，就会为其他工作的开展提供些许便利。于是在同学的不解与同事的疑惑中我又投入到繁忙的工作中。事实证明我的选择是正确的，正是在那一阶段有压力的工作，使我对公司的业务有了进一步的了解，对自己的工作职责有了更明晰的认识，使我少了一份无措，多了一份自信。同时这一非常时期的“非常”之举，为我的实习考核也增色不少。

抓住每一个机遇，创造每一个机会

“感谢历史，赋予我们机遇”，这是我们集团总裁的寄语。而我要说的是，感谢机遇，赋予我在职场上奋进的动力。2003 年公司正处于通讯行业发展的黄金期，当年公司业绩占当地 GDP 的 6% 以上，但随之而来的工作量也就可想而知了。面对铺天盖地的单据、报表，大家都开始了超负荷运转。“今天你加班吗?”竟成了我们的口头禅。临近年底的时候，许多同事已经累得精疲力尽，体力严重透支。我的上司——成本课负责人也正是在这一时期累得病情加重，不得不忍痛离职。他走了，我的责任更大了。为了尽快挑起这项工作重任，我挤出时间，翻看了他前期做的大量凭证，并且迅速整理自己的思路，使自己尽快进入状态。同时我又发挥了“拼命三郎”的工作精神，设法使自己保持清醒的头脑，连续两三个昼夜不间断工作，最终保证了当月业务的顺利进行。

付出必有回报。当月我的绩效考核得了财务部有史以来第一个“S”（工作能力非常超乎期望）。看着窗外那热烈奔放的朝阳，我长出一口气，欣慰地笑了……

我相信机遇只留给有准备的人，但我更相信机遇不能守株待兔，而是要积极去争取、去创造。我们集团整个通讯系统每年都要举行丰富多采的知识、技术性竞赛活动，我知道每一次比赛都是一个展现自我的舞台，所以我积极响应公司的号召，不放过任何一个可以锻炼自己的机会。终于在以手机功能设计为核心的“技术狂想”活动中，我参照电脑等 IT 产品的功能，以最大限度满足人们个性化需求及实现人性化为立足点，提出多项手机功能设计新理念，在 22 项获奖作品中，我这个“圈外人”提出的理念竟然有 3 项获奖，不仅成为此次比赛中获奖最多的人，而且还是我们分支机构中唯一获奖的人。这些成绩不仅让我周围的同事羡慕不已，连我们的领导也十分满意。事后，搞技术的同事问我有什么秘诀，其实要说秘诀实在谈不上，我知道自己是沾了“门外汉”的光，由于不懂技术，迫使我更多地从消费者的消费心理以及消费需求出发，去思考设计理念，这样无形中就使我摆脱了思维定式的束博，不顾忌技术层面的制约，胆子也就大了一些，想得也就更细了一些罢了。

机会可以创造，但是细节往往更能决定成败。抱着这样的做事态度，我不仅避免了许多工作失误，同时也成就了与相关部门之间的和谐沟通。我们公司与政府部门联系比较多，而我负责公司的统计业务，每月需要向有关政府部门报送各种报表。为了提高工作效率，减少不必要的时间浪费，我对这项看上去不起眼的工作做了更多的细节调整，如每月提前报送，传真过去后打个电话确认，特殊数据进行标注并进行提前说明等，这些小举措方便了与政府部门之间的沟通，使报表上的每一项内容显得更加清晰、有条理，得到了他们的一致好评。而这些细节之举也为我在年末捧回了不少奖项。

思想有多远　我就能走多远

“君子之道，辟如行远必自迩，辟如登高必自卑。”其实事业乃至人生又何尝不是如此，都是一个由近及远、由低到高的奋斗过程。

2004 年 3 月，当我被确定为成本课后备课长人选时，我感到了从未有过的压力与挑战。我知道对于初出茅庐的我，仅凭原有的知识积累去把工作做好那是一种奢望，需要学的东西还有很多。所以我开始有意识地去广泛涉猎财务与管理方面的知识，不断汲取工作中的营养，以完善自己的知识结构。在大量的学习、阅读中，我进一步体会到了工作的乐趣与学习的快乐。

我十分推崇余彼得·圣吉在《第五项修炼》中所提倡的“系统性思考”的观点，因为要做好管理工作，首先必须建立起系统思考的模式，然后才可能把工作做到万无一失，达到整体效果的最优。所以为锻炼自己的系统思维，我开始重新审视自己，从完善自身的“短板”开始。我知道，就专业技能而言，虽然自己在多个岗位待过，但对各个财务相关岗位的了解还不够深入，只是点到为止，缺乏一个“专”；而就成本课内的整体业务而言，我又无法更好地将各个岗位的业务提纲挈领贯穿起来，缺乏一个“广”。所以我首先从提升自己的实务操作能力与分析判断能力入手，在日常业务中，我开始留心观察相关业务操作的每一个步骤，把每一个工作环节容易犯的错误以及注意事项记录下来，几个星期下来竟然整理出厚厚的一本。我把这样一个小本放在手边随时查阅，从而大大提高了工作效率；公司后来应用了 ORACLE 公司的 ERP 系统，为了摸透这“洋玩意”的秉性，我首先从熟悉操作手册流程开始，在测试系统里模拟操作，然后实地观察业务部门的操作流程，将数据流程在头脑中形成一个清晰的脉络，这样可以一眼判断出数据出错在哪个环节，我想这也许就是经验吧。

记得《一辈子只做一项工作》一书中说，人的一生都在不停地推销自己，向老板、向同事、向朋友等，其实想想也有道理。我清楚自己有时不注意自我推销技巧，经常不加掩饰地将自己的想法和盘托出却不顾对方感受，结果也可想而知。在看了大量的沟通技巧以及管理方面的书后，我渐渐触摸到了沟通的真谛，并总结出三条沟通技巧来指导和约束自己：其一，态度要真诚，用心去和对方沟通；其二，语言要婉转迂回，从对方容易接受之处入手，然后一环扣一环连接到矛盾点，让对方感觉理由充分；其三，沟通后用行动来做一些有助于整体改善的事情，对改善的结果予以关注。由于掌握好了这三条沟通法则，我的沟通技能有了明显提高，工作也比以前顺手多了。

2004 年 10 月，毕业一年后，我被任命为成本课见习负责人，负责成本课的整体工作。

却顾所来径，苍苍横翠微。从毕业至今，其中滋味也许只有自己清楚，但不管在职场成败得失如何，我仍然坚信，如果我们能像艺术家对待自己的作品一样来精心做自己的工作，那么每项工作都将是你的完美作品。

（原载《财务与会计》2005 年第 2 期）

让我们荡起双桨

唐爱军

小时候老师教我们唱“让我们荡起双桨”这首歌，知道那歌里的白塔和绿树红墙是真情实景和特别的对象后，心里不禁有些失落，觉得那些美丽和快乐只是属于那些有着特殊身份、地域和特权的孩子们，而我们这些乡下孩子只能默默地欣赏着别人的幸福。其实，那歌里的美好景致是所有孩子心中憧憬的浓缩，那情那景究竟在哪里根本不重要，重要的是，我们要热爱生活，追求幸福，那样我们才能有幸福、快乐的美好生活。

直到现在，我的脑海里总会浮现出小船在水中轻轻漂荡、孩子们欢乐歌唱的场景，尤其是那起落有致、优游自如的船桨。是的，小船儿之所以轻快，孩子们之所以快乐，离不开这配合默契的双桨。人们常常在做理性思考时重视双桨，却在平常生活工作中忽略了这一点。所以，我想说说这“让我们荡起双桨”——不再抒情，不再怀旧，而是说说我们怎样才能在专业领域里也快乐地荡起双桨！

专业领域不甘寂寞

很多读者朋友会有一种困惑，就是看别人写的东西很受益，很喜欢，也很羡慕，自己也常常有要写一写的冲动，但大多在受益、喜欢、羡慕之余，最终还是选择安心地做“读者”了。以财务专业为例，很多有着丰富实践经验的一线同行，财务工作做久了，肯定会有一些有价值的心得体会，想要写出来与广大同行朋友分享。但是有人觉得写专业文章一定要有深厚的理论功底作基础，有人认为写文章一定要有好的文字功底，还有人对自己的专业体会缺乏信心，顾虑重重，自然就不敢动笔了。

其实专业文章也不是什么神秘的、高不可攀的事物，每个肯专心钻研专业的朋友，都可以尝试去写。当然，这并不是说只要肯用功、肯吃苦，就一定能写出有深度、有新意的专业文章，就可在相关刊物上发表。只有做到知己知彼，充分认识自己的优势特长，同时了解报纸、杂志的专业方向和用稿要求，才能有的放矢。脱离自己专业优势埋头苦干，不顾媒体要求漫无目的地投稿，通常效果不佳，久而久之，自己也会失去信心。

我在学校期间就很喜欢写论文，毕业后也不曾放松，不时写些专业文章，但方向不是很明确，虽然自我感觉不错，多次投给不同的媒体，但效果不佳，以至于后来都有些灰心。所以，最初与《财务与会计》杂志的编辑联系时，心里没什么把握，与编辑们反复沟通交流后，才逐渐了解了杂志用稿的要求，掌握了写稿的技巧和方向。可见，在专业领域要善于学习，不甘寂寞，积极探索，勤于思考，敢于多写。

工作、学习和探索不可偏废

发挥自己的特长、明白自己的优势何在，这个问题看似简单，实际并不容易。有一个故事说，某剧组到某地拍电影，导演在当地招了几个群众演员，说好第二天试镜拍戏。其中一个长着两对大板牙的群众，觉得自己要当演员了，一定要把最好的形象留给观众，就去把大板牙拔掉，并镶了四颗漂亮的假牙。第二天导演一看板牙没有了，不要他了！原本就是因为剧情需要他那形象导演才选中的他！这个故事说明，我们有时候并不一定能客观地判断出自己的特长何在。我们的期望总是和现实有些差距，也许我们不能彻底消除差距，但可以有效地缩小差距。

比如，一位一线实务工作者，却只热衷于研究专业的前沿理论问题，显然有些脱离现实。那么，是不是他就只能研究实务问题而不能学习专业理论了呢？这倒也未必，因为实务和理论本身没有一条鸿沟截然隔开，理论研究的目标就是指导实践，对实务工作的研究、提炼就上升为理论。所以，他完全可以从自身专业结构出发，结合工作实际，写出自己的职业经验和专业感悟，写出对同行的实际工作有直接帮助的文章，并不断学习和探索，从而达到理论和实际相结合，知与行的统一。

我最初写稿时，就走了很多弯路。一开始就写理论性很强的文章，觉得很吃力，经常是设想得很好，到头来却很难满意，自己都觉得有点眼高手低了。2004 年底开始为《财务与会计》的“问题解答”栏目组织稿件，自己的着眼点和写稿心态逐渐发生了较大变化。关键就是收集问题，刚开始是自己独立收集问题，因为没有经验，大多选择了一些在各类考试和学习中遇到的问题，虽然也有一定的收获，但效果不是很好。就此与编辑多次沟通并通过一些读者来信和反馈意见，使我了解了读者的需求，我才注意要从身边熟悉的工作、生活、业务内容着手，逐渐有了感觉。

研究自己熟悉的事物，写自己熟悉的生活，将工作、学习和对专业问题的探索联系起来，这是最好的。

灵感、敏感与勤奋不可或缺

人们总以为敏感和灵感是一回事，其实二者虽有联系，但却又不同。灵感不会凭空产生。比如，苹果落在牛顿头上，触发他产生了灵感，发现了万有引力。可以断定，万有引力在牛顿发现之前，就已经在起作用了，但发现它却是一个偶然事件触发的灵感。

有了灵感并不意味着就能成功。在公元1687年之前，树上的苹果从来没有停止过掉到地上，而在牛顿之前肯定也有人发现了这一现象，但发现这个现象和因这个现象进一步发现些其他什么完全是两回事。所以，敏感就是能辨析出灵感的价值，并实现这个价值。

要达到成功，仅有灵感和敏感还不够，勤奋更为重要。能勤奋地专心于一事、专注于一点实在是很难的事情，但是想要有所收获、有所建树、有所成就，就必须要耐得住寂寞，守得住清静，专心、专注地去思考和探索问题，这样才能有收获。

勤奋的表现之一是多思多想。只有多思多想才能发现问题，才能产生灵感，才能发现更多未知领域的神奇，产生探求未知的快乐。勤奋的另一个表现是多实践，表现在创作方面就是有了想法，有了灵感要多写，而且不要等全部细节都想通了、完善了才动手去写，因为在很多时候这都是难以做到的。在我们写作的过程中，原本模糊的一些细节可能会变得异常明晰，而某些原来很明白的地方却会发生障碍。这一切都没关系，技巧不是最主要的，关键是不要让灵感悄然溜走，让思想可以随文字传递，差不多就成功了一多半。

在这一点上，我也有一些切身感受，比如在整理“问题解答”的稿件时，有些读者提出的问题表面看很简单，但真正深入考虑后却发现还有很复杂的背景和重大疑点，有些问题可能会涉及方方面面，这时，既要考虑尽可能准确地解答问题，又要考虑能深入浅出地表述出来，不致令人不知所云。另一个矛盾是解答内容的篇幅不能过长，而有些问题又确实不是简而言之可以解决的，在这种情况下，为了找一个恰当的表述方式，用一两句简明的话语来表述，常常要花费很多时间去考虑。但当问题得以顺利解答时，强烈的愉悦感就会油然而生，感觉自己的辛苦没有白费。

专业论文和专业闲文不分伯仲

作为读者，想要把握编者的思路和判断标准是比较难的，尤其是从来没有投过稿的读者，对编辑以及专业刊物和专业论文都有些心存敬畏，而且和编辑的交流也有限，所以很多人投稿都带有盲目性，或一时冲动投出去了事，能发最好，不能发拉倒。其实这样的心态很不好，也许会埋没了好的文章。作为编辑，他们清楚什么稿子可以用，什么稿子不可以用，对于一些质量上乘但不符合媒体要求的稿子他们也只能是望文兴叹，爱莫能助。所以，投稿前一定要搞清媒体的用稿要求，多和编辑沟通，避免盲目从事。

另外，有些朋友可能会有一种误解，以为专业媒体一定都是要求专业理论性很强的文章。其实在这个竞争激烈的大环境中，任何一家媒体都不能脱离市场而妄谈专业，媒体的专业性和可读性并重，是市场竞争的必然选择。要求一篇文章专业性和可读性均达到很高标准是不现实的，所以媒体通常是既不偏废但也不强求，即专业文章起码不能说白话，也不能通篇专业术语，不忍卒读，最好能兼而得之，至少有一个方面比较突出才行。很多专业媒体也适量地发表一些可读性比较强的与专业有关的休闲文章，我们姑且称之为“专业闲文”。这些文章与专业尤其是专业从业人员的工作、生活、学习等方面相关，实际上属于散文、杂文、诗歌等非专业文章。这些文章在媒体上逐渐增多，不但无损媒体的专业性，反而能提升可读性。但是，不少人不屑于写此类文章，潜意识里会觉得这是“不务正业”。其实，我们可以开阔一下思路：专业是为人服务的，而这些反映他们工作、生活和学习等方面内容的文字既可以陶冶性情，又可以激励上进，读后如饮甘泉，何乐而不为呢？

而且，对于很多有心写稿，却又心存顾虑的朋友来说，从专业闲文开始写起，不失为一种循序渐进的好办法。而经常写专业文章的作者，如果能将自己生活、工作的经历、经验写成隽永的专业闲文，于己于人都是有益的。如：《财务与会计》专门开辟了刊登此类文章的栏目，同时也经常发起一些贴近会计人生活和工作实践的主题征文活动，这无疑给有意写稿而心里没底的朋友们提供了一个极好的平台。我最早被杂志采用的稿件正是参加 2004 年“品评管理”主题的征文，2005 年参加“职业规划”主题征文的稿件《规划职业 规划生活》被评为年度优秀文章。所以建议有心的朋友不妨在这方面试试身手，给自己一个启动的契机。

其实，无论是写专业闲文还是专业论文，发表与否并不重要，重要的是，我们需要通过一个途径、采用一种方式来整理思路，排遣压力，以轻松的心情、轻盈的姿态面对每天的工作、学习和生活，以迎接每一个新的挑战。

很多人总是有一点担心，怕自己写的东西不够成熟，不成体系。其实，我们对此不必苛求，如果仅仅是探索性的，就写成探讨类的文章；如果是对某一问题不甚成熟的讨论意见，可以写成争鸣类的文章；如果仅仅是一点一滴的感想，可以写成感言、建议、经验交流之类的小片段……不拘泥于形式，不苛求字数，言之有物，有感而发，不见得不是好文章。

（原载《财务与会计》2007 年第 9 期）

夜赴向峨乡

聂　聪

2008年5月14日18点，离5月12日14点28分已有52小时了，余震依然不断——我突然觉得自己很无能，如此巨大的灾难近在咫尺，如此多的人死亡、受伤、失去家园，现在渴望得到救援，而我能做些什么呢？这时，朋友打电话说：我们带些水、食品、衣服去都江堰吧。是的，从12日到14日，虽然有大批的解放军、救护人员赶到，但这次地震，受灾面积太大，很多又在边远山区，有很多地方还无暇顾及，电台广播里也在呼吁有私家车的人能送些急需的物品到那里去。虽然这两天我们都睡地铺，没有人睡好过，白天还要上班，但是我们必须去，去为受灾的人做一点点事！

大家急忙回家包了几包衣服，又去商店买了食品。牛奶已经卖完了，只剩下几箱酸奶饮料，我们全部抱上了车，矿泉水也快没有了，我们又只能多买了点可乐。出发，出发！满载着一车物品，大家一致决定到都江堰比较偏僻的乡镇去。

晚上8点多，我们进入了都江堰境内，手机的信号没有了，周围黑夜笼罩，以往路两旁的点点灯光没有了，但公路上车来车往，有私家车，也有长长的出租车队，还有一辆辆满载军人的客车，救援的队伍一点也不孤单！

我们看见了警车，问路后，让我们把东西放到都江堰救援指挥中心。但是想到今夜有很多人急需食物和衣服，我们还是决定用最快的速度直接送去。最后，我们打听到向峨乡是都江堰市受灾最为严重的地区之一，我们决定到那里去，这时已是晚上10点多了。

向峨乡位于世界文化遗产地都江堰景区与四川省风景名胜区彭州市银厂沟之间，距都江堰市区15公里，我们曾几次路过那里，青山绿水交映其间，很美丽的小乡镇。但是，今夜，当我们离向峨乡只有7公里的时候，突然看见刚才还很平坦的公路变得四分五裂，像不规则的豆腐块一样，一块一块放在路面上。只能放慢速度，在蜿蜒的山路上爬行。天上半个月亮静静地照着大地，月光很柔，很亮，除了车子声音，四周很安静，但我的心却有阵阵寒意。一路上，残岩断瓦和山体滑坡，把很美的景色给破坏了，那些倒塌的房屋下不知是否还有人等着救援。这时我们看见一个老人在路边向我们挥手，我们急忙停车，给了她一些食品和衣服。走了一段路后，看见一扇门上写着“水，有老人、小孩”，下车一看，在完全倒塌的房屋门边，有人抱着两个小婴儿，一个没有了父亲，一个没有了母亲。我们连忙拿出小棉被，还有儿子以前的小衣服给他们披上，但是我们只买到了酸奶，现在也只能用它来喂他们了。这时，我们周围不知什么时候围了好几个人，有个母亲焦急地对我们说：“有感冒药吗？我的小孩才半岁，生病了。”我们居然没带！有人抱着一个睡着了的孩子，孩子光着脚，幸好我把儿子小时候的鞋带来了，连忙让他穿上。满满的一车物品，现在看来远远不够啊！

继续向前，我们终于来到了向峨场镇上，心，开始抽搐，阵阵疼痛。美丽被撕裂！看到一间间民房、学校垮塌，于转瞬之间变为废墟，脑海里唯一能想到的词语就是撕裂。镇上90%的房屋坍塌了，两处灯火通明的地方就是伤亡惨重的向峨中学和小学了。这时已是深夜，双脚如此真实地站在这片受灾严重的土地上，眼前掠过一张张悲怆的脸，我的心，突然像被人挖出一个窟窿，揪心啊！

我们提着食品，踩在泥泞的地面上往学校里走去，一名年轻的战士站在路边，手里拿着几把铁铲，稚气的脸上带着疲倦。我们连忙拿出苹果给他，但他就是不要。走进学校，空气中扑面而来的刺鼻味让人无法适应，众多的武警官兵奔忙于废墟之上，许多家长坐在一堆堆火边取暖。一个母亲看见我，喃喃地说着：“我的孩子在里面。”表情有些麻木了。远远地用白布包着的是死去但没有家长认领的孩子，一些家长正在烧纸告慰已经死去的儿女。一个带着口罩的年轻人对我们说，你们应该领口罩戴上，已经两天多了，有危险。他的眼睛红红的，很平静地指着那堆废墟对我说，这就是教学楼，400多个学生在里面，教师也在里面办公，现在只有30多个人还活着。看着那一堆埋没众多师生的教学楼废墟——我永远想象不出来它原来的样子，在我面前的实际是一堆建筑垃圾，而下面埋了几百个年轻的生命，我的心无法用语言来形容了。

回家的路上，大家一路沉默。到家时已是凌晨2点，又是一个不眠夜！希望这些孩子们一路走好，也希望我们活着的人从中能懂得一些什么……

（原载《财务与会计》2008年第8期）

那些刻骨铭心的感动

山外岩

地震第十天，一切似乎平静了起来。然而每个人心里都明白，这次灾难的影响将持续很长很长时间。

成都的人们说，去一线抗灾的志愿者说，亲朋好友在震区救灾的家属说，不在震区永远体会不到那里的震撼。是的，安逸的我们被报纸上黑白的符号震撼了，而黑白符号的对象又是经历了何种的灾难呢！四川我没有去过，汶川，也只能在地图上找到。我不能说我的心情如何悲伤，因为每个有良知的中国人都不会两样。我只想把地震过后我所经历的几件小事写出来，算是对心里的一点慰藉。

地震过后第三天，不好的消息不断传来，人员伤亡数字不断增加。近中午的时候，我坐公交车出去办事，那天很闷热，而且正值午饭时间，公交车稍微挤了一些，人的情绪不免有些烦躁。忽然一阵来电铃声响起，接电话的是一个小姑娘。很正常的一个电话，却因为她的口音而格外引人注意。四川话，偶尔一两个字可以听懂，但是从她紧张的神情和语无伦次的话语可以判断，她听到的不是好消息。她左手抓着扶手，右手接着电话，忽然电话掉下来，砸在冰冷的车地板上，她也绵软无力地跌坐了下来。身边的乘客赶紧扶住她，并询问事情原委。从女孩哽咽而断断续续的话语中我们明白，她老家在汶川，家里的房子完全毁坏了，父母在地震中遇难，只有她的姐姐逃了出来，刚才就是姐姐的电话，让她回家。一瞬间，仿佛地震波穿透了我们每个人的心。一位白发苍苍的老奶奶从座位上走过来，轻轻抚摸这个女孩的头发，说孩子别哭，别哭，忽然浑浊的泪水就顺着她沧桑的脸流了下来……公交车司机把车停在路边，拉上手刹走了过来，拄着拐杖的老大爷颤巍巍地走过来，还有西装革履的青年人，略施粉黛的白领，系红领巾的小学生……他们手里或多或少地拿着一些钱，女孩的衣兜里、手上、包里，能塞的地方都被塞进去了钱。活这么大，说实在的，我没见过这场面。这个无家可归的孩子，这个温暖的车厢。没有人说话，车里的电台广播也停了，大家有秩序地走过来，然后又静静地回到自己的位置上。女孩不住地说谢谢，谢谢，以后每每回忆起那个浓重的四川口音，我的身体都仿佛有电流通过。

我看到车上的一对情侣不再交谈，女孩的肩慢慢耸动着，依偎在男孩的怀里；一个学生模样的少年，把小姑娘扶到了座位上；刚才拥挤的车厢忽然宽敞了，没人抱怨天气闷热，没人抱怨车厢拥挤，没人抱怨为什么车开得这么慢。

到火车站，很多人目送小姑娘下车。仍记得她在站台上用清脆的声音感谢我们。一直到女孩下车很久，车内依旧没有声响。我想，每个人的心情，都和我一样，霎时间被堵得满满的，什么都想不起来。

回到单位的时候，捐款已经开始了。公司下属单位的人员不断赶来，每个人的脸上都没有了往日的神采飞扬，现场庄严肃穆。从小到大，我经历的捐款场合也有不少，没有任何人发出怨言的，这是第一次。

公司下属单位的一个工程有几十个四川籍民工。接到统计他们详细信息的通知后，我赶紧让下属单位的经理把他们的负责人叫来。办公室里，那个四川的民工兄弟满面尘土，双眼红肿，两只手不断颤抖。我给他倒了一杯水，说，你坐着说，我写。90%以上的家庭，房屋都毁坏了，好在没有人员伤亡。每个名字，每个地址，都让我揪心。脑海里显现出地震中数万房屋顷刻倒塌的景象，数十万人无家可归并带着惊恐的神情。地震离我很遥远，却又那么近。我面前的这个兄弟，他的家园，就在这样一场灾难中毁灭了。他走的时候，紧紧握住我的手，哆嗦得几乎说不出话来，只是不断地重复着：谢谢党，谢谢政府，谢谢领导……我不知道这个统计数字会给他们带来什么，我也不知道这些名字代表着哪一个人。但我知道，这些和我们一样很平凡很勤劳的兄弟，他们的家园变成了废墟，他们需要我们的帮助。

给家里打电话，听到妈妈的声音，我忽然很想哭。我才发觉，原来我的生活这么幸福，我的家庭是如此的温暖。

地震后的第十天。早晨，我在车站等车。

站台的休息椅上，一个小女孩，大约八九岁的年纪，她的身边有很多如茶壶盖般大小的器皿，每个器皿里都放着一截蜡烛。她点着一根然后再点另一根。早晨有风，蜡烛不断被吹灭，她就不停地再去点。站台的服务人员朝女孩走过来，想必是怕火种伤了孩子或者是毁坏了公共设施。当她走近的时候，却什么都明白了，她没有说一句话，只是慢慢蹲下来，保护那些刚点燃的蜡烛。

服务员问小女孩，你为什么要点燃这么多蜡烛呢？小女孩抬起头，脸上依稀有泪痕。她说，姐姐，除了点燃蜡烛祈福之外，我什么也做不了，但是我真的想帮助他们。

可爱的女孩，坚强的女孩。

我看见很多人自发地围过来，看着那一簇簇的火苗，那点燃着希望的火苗，仿佛在无边的黑暗里熊熊燃烧的火把。人群集体默哀着，仿佛一切停止了，忘记了时间，忘记了身在何处。

1 号线公交车可能是第一次停了那么长时间，人们默默地帮小女孩把蜡烛收在袋子里，小心翼翼的，因为那里燃烧着希望。然后大家有秩序地上车，没有人抢座位，没有人拥挤。公交车慢慢驶离站台，透过窗户我看到服务员一直目送车辆行驶，这才发现，她竟然是个如此美丽的姑娘。

（原载《财务与会计》2008 年第 8 期）

哭泣过后

梁淑玲

汶川大地震已过去两月有余，可是每每回想起那一幅幅惨不忍睹的画面，那些在大难当头时所迸发出的一幕幕感人至深的充满人间挚爱的情景，我仍忍不住潸然泪下。一想到那些丢下书包和鞋子匆匆踏上黄泉路的孩子，一想到那些用自己的生命把爱传给孩子的母亲，一想到那个用自己的臂膀护住四个学生的老师……悲伤仍然难以自抑。

灾难终归会过去，可伤痛却永远刻在我们的记忆里。

在那几天，刚刚6岁半的女儿，天天都在问我："妈妈，我们这里会不会发生那样的地震?"我说："不会，即使真的会，妈妈拼死也要保护你。"女儿说："妈妈，我也不想让你死。"在哀悼日里，我曾写下这么几句："汶川一震国难来，多少生灵赴泉台；静默三分同声泣，半下红旗举国哀。"是的，国难当头，我们感受到的是整个民族的大悲痛。就在国旗低垂、鸣笛致哀的那三分钟，我们感受到了整个中国都在颤抖。感谢党和国家给了我们一个集体哭泣的时间，也许正是在这三分钟里，我们的悲伤才得以宣泄。在灾害面前，在生死抉择面前，是什么让我们眼中常含泪水？我想，除了我们对这片土地的深爱，还有那在大灾面前迸发出的纯真人性和无私忘我的人间真情。就是在这大悲痛和大惶恐中，作为人的本性，得到了升华，温暖着中国，感动着世界。

在那些日子，经常听到有人在说，不忍心看那些哀伤的画面。是的，面对如此大的灾难，我们窥见了自己的脆弱与渺小。然而，空前的灾难又让我们在瞬间长大。曾几何时，"爱"这个非常神圣的字眼，在物欲横流的社会，几乎成了某些歌词和影视剧的专用词汇，而真正相爱的人，甚至都不愿意再去用她。灾难和疼痛，让我们找到了迷失很久的"大爱"。在这场大地震面前，人们不再冷漠，不再争执，不再怀疑，都在用心默默祈祷和祝福，都以自己力所能及的方式表达着自己的一份真情。大家不分地区、阶层、职业和贫富，纷纷捐款、捐物、献血，无数志愿者不计得失、不顾个人安危，勇赴灾区开展救助和服务，谱写着一曲又一曲用言语无法表达的动人之歌，人性和大爱成了全社会的主旋律，中华精神在地震灾害中得以重塑……

单位组织捐款了。捐款几乎是在瞬间完成，最少的100元，最多的捐出了一个月的工资，有的还进行了二次捐款。财务科的韩姐说，能在这么短时间内筹集到这么多捐款，其实早在她的意料之中，大家早就憋着一股劲，有的都为捐款的事打听好几回了。但，在我的印象中，如此快速地筹集到这么多捐款，在我们单位尚属首次。女儿从学校回来，告诉我学校组织捐款了，为四川大地震，她要捐1 000元。

我们是受伤的群体，大自然烙在我们身上的伤痕不是几天、几个月就能治愈的。灾难使我们沉痛，使我们冷静，也使我们反思。最近，日本发生了7.2级大地震，几乎没有人员伤亡，当女儿问我为什么时，我随口说到日本的房子抗震。女儿当即反问，我们为什么不建造那样的房子。是啊，我们为什么不建造那样的房子？日本是个地震多发的国家，他们有非常好的防震意识、防震措施和应急机制。我想，这次灾难过后，我们需要的不仅仅是“重建”，在重建工作中，我们还要有诸多的考虑。政府可以通过法定形式提高地震高发地区房屋、公共设施的抗震标准。特别是在农村地区，可通过财政转移支付的方式，结合新农村建设实践，提高乡村学校和民房的抗震标准，同时，指导和帮助农民建设轻体型、组合型的房屋，以有效防震。天灾无常，但我们可以最大限度地防范。这也是对5·12大地震中的死难者最好的祭奠。

就在大地震过去的第十天，2008年5月21日，国务院明确提出2008年中央国家机关的公用经费支出一律比预算减少5%，用于抗震救灾。同日，新华社发出了“节约每一分钱，为了灾区人民”的倡议。灾难造成了巨大损失，也深化着我们对建设资源节约型社会的重要性、紧迫性的认识。节约每一分钱，保护好我们赖以生存的环境，就是对灾区、对祖国最大的贡献。同样是日本，由于资源匮乏，大约90%的资源依赖进口，这让整个日本社会养成了节约的良好习惯，我们要以这次灾难为警钟，加大建设资源节约型社会的宣传与教育。在强化政府示范作用的同时，还要加强对民众的宣传与指导，形成一种全民节约、自觉维护环境的良好氛围。

灾难给我们带来太多的思考。我们不能终日生活在泪水里，也不能终日生活在痛苦的回忆中。哭泣过后，我们应该学会思考；哭泣过后，我们还有很多的事要去做；哭泣过后，我们要从废墟上、从血迹里挺起胸膛并大步前行；哭泣过后，我们不能让“震”出来的人性光辉和人间大爱昙花一现。如此，我们才不单单是灾难的受害者。

（原载《财务与会计》2008 年第 8 期）

信仰的力量

全石秀

我刚参加工作时被分到乡下，常常抱怨条件的简陋，掂量工作的繁重，唠叨报酬的低廉，内心充满着对物质的欲望。是我的同事老唐——一位财会战线上的优秀共产党员，他对诚信的虔诚、对党的忠诚，教会了我怎样处世、如何做人，给了我一种无穷的力量。

刚分到闭塞、荒凉的农村中学时，南方学友不断地来信，讲述着财务总监魔术般的技巧换来的高额报酬，虚假换来潇洒和金钱，诚信意味着失业和贫穷。巨大的反差、社会道德观的颠倒在扭曲着我的灵魂，我躁动的心早已飞到了南方。每当我流露出与会计的隔世之感时，老唐总是默默无言地在做那永远也做不完的事。学校的后勤工作是繁杂、琐碎的。跑银行，报费用，管基建，记账、算账、报账，没水了，没电了，电灯泡烧了，锁打不开了等，都是他的事，可老唐从来没有叫过苦、喊过累。从老唐手中经过的钞票成千上万，他从没有揩公家一点油。彻底地被感动是在一天的午后，老唐和管理员盘点固定资产去了，我为了找一份资料，打开了老唐的抽屉，一份诊断书赫然映入我的眼帘，我感到非常震惊。我哪里想到整天风风火火、精力十足、永不疲惫的老唐竟然患了风湿性心脏病。我那一点为分到偏僻的乡下而牢骚满腹、得过且过的消极情绪，在那醒目的诊断书前随风飘逝。也就在那一刻，我坐在我的破办公桌前把南方学友的来信付之一炬……

有时我跟老唐聊天时说："我们财会工作就像是旧家庭中不守礼法的新媳妇，时常需要在领导意图、诚信信仰等各方面寻找平衡点。有时不小心就会因得罪某些人而被穿'小鞋'，你对工作那么'一本正经'，难道就不怕穿'小鞋'吗?"老唐淡淡地笑笑："小伙子，你要晓得，我们不是在为某个人工作，作为一名共产党员，我们是在为党工作，对党忠诚，对会计事业忠诚，就是坚定信仰，实现目标，要用实际行动以忠诚之心做好本职工作。"

想不到只求尽职尽责地做好本职工作的老唐，却遭受到莫名的报复。在一个料峭春寒的季节，领导要求老唐调整某专项资金的用途，两种思想在老唐的脑子里激烈斗争着：一种是迎合领导的意图，甚至于为其出谋划策，以求今后有好的发展；另一种是坚持自己的信仰，向上级如实反映资金被挪用的情况，这样造成的后果是使全县的验收不能过关并可能遭受一系列的打击报复。在那段时间里，我看到平时精神的老唐蓬乱了头发、熬红了双眼。最终老唐因为坚持说真话、反映真实情况而被“留党查看”、“降资一级”等。然而报复远远还没有到此为止，某些当权者甚至指使一些人作伪证，让老唐戴着“挪用资金”的罪名蹲进了监狱。我不知道老唐在里面是不是还在不忘心中的信仰、反思做人的原则，我只知道老唐无罪释放以后，总是和我说起正义战胜邪恶、真实战胜虚伪，这是自然界的一个永恒的法则。经历过那些非常人所能忍受的磨难，老唐还和从前一样乐观豁达、勤奋工作、满腔热情、率直坦诚，丝毫找不到一点点卑劣行径对一个共产党人信仰的影响。

信仰是一种力量，这种力量能让身陷困境的人看到希望；信仰是一种精神，能让身处黑暗的人看到光明；信仰是一种依靠，能让身受风雨蹂躏的人感到温暖。老唐用自己的实际行动诠释了财会战线一位共产党人的坚定信仰，他对党和财会事业的忠诚，给我们树立了一种精神榜样，让我们看到了一种崇高的信仰在闪闪发光，照亮我们向前。

（原载《财务与会计》2011 年第 6 期）

记忆深处的人和事

易佩富

弹指一挥间，天地换新颜。在这喜迎党的九十华诞之际，我倍感没有共产党就没有新中国，没有共产党就没有我的今天。就拿我人生中所遇到的老王、老李、大周这三名普通共产党员来说吧，他们虽没有惊天动地的事迹，但他们是老师、是榜样，助我进步，伴我成长。

老王是我步入社会接触到的第一位共产党员，也是我插队务农所在生产队的队长。在我印象里，他既是“雷公”又是“菩萨”。不管什么人，只要他见到你在干活中马马虎虎、碰坏了庄稼，他的脸立刻就会变成“雷雨天”，但事情一过，他仍像平常一样待你，和你有说有笑。你若遇到难事，他比亲友还亲。对队里的困难户，他更是时时放在心上，除了年底尽可能多安排补助外，还时常用自己的积蓄或口粮资助他们。记得一天晚上生产队里有人得了急性阑尾炎无钱住院手术，他闻讯后连忙把准备买自行车的 170 元送去，并帮忙将病人送到医院直至手术结束，到家时已是第二天凌晨。

我插队的第二年，被大伙儿选为生产队会计。当时，我心里好一阵高兴，心想这下好了，以后可以少到田里干活了。哪知这一切被老王看在眼里。一天晚上，他严肃地对我说，当我们生产队的会计可不是享福的，我不要求你做得怎么样，只要求你像我一样，并将一把紫红色算盘递给我说：“这把算盘已有两任会计用过，希望你保持这算盘的颜色。”听后我感到压力很大。因为，要做到像老王那样太难了，他天天是第一个上工，最后一个下工。傍晚下工后还要到田里转转，或检查农活质量，或看哪块田要施肥，哪块田要治虫，到了下雨天也不做自家的事，不是拿着锹到田里清理排水沟，就是到生产队猪场去帮忙……回到知青组，我躺在床上，掂量出了老王那番话的分量，决心以老王为榜样，做一名群众拥护的队干部。也正是在这种决心的推动下，我白天坚持下田干活，晚上尽心尽力地为社员们记好账、理好财，得到了领导和社员们的肯定，之后被选为全县先进下乡知识青年，于 1972 年招工进了厂。

从 1972 年至 1988 年，我在工厂的 16 年间，厂财务科长、共产党员老李是我人生中的又一位老师。初见他时，他显得非常严肃，让人难以接近，日子久了，才知他很实在，在家是孝子，经常帮 85 岁的老母亲洗脚、理衣服；在外是勤人，厂里材料入库缺人有他，铸工车间人手少，每次开大炉、化铁水，全厂抽调帮忙的人员中也少不了他，而他自己的工作忙不过来了，就利用晚上和星期天的时间干。他还是一名“不讲人情的呆人”：供销科长拿来发票，因 1 张验收单上的数量大于派购单上的数量，他不予报支；与他一起调进厂的技术员老丁，拿来厂长已批的医药费发票，因发票不是定点医院的，也被他拒核……但他作为长辈却处处关心着我，有件事至今还让我牢牢记在心上。

1977 年，由于全厂经济责任制的推行，我从铸工车间调到财务科担任核算会计，负责对各车间的经济指标考核、费用结算、利润审核、奖金兑现等核算工作。按理说，从车间到财务科，工作轻松多了。可几天下来，并非如此，而且经常受气。有的车间主任拿来非定点医院的药费发票、招待亲人的餐费发票要求报销，还有的车间核算员拿来多填的夜餐费、加班费单据，要我作为他们车间的费用予以报销。我稍一认真核实，他们就冲着我说：车间是我们承包的，有一点个人费用算啥，影响的是车间的利润，少的是车间的奖金，与厂部没关系，你何必那么认真。喉咙粗、声音高，逼着我不报也得报。这时我总是盼着老李能把他们支开，可他像没事一样，埋着头，记他的账，做他的事。甚至有时查到我放过关的“漏网之鱼”，还指着我问，你这是怎么审核的，做会计的就是要真实、准确，不能当老好人……面对这些，我常常是心烦得如一堆乱麻，对老李也没有什么好感了。正想打退堂鼓时，老李对我说，年轻人遇到这点困难，就没主意，就要退缩了，想想看，有没有什么办法。“没有”，我回答得很干脆，并自言自语地说，你有好办法，拿出来呀。过了不久，老李从新华书店买来一张印有《会计法》的版报，贴在我办公桌右上方的墙壁上，对我说他们再为难你时，你就读《会计法》中的内容给他们听：会计机构、会计人员对不真实、不合法的原始凭证有权不予接受；对记载不准确、不完整的原始凭证予以退回，并要求按照国家统一的会计制度的规定更正、补充。一遍不行，读两遍、三遍，直至他们离开为止。这一招果然灵，来报销的人看着墙上的《会计法》，听着我读的法律条文，不再与我纠缠。这时，我才感悟到：我在与车间的同志争执时，老李不是不帮我，而是有意锻炼我。我还在他的鼓励和支持下，一面坚持工作，一面坚持利用业余时间学习，用三年时间学完了会计大专全部课程，为1988年顺利考入市财政局工作，打下了较好的基础。

进入市财政局后，我感到这里是一个风气正、催人奋进的好环境，尤其是与我同科室的大周，他在大学里就入了党，一直在财政部门工作，是大家公认的行家，但他对我一点都不保守，不摆架子。记得我初到财监科时，他主动告诉我首先要学好、掌握好财政规章，然后才能依法进行财政检查，在实践中又告诉我应掌握哪些必要的检查方法，并且百问不厌，手上再忙也丢下自己的工作，耐心细致地为我讲解。几个月后去单位审计，他又鼓励我做项目负责人，教我如何选择突破口、写好检查报告等。特别是在2002年，我们一起参加全市农村税费改革相关工作，他总是把最难的工作揽在自己手上，也就是在这期间，他接到农村哥哥的电话，说父亲病危，他说等忙完手上的工作、开完全市计税面积复核部署大会后就回去，可等到大会结束后赶到家，他的父亲已离开人世，他把眼泪咽在肚里，匆忙办完父亲的后事，又投入到紧张的下乡复核验收工作中。

后来，大周到金港镇当了副镇长，有一次我去金港镇进行财务检查时，财政所的张会计告诉我，周镇长对自己要求很严格，自到金港镇工作以来，他从不沾公家一分钱的光。前些日子，他表姐夫来看他，住在镇招待所，走后如数交上住宿费陆拾元整。说完，张会计拿出那张收据给我看，看着这张收据，我心里感慨万千：有大周这样廉洁自律、勤勉实干的好党员、好干部在工作，我们的党和国家必定会更加兴旺发达。

（原载《财务与会计》2011年第7期）

第三篇
思与悟

第三章

一个会计战线老兵的“从容论道”

余绪缨

我于1936年入中专学会计，1941年入大学学会计，1945年起在大学教会计，转瞬已整整70个春秋了。亲历时代的风云变幻，感触良多。进入垂暮之年拟坦诚同会计战线的中、青年学子谈谈“立身与为学之道”，并以此自勉！

我认为“立身与为学之道”这一主题可用如下四句诗来概括：前沿求索几度秋，“由技入道”勇探求；攀登莫负平生愿，巍巍砥柱立中流。这四句诗，总体上是强调做人、做学问的统一性，并把做人放在第一位。以下依次进行阐述：

第一句：“前沿求索几度秋”。远在战国时代，伟大爱国诗人屈原在《天问》中就说过：“路漫漫其修远兮，吾将上下而求索！”先从做人看，一个人，为人处世，首先要上下求索，深刻体悟人生的意义、价值和追求的目标，提高人生的境界。再从做学问看，为使个人有限的学术生命融入人类社会世代相传的无穷无尽的学术长河中去，也要上下求索，以确立一个基本的治学态度，提高为学的境界。

第二句：“‘由技入道’勇探求”。“技近乎道，庶几无惑”，这是大学者蔡元培当时送给中年成名画家刘海粟先生一句期许的话。我看，一个人要提高其为人、为学的境界，也有一个“由技入道”的递进过程。以下，我从“为人”、“为学”两个方面分别进行说明：

1. “为人”的三境界。第一境界：物质人生，表现为物欲横流，功利至上，灯红酒绿，纸醉金迷，最终将导致人的非人化。第二境界：艺术人生，表现为心灵宁静，享有广阔的精神自由空间，善于从创造的乐趣中感受幸福，秋水文章不染尘。第三境界：哲理人生，表现为超然物外，“上善若水”（《老子·第八章》），以“出世”的精神，做“入世”的事业。那么，怎样提高“为人”的境界？一要找回自我。在当今物欲横流、功利至上的世界上，提高人生境界最关键的因素，是人首先必须找回“自我”，使人从物欲的深渊和功利的牢笼中解放出来脱离兽性化的物质人生，回到人性化的精神生活的道路上来，作为“万物之灵”的人的内心世界，才能恢复灵性而充满活力。也就是说，作为社会精英的高层次人才，只有超然物外、不为世俗的功名利禄所困扰，努力达到“宁静以致远，淡泊以明志”的思想境界，才能恢复和保持心灵的宁静。只有宁静的心境才能领悟人生的真谛，任思绪自由地飞翔，从而进入一个使心灵充满生机和乐趣的创造性艺术人生的境界。二要率性为人，心胸坦荡，去浮存实，养成爱其所当爱，憎其所当憎的崇高品德。

2. “为学”的三境界。第一境界：“为人”。孔子曰：“古之学者为己，今之学者为人。”（《论语·宪问篇》）第二境界：“为己”。“为己”之学是基于自己执着于对真理的不懈追求，因而能甘于寂寞、淡泊名利，自觉发扬“板凳甘坐十年冷，文章不写一句空”的精神，厚积薄发，不断取得创造性成果。

第三境界：“究天人之际，通古今之变，成一家之言”（《司马迁·报任安书》）。其所体现的“大视野”、“大智慧”，是足以照耀千秋的“为学”的最高境界。那么，怎样提高“为学”的境界？一要“知之者不如好之者，好之者不如乐之者”（《论语·雍也篇》）。二要不破不立。不除邪恶，就无以立崇高；不除污秽，就无以立圣洁。因而应以“子规夜半犹啼血，不信东风唤不回”的精神，义无反顾地反学术腐败。因为一个精神沉沦的社会，将会丧失一切生机与活力，而走向罪恶的深渊。我认为，以学风的根本好转带动世风的根本好转，应作为一切有良知的学者义不容辞的崇高的历史使命。

第三句：“攀登莫负平生愿”。从为人、为学统一起来看，首先要志存高远，而目标的实现，则有赖于终生矢志不渝地在崎岖的道路上奋力攀登。因而“攀登莫负平生愿”，可用四句话进行概括：“人生百岁莫虚度，俯仰无愧天地间；坦荡为人应昂首，潜心学问要埋头。”

第四句：“巍巍砥柱立中流”。首先，面对人世的风云变幻，一个人如何选择自己的人生道路——是随波逐流、同流合污？还是巍然自立、不为所动？也就是能不能做一个能在浊浪滔天中巍然自立的中流砥柱？对于一个人的品德和操守就是严峻的考验。其次，面对学海的风云变幻，一个学者将如何自处？是为了一己之私出卖灵魂？或是在受到强大压力的情况下至少还能保持沉默而不趋炎附势？或即使面对极为严峻的形势，还能不计个人的利害、得失和安危，义无反顾地披肝沥胆，为了坚持正义和真理而大声疾呼？这对于一个学者的良知、良心和品格也是一个严峻的考验。

（原载《财务与会计》2007 年第 4 期）

会计，亦需多些人文思考

——改革开放三十年看会计

应 唯

时光飞逝，改革开放转眼已是第三十个年头了。三十年来，中国以世人惊叹的速度前进着，整个社会的方方面面发生了巨大的变化，取得的经济成就超出了所有人的预期，中华民族正在以有力的步伐迈向重新崛起之路——我有理由在这一时刻为我们中国人骄傲。

孔子云："三十而立。"在这样一个重要的时间节点上，作为一名有幸参与并见证了我国会计为适应经济发展需要不断改革、开放的全过程的会计人，我常常会思索一个问题：我国的会计"立"了吗？我想，即便是今后的会计历史学家，将这三十年中国的会计改革放在整个国家经济体制进行战略转型的大背景之下，考察我们的会计是否较好地承担与完成了自己的使命时，答案也会是肯定的，因为我们取得的成绩与进步是有目共睹的。但如果我们试图用历史的眼光与视角探视，就不能仅满足于已取得的一切，更要讨论今天的一切还有哪些不足，今天的一切对未来的基础作用，对未来的影响。从居安思危的角度出发，我们可以不担心会计的现在，但应该多考虑会计的未来，因为在今天，会计遇到了前所未有的挑战，我们正经历着过往我们从未经历过的。

《论语》有曰："一日三省。"在任何时候，适当的反思与反省都是必要的。当年曾有人问孔子什么是会计，孔子以一字蔽之："当。"一个"当"字，揭示了会计的本质内涵。几千年来，随着社会经济不断向更高级、更复杂的形态发展，会计的方法、手段、理念、作用也在不断地变化与发展，但千变万化，还是离不开一个"当"字。然而，如何"当"，如何"至当"？几千年来，会计一直在思考并实践着。特别是在当今社会，会计若要符合这个"当"字，还真不是一件简单的事。

众所周知，会计是与人类的经济活动相伴相生，而人类从没有纯粹的经济活动，它总是与历史、文化、制度安排、宗教信仰等诸多人文因素或多或少地联系着。因此，作为反映人类经济活动的会计，也就会自然或不自然地被打上人文的烙印。这一点已被过往尤其是近、现代的历史所证明。较之传统的会计职责，现代会计更被要求在信息提供、公司内部控制、会计监管中发挥作用，在经济全球化的趋势下，会计甚至还被视为提升一国竞争力的重要手段，等等。随着会计职能的不断扩展，对会计自然也必须进行新的思量。

既是思量，不妨让我们简单地温习一下近、现代世界发展史。首先，让我们看看西方。西方中世纪的结束是以文艺复兴作为标志，文艺复兴的实质是文化复兴、提升，是一场思想解放运动。随后的以英国为代表的工业革命释放了巨大的生产力。经济基础决定上层建筑，经过第一次、第二次世界大战，美国在经济利益的争夺中脱颖而出。随着布雷顿森林体系的瓦解，美国又控制了石油美元，从而在政治、文化、经济、外交、国际贸易、国际资本市场等重要领域建立了霸主地位。在取得战略优势后，美国利用其取得的话语权、主导权，在全球兜售美国式的政治、文化、价值观、经济秩序及各种标准，其核心只有一个，就是使美国的利益最大化。与此同时，西方列国与美国既同盟，又竞争，在世界舞台上也扮演着重要的角色。如今的世界随处可见美式或欧式的标签，到处充斥着西语，强势文化目前的确属于西方。再让我们看看自己。清朝中叶以后，看似还强大的中国，由于长期的盲目自大、闭关锁国，文化已不再能保持几千年来的先进性。鸦片战争后，中华民族付出了惨重的代价，蒙受了巨大的苦难。昔日中华帝国的落幕，从当时整个民族文化裹足不前与相对落后时就已是被注定了的。直到新中国成立后，中华民族才又重新找回了民族自信，但落后已是不争的事实。以上的比较，并不仅是为了轻轻地翻翻厚重的历史。引史抉义，有一定历史纵深的比较，结论才会比较可靠。读史可鉴，读史有感，读史得启。所谓的西方强权，具体表现就是拥有了各种游戏规则的制定权，“一切霸权的力量源泉和最终形式都体现于定价权”。若将当今世界各种纷扰表象纵横论列，透过现象看本质，这一点其实是不难看清的。无论如何，游戏规则的制定权是至关重要的，其意义不言而喻。上帝就是以其制定的所谓行为规范试图控制全人类的。但哲学家尼采有句豪言：“上帝已死！”

那会计呢？如果将人类的经济活动理解为是受到各种因素影响和制约的，并不是完全自由状态下的交易行为，那么，作为反映经济活动最基本、最直接的这门学科，肯定也不会是那么单纯的。现代的会计，一般被认为有下列几种主要内容需要包括：（1）会计记录、反映时的手段、方法；（2）会计信息的提供及其安全性；（3）会计应更加积极地参与公司内控；（4）会计应被视为提升竞争力的手段；（5）对会计本身的监管。构成会计的方方面面，彼此间都具有各自的既相互联系又相互区别的结构形式，但其实是围绕着会计的哲学本质，即用价值去反映、表达经济活动。会计的本质构成了会计的轴心，随着社会经济活动的发展，以此为中心，会计的轨迹亦呈线性与多维性发散，会计的内涵也由此丰富起来。但会计的发展是受到制约的，它并不能将宏观的、微观的、政治的、经济的、历史的、文化的、人文的甚至是人性的东西屏蔽于自己的视线之外。一般而言，人们惯见的是眼前的一切，很少会深思它是从哪里来，将会到哪里去，逻辑方法运用较多，历史方法则少许多。要把握好会计，有时还真得“跳出会计看会计”。真理是需要探寻的。同样，让我们试着以拓展的视角，来议议我们的会计，或许能帮助我们更好地“至当”。

一、从会计最基本、最原始的反映功能看

让我们从 1929 年爆发的全球经济危机着手分析。1929 年的经济危机成因说有许多，总的来说，是由于世界的整体性故障，不管是人为的，还是非人为的行为所致。但会计也被拿起来说事了。由此，会计走向变革，开始制定会计准则、统一会计方法。可接下来不断爆发的经济危机、金融危机，尤其是美国安然事件直到近期的由美国房屋按揭次级债所引发的人类有史以来最大的金融危机，会计似乎也成了元凶之一，备受垢病。这一方面说明，会计在现代经济中的作用与地位日益上升；另一方面也说明会计确有自己的问题。虽然美国是这次风暴的中心，但中国并未能幸免于被“风吹雨打”，这不得不引起我们的警惕。改革开放以来，由于缺乏市场经济的经验，过去的几十年，我国的会计改革基本上是以借鉴西方国家经验并考虑我国国情的模式进行，因此也取得了许多成功，但客观地说有很多地方是模仿。模仿与借用，我们过去是不得已而为之，但在现在这一千载难逢的时间窗口上，我们能否推出经过深思熟虑的中国自己的概念，形成自己的主线和特点，从而摆脱被简单牵引的局面，实在是一个巨大的考验。我们自身的实力不断强大，我们有浓厚的文化积淀、独特的国情与发展道路，我们需要树立与全世界任何一种标准直接对话与交流的自信意识，中国应致力于成为世界经济规则的主要制订者与修订者。我们是有机会的，表面的无序和混乱状态下，我们能看到许多潜在的、更有希望的机会。嵌入式吸收和自主性发展，“中学为体，西学为用”应该才是我们的方向。

二、从会计信息的日益重要性上看

会计信息本身的重要性已经是不争的事实，我更想谈的是会计信息的有效性与公正性是多么的重要。现代资本市场是一种信用与信心市场，而包括会计信息在内的更多信息的有效性与公正性，成为信用与信心的基础支撑。信用可以有形，也可以无形，而信心则是无形的居多，说到底，它是人们的一种心理活动。以往人们对看得见的外在因素研究很多，而往往忽视“人性”的本质，其实，在资本市场，“人性”的因素是相当重要的，“人性”影响着投资者与被投资者。在市场经济起步不久的中国，“人性”中的“贪婪与恐惧”往往被形容于投资者，而实际上，被投资者也是应该被教育的。“信托责任”这个词在西方是个文化概念，也是个法律概念，说的就是照顾好他人利益的责任。但在中国，不仅在企业界普遍没有这样的观念，一般的社会关系中也相当缺乏。作为公众公司，存在必然的“信托责任”，即你要在别人不在的情况下为了别人的利益作出负责任的决定，看管好他人的利益。而我们在这方面的现状情况显然是不乐观的。会计在维护市场经济秩序中应起到良好的作用，会计信息的有效性与公正性是必不可少的，这应该成为管理者进行相关设计的核心，也就是说，应更深刻地理解会计这一职能的精髓所在，应更深刻意识到任何道德风气的塑造都是要靠严格有效的制度来保障的。会计信息的设计与提供，应充分考虑公众投资者的知情权，监督与加强“信托责任”。马克·吐温曾说过：“世界上有三种谎言：谎言、该死的谎言和（肆意的）统计数字。”会计的宗旨之一是提供客观的经济数据信息，不管是有意还是无意，我们都不能容忍会计谎言的产生，否则，会成为一种会计的罪过。能够促进信息自由流动的规则最终是对市场参与各方有益的，但这种流动也是应该受到正常控制的，正因为重要，如何保障其安全性也是我们不得不面临与重视的。要防止其被操纵、被恶意篡改、被不当散布，否则会成为一种灾难。

三、从会计更多地参与到公司内控活动，已成为内控机制链上更主动、更重要的一环上看

计划经济体制下，会计的作用是有限的。那时的企业管理教科书，着重面往往是诸如提高生产率、降低成本、人才管理等，在具体的企业管理中，很少把会计放在一个很突出的位置上。但在市场经济条件下，会计管理的观念发生了颠覆性的改变，其中，风险识别、风险评估、风险承受度、风险控制、风险

应对策略等都离不开会计的参与，会计系统控制已不可避免地被纳入企业整个管理系统之中。在人们的常规思维中，“利润”总是首先映入脑海的，在获取利润的欲望下，人们往往忽视“风险”的存在。按照经典的经济学理论，一切经济活动首先必须考虑的是风险，是安全度。现代企业中，现金流被比喻为经营的血液，多少看似前程似锦的辉煌企业，由于风险的失控、资金链的断裂而轰然倒下，可悲可叹。观之时下的中国企业，关注更多的是尽可能扩大规模，通过大量的资产性投资快速膨胀，尽管速度惊人，但能否笑到最后，是要打很大问号的。会计应该是冷静的，会计遵循的是一套科学的原则、方法，会计的数据应是严谨的，会计的嗅觉应是灵敏的。如果用系统管理的木桶理论来看待会计，虽然会计并不直接创造财富，但它确应属于决定木桶盛水量的那块最短木板。若会计系统失控，则整个企业将以箍断桶散水流一地而寿终。问题在于，眼下的会计是否有勇气并有能力在企业风险规避、风险降低、风险分担等关系企业命运的决策中履行本属于自己的那部分责任？我们的会计在思想上是否已作好了准备，在实践中是否已经开始了行动？

四、从会计可帮助一国提高经济竞争力的层面上看

近几十年来，随着经济竞争的不断加剧，争夺全球市场、全球资金、全球利润、全球资源都已上升到各国战略层面，而会计在各种争夺战中，更被视为提升国家竞争力的手段。美国与西欧为了各自的经济利益，从未放弃争夺会计标准的制定权。对此，我们不能没有紧迫感，而应迅速将之纳入整个经济发展与竞争的大格局下来加以考察。我不知道这个世界的所谓“阴谋论”是否成立，但从西方大国对后起的经济发展迅猛、经济财富迅速积累的各国，采用各种伎俩，实施了多次所谓“剪羊毛”战役，从而对这些国家的政治、经济、社会造成了巨大伤害的史实中得以启示，别国“亡羊”，我国要牢记“补牢”了。我们不应被眼下的“太平盛世”所麻痹，一定有人不怀好意地盯着我们的钱袋子，觊觎我国的财富。这绝不是危言耸听。从战略意义上说，我们正处在历史发展重要的转折点上，此时我们需要的是智慧与前瞻，知己与知彼，我们不能不研究别国的战略意图，准确地判断与识别，并对之有自己的策略与应对。

五、从对会计本身的监管上看

会计发展到今天，无论其地位还是作用均已显著提高，且越发重要。随着

经济社会人们对会计的依赖程度的加深，对会计本身的监管问题也越来越引起人们的关注，成为会计链上不可或缺的重要一环。这既涉及制度设计层面的，也涉及会计操作层面的，自上而下与自下而上，会计的所有涉及面，严格地说，都不能脱离监管。市场经济的本质是信用经济，假设市场是谁也不信任谁的，则只有国家能够承担维护产权和契约权益的责任，这份责任的具体承载必须通过市场所需要的制度，国家有责任和义务确保与维护制度的正常运作，从而建立国民的信心。会计政策、会计制度的制定权在于国家政府，具有法律支持的监督管理权也归属于国家，良好的会计政策与制度的制定，国家自有一套机制、程序，不是这里讨论的重点。至于对会计本身的监管，矛盾多多，引起矛盾的主观与客观因素相互交织，既存在认识论的误区，也存在方法论上的不足。理论上我们要承认，监管的漏洞是会永远存在的。因为总是会有人出于各种目的挑战法律与制度的间隙，故在监管的指导思想上，不能希冀于一劳永逸，而应将其视为一个长期的、系统的、持续不断的过程；同时，针对不断出现的挑战具有隐蔽性和无实战演练的特点，保持高度的敏感性与建立高效、迅速的反应能力是必需的。在方法论上，人们常常会习惯于“头痛医头，脚痛医脚”的解决方式，其实，教育、宣传、法制建设、体制与机制的不断完善才是根本之道，同时，还应依靠科技进步的成果，运用先进的科技手段，去威慑各类试图挑战者。总之，会计的监管思路必须不断创新，监管手段同样也必须不断创新。这是因为：矛与盾的博弈会持续演绎着，虽时时可闻血腥味，但往往并不见硝烟。

还记得1979年邓小平访问美国时，美国总统卡特在欢迎词中说：“中国是世界上拥有五千多年最古老文化的国家之一，但中华人民共和国是非常年轻的。”这前一句，说的是中国历史悠久，文化绵厚，且产生了代表人类最高智慧的东方哲学。而后一句更是意味深长，说新中国年轻，则意味着经验尚缺。“卡特们”似乎期待着年轻的新中国摔摔跟头，向他们交纳昂贵的学费。殊不知，新中国有厚重的历史作支持，有自己的哲学智慧作指引，有自己独特的文化背景作支柱。年轻，代表着我们有朝气，代表着我们可注视过往发生的一切，代表着我们有超越前人的勇气。与其他显学相比，会计看起来不那么大，但经济越发展，会计越重要，“小”会计也需“大”视野，也需有自己的深度和广度，会计同样渴望站上珠峰。今天的会计，也许还有诸多之“惑”，还有许多错综复杂的“矛盾”，但我们能认识自己，也将真诚地求索，用不矛盾的思维与方法解决会计之“惑”，若此，中国的会计就会在喧嚣中从容起来。中国自有自己的会计之“道”，也会有自己的会计之“术”，“道”无形，“术”有形，“道”为“术”引。“至中”、“至和”、“至正”，是中国会计的目标，中国的会计能够“至当”，也能“值当”，中国的会计会有自己的艳阳天。

改革开放已走过了第一个三十年，承上启下，展望即将开启的下一个三十年，会计任亦重而道亦远。

（原载《财务与会计》2008年第12期）

语　丝

——“锻造中国会计精神”有感

常叶青

(一)

帕斯卡曾经说过，“人只不过是一根苇草，是自然界最脆弱的东西，用不着整个宇宙都拿起武器才能毁灭他，一口气、一滴水就足以致他死命了，然而，他是一根能思想的苇草，因而，我们的全部尊严就在于思想。”

死亡让生命有限，人生的意义就在于超越死亡。面对有限的生命，我们不能不思想。面对21世纪会计职业消亡的预言，我开始思考会计如何超越职业的消亡而获得永恒。

海德格尔说，“在我们说世界没落时，世界指的是什么？世界总是精神性的世界。当人们用智能代替精神，用知识代替对存在的把握，存在就不再存在，精神也就沦丧了。”又说，“存在的遗忘，就是精神的沦落”。

(二)

在技术化的分割中，是难以把握会计本身的，甚至在这种技术化的分割中，会计自身也可能被遗失。可以说，如果会计仅仅是以建立技术性的数字规则为己任，会计将陷入绝境。

会计不是数字。阿尼昂曾说：“今天，一个受过良好训练和有经验的会计师，并不是一个只注重数字的人，相反，他是一个注重事实和真理的人。数字属于从属地位，而且它只能作为一种表达事实和真理的手段。”但我们现代会计人却忽略了阿尼昂百年前的忠告。

（三）

当听到“锻造中国会计精神”的宣言时，我不由地惊喜。因为有了精神，人才活得更深刻；因为有了精神，世界才不会沉沦。

面对会计职业的危机，我们实在应该锻造以“诚”为魂、以“诚”为本、以“诚”为职业境界的会计精神。因为，只有“诚”的会计精神在，会计世界才不会被颠覆。

（四）

早在 1943 年，美国著名会计专家乔治·O. 梅就说过：“会计是一种艺术，而不是一门科学，它是具有广泛和多种用途的艺术。”会计艺术论的提法，说明会计人不仅需要数字，也需要艺术感觉。

在我国古代，孔子经常让自己的学生习诗，从而受到诗的教化。孔子说，“入其国，其教可知也。其为人也温柔敦厚，诗教也。”在孔子看来，诗可以使人变得“温柔敦厚”。

艺术可以开启人的心智，净化人的灵魂。会计是一种艺术，也是一种精神，数字式的会计生存只能带来会计的消亡，会计应超越数字语言而实现艺术化的生存。

（五）

会计艺术化生存的基石，是培养一种会计文化，从而使会计人产生坚定的对“诚”的精神信念和道德追求。

有人说过，当我们开始思考死亡，我们的人生也就开始变得有价值。“锻造中国会计精神”的提出，也意味着对会计职业生存及价值的反省。从这个意义上来讲，思考和重生不仅仅在于我，还在于你，在于会计世界里的每一个人。

（原载《财务与会计》2006 年第 4 期）

从二十三个学生中脱颖而出：一个面试的启发

尹成彦

不久前，因为网站工作需要，要招聘一个新的员工来做网站的一些基础工作。按照学院的政策，我们要招聘一个中专毕业的学生，要求熟悉电脑使用及普通的办公软件，有一定的协调能力，悟性好，能够踏实工作，性别要求是女性。从网站的角度来说，我们希望新来的人能够很快熟悉工作环境并喜欢新的工作，希望是一个可以长期合作的同事。因此我们非常重视，四五个人连续两天跑到上海青浦区（学院所在的区）的一个中专学校去考察合适的人选。

第一天来参加面试的只有三个人，逐一面谈下来，感觉没有一个是特别适合的。因此第二天再去，没想到学校老师这次一下子带进来二十三名学生。这可大大出乎我们意料。一眼看过去，来者都是单纯而渴望的眼神，可是我们只能选择一个学生来实习呀！

要在两个小时内从二十三人中挑选我们需要的新人，由于出乎意料，我们只能在简单商量后，仓促地按以下步骤筛选：

一、自我介绍

自我介绍从坐在我的领导旁边的那个学生开始。作为第一个发言的，她占了很大优势：发言的时间较长，对自己介绍得也比较全面。她发言结束后，学校的老师赶紧说下面的同学介绍要简短一些。这时候第一个学生在两个方面就已经给了我们好的印象：其一，在自由选择座位的情况下，她选择挨领导坐，说明她足够大方；其二，第一个发言，有了比较多介绍自己的机会。加之在此后的问题简答中她回答得不错，这个学生就很顺利地进入了第二轮面试。

再说其他人的自我介绍，有的学生在此阶段就显然已经败下阵了。一是介绍自己太简短。虽然遵守老师发言时间短的要求没错，但应聘者不能简单到连自己是怎么个情况都说不清楚。虽然这并不能表示学生不优秀，但面对这么多人的情况下，我们只能快刀斩乱麻地先剔除了。在你尽量节约时间给别人的时候，大概也是把机会给了别人。二是说话声音太小。这或许是一个人的习惯，但要让面试考官在一个很大的会议室听到你的自我介绍却是必需的，有的人声音小到我要用手来扩大耳朵的收音范围，甚至这样还是听不清楚（估计其他同事也是），因此这样的也被剔除了。前段时间看到这样一句话，“人一生都只是在推销自己”，既然是推销，声音何妨大些，大到别人可以听到。此外，明显没有自己的特长的学生也难以得到考官的特殊印象。我临时找了张纸记录每个学生的特色，但最后发现，大部分人是空白，因为我不知道记录他们什么。

二、笔试

这里说的笔试只是有四个简单的问题，需要学生用笔简单地写下来。其中一个问题是：如果你接听到很不讲理的客户的电话，比如他实际没有付款，但是却质问你为什么不发书。遇到这样的情况你该怎么办？整理学生们的回答的时候，发现有的人回答得非常 cool。比如：我会查看一下他是否付款，如果没有，我会告诉他，“对不起，你没有付款”。如此简单的答复显然是不能搞好客户服务工作的，可以初步推测这学生性子比较急躁，协调能力方面可能有欠缺。当然，这样写的学生说明她实际很单纯，并没有想我们的提问实际上是设了一个筛选的陷阱。

三、自由发言

在其他同事整理笔试答卷和简历来筛选名单的时候，我的领导又提出了一些比较自由也是比较简单的问题。其中一个是“××专业学了哪些课程，谁愿意主动发言”。从这个过程中，也可以看出来一些学生很主动、很大胆，能够比较清晰地介绍自己的专业情况，而害羞不介绍的又因此少得了分。

时间紧、人多，在这样的情况下，我们根据以上几轮大家的表现筛选了五个人进入第二轮面试。可以说这五个人并非囊括了二十三人中最优秀的人选。我的上司事后就曾说，当他看到这五个人的名单时已没有时间去筛选，他在前一阶段看到感觉不错的几个人也没有进入这个五人名单。这是不是说明：谁有机会并不是一个确定的事情，更多的是一个不科学的判断的结果。这也可以说明，面试被淘汰并不能说明自己能力不行，更多的只能说是自己的运气不好。

五个人逐一面试后只剩下了两个。这五个人的情况分别是这样的：

第一个学生住在学院附近，如果选择她，上班会非常方便，对工作有利。因此她在居家位置上占了优势。另外，她在此前和本轮的发言中都非常强调自己进入上海国家会计学院参观或工作的强烈愿望，这给我们的感觉一是她能够稳定地工作，二是也给考官一个认同感；此外，她的职业理想是“好好工作，分担父母的负担”，这给人感觉很好，可以初步判断是比较踏实的表现。

第二个学生是唯一一个家在市区的（其他都是青浦区的，在上海看来，青浦是个郊县，不是城市）。但她的工作理想是“在办公室做文员，然后一步一步往上爬”。她这样描述自己的职业理想本身没有什么错，但遗憾的是我们招聘的职务并没有这样的机会，且“爬”这个字眼显然不如“职业提升”之类的得体。作为招聘方，学院内部的人事关系相对其他公司较为单纯，因此有强烈的“往上爬”的想法并不符合学院文化。虽然她也是一个很能吃苦的学生，但综合比较起来，这个明显的不足造成她在本轮被淘汰。

第三个学生是面试中第一个发言的，非常活跃，问她的问题也很诚恳地娓娓道来。比如问她是否有过很大的委屈，她就会告诉你一个故事，说得很多。如果论工作能力，我们都认为她可能是上手最快的。如果不是一个同事提出这个学生在面试的时候从来不正眼看任何一个考官的话，她本来就可以作为最佳人选和第一个学生竞争的。结果大家都认为这确实是一个问题，然后看她的简历上老师的评语是“有个性”，我们就此想会不会工作方面不好上手，如果带来很多麻烦怎么办……因此，这个学生被遗憾地淘汰了。有个性没什么不好，但个性在考官有选择的时候却可能是一个缺点，尤其是我们招聘的是一个普通工作人员，而非高管。

第四个学生之所以被选入第二轮是一个同事的强烈推荐，推荐理由是说这学生看起来很大方。确实，比起同龄人，她看起来比较成熟，但一面试谈话就发现她非常不自信。当我们问她认为自己在这二十三个人中属于什么水平的时候，她回答自己“一般”。她对自己的学习成绩评价也是一般。结局当然也造成了我们对她的不自信——个人对自己职业的自信力是会传染的。

第五个学生进来的时候，我们大概都比较倾向选择第一个学生了。在提问的时候，这个学生回答得其实很好。她很能吃苦，谈起在暑假期间的打工生活她说了很多很真切的感受。看来，这也是一个能够踏实做事的学生。但因为她家住址距离学院相对第一个学生远，所以又显得逊色了——自己不能决定的特性也是自己的面试致命缺陷，这不是个人可控的。

最终，我们选择的是第一个学生。

综述这次面试，应该说这算不得是一个公平的面试，只是在一个特殊的情况下不得已的选择，但又有多少面试是真正公平的呢？二十三个学生中，能够胜任这个工作的人肯定不止一个，也不只这五个，但最后剩下的只有一个。怎么从这二十三个人中突出自己，这或许才是一个值得大家思考的问题。

后记：上海证券交易所副总周勤业先生在一次演讲中说："机会给有实力和有准备的人。"对比本次招聘，是不是机会给了"有实力和有准备的人"呢？我们又如何做"有实力和有准备的人"呢？欢迎和我们分享您的故事。

（原载《财务与会计》2005 年第 2 期）

求解会计围城之惑

王大力

有一种对会计职业的困惑，常常见于会计网站上的大量讨论中，存在于同行的闲聊间，也滞留于自己的心底。这种困惑的通俗表述就是：学会计的，除了会计还能做什么；不是学会计的，能干会计吗？这种双向追问，似“围城”现象，也即是“会计围城之惑”。

会计围城之惑的具体表现多种多样，有会计学子对就业问题的忧心，有会计执业人对未来发展的迷茫，也有向往会计职业的人士进入这个行当前的焦虑。这其中也夹杂着会计人对会计工作的厌倦与无奈，以及非会计人对会计领域的不可及的神秘。困惑产生焦虑，焦虑会产生消极的“情感宣泄”，进而影响到自身与身边的方方面面，损害着广大会计人与非会计人本应美好和谐的生活。

那么，如何解会计围城之惑呢？心病还需心药医。根本的解决之道在观念上，要在观念上拆除城墙，这城墙是对会计片面、扭曲的认识，拆除城墙就是理清、归正对会计的认识。

人们基于不同的视角对会计有不同的解释，在本文的语境中，会计不仅仅是一种职业，更是一种技能；会计首先是一种技能，然后才是一种职业；从本质上讲，会计就是一种技能。这三句递进式的话，反映出会计“技能观”的推论过程，也是认识逐步加深的过程。

第一句话很好理解，旨在提出会计“技能观”。

第二句话可以结合人类社会发展进行推导。人要生存，就得有生存的本领，这是技能。随着人类的发展，产生了社会分工，并逐渐由简单变得复杂，这时才出现了职业。职业是人们在社会生活中对社会所承担的一定职责和所从事的专门业务。职业建立于技能的基础之上，技能先于职业。会计亦如是。

最后一句话，就得多说一些。先对职业一词进行些辨析，这里不是无意义的咬文嚼字，而是试图正本清源，理清认识。钱穆曾说："今俗常称'职业'，其实此两字乃中西文化一大分别所在。中国人重'职'，主对外，尽我为人，有职位、职名、职分诸称。西方人重'业'，主对内，尽人为我，有事业、行业诸称。"通俗地讲，"职"就是位置，而在其位就要谋其政，就需要有与该位置相适的技能，这里，职与技能在一定意义上讲是统一的，不可分的。这是说"职"，再谈谈"业"。中国的"业"是指技能，而非西方之"业"。如古语："师者，所以传道，授业，解惑也。"这里，很明显，"业"是指知识与技能，偏重于技能。这样看来，"职业"二字本是指技能，"职"修饰"业"，就是"适合某位置的技能"。至于会计，《孟子》中言："孔子尝为委吏矣，曰会计当而已矣。尝为乘田矣，曰牛羊茁壮长而已矣。"会计学者多断章而从会计角度上去发挥了。但在完整的语境中，我们看到，这里首先说的是孔子对职与技能的理解，"委吏"职就是需要其备"当"的"会计"技能，"乘田"职就是要有使"牛羊茁壮长"的技能。这里，会计不是职，也是技能。综合起来，会计职业就是指技能。

对于会计"技能观"，我们可以从实践中进行验证。这里暂列几个例子，有中国的，有外国的；有远的，也有近的。在这些例证中，我们可以看到，会计技能对个人发展的重要性，以及会计的技能性与非职业性。

先说孔子。孔子属通才，自曰："吾少也贱，故多能鄙事。"这些"鄙事"中有乘田，也有委吏，自然就需相应的技能，而会计是孔子诸多技能中的一种。《说文》："儒，术士之称。"当时士族家庭多学礼、乐、射、御、书、数六艺，以此作为进身谋生之途，即所谓儒业，会计当属诸艺中"书"与"数"结合而派生出的一种。看来拥有会计技能不一定成为"儒"，但成为"儒"一定要有会计技能。

再说说富兰克林。富兰克林也是通才，其诸才中自然也包括会计技能，而且会计技能有机地融入并极大促进了其事业发展，同时直接影响着其实用主义哲学的形成。许多审计史学家认为，美国最早的民间审计业务，是 1748 年富兰克林委托帕克代表自己对富兰克林·哈尔出版公司股份买卖的结算，但人们对富兰克林的会计技能却有所忽视。在富兰克林事业发展过程中，无时无刻不体现着其对会计技能的理解与运用，如对船费、餐费、房租等细致合理的计算与运筹，如对现实收入的计算及未来收入的预测，如对开办小印刷厂所需物品的估算与开列清单，以及设计出至今让业内人士仍需细细琢磨的为英国军队借车的"借车费用"条款，等等。通读《富兰克林自传》，最大的感受就是其对费用、收入、利润等会计相关事项计算的缜密，对过往账项的超凡记忆，以及对会计技能的深刻理解。

最后谈谈自己身边的人。在大学学会计的同学中，目前只有极少数人从事与会计相关的工作，而绝大部分人已涉足其他领域，如证券、房地产开发、营销等，但会计技能与知识背景却极大地促进了他们的个人发展。还有一个朋友，原是学工科的，从事技术工作，后来改行做会计，现在是国内一家大型会计师事务所的副总经理。

道理本是很简单，但谈起来就需要一大堆话，且尚不能穷尽。

总结一下，就是会计是一种技能。掌握了会计技能，还能做其他的事情，且能更好地做其他的事情；做了其他的事情，也可以学习掌握会计技能，也可以更好地做会计工作。拆除心中的围墙之后，你会发现，天地更广了，心胸更宽了。而接下来要做的，就是盘点技能，发现兴趣，规划事业，进而创造自己的美好生活了。

（原载《财务与会计》2005 年第 3 期）

自信，开启人生的钥匙

童　波

在我身边有许多成功者，比如我的同事饶。饶是一个非常要强的女性，从她的身上，我学到了很多知识，而她总是笑着说从我的身上，看到了年轻的朝气。年轻是应该有梦的，当我们在梦想与现实之间不断徘徊时，当我们的思想在矛盾中不断碰撞时，我们的心智会得到升华，个性也会变得成熟。这也许就是成长的过程。

认识饶快5年了。5年来，她从未停止过前行的脚步，为改变自身的际遇作出了无悔的努力。说起来，饶当初只是一个中专生，毕业后被分到农村的一所小厂当会计。心性极高的她不甘心就这样一竿子扎根下去，于是她选择了考研。然而考研这条路并不是一帆风顺，由于英语是她的弱项，连续几次考试都因为英语差了几分而功亏一篑。这让她痛心不已，于是开始了发愤苦读。说不清背了多少遍词汇，听坏了多少盘磁带，她一头扎进枯燥的学习中，日复一日，心无旁骛。由于整天准备考研的事情，原来在当地还算不错的工作也丢了，压力之大可想而知。好在功夫不负有心人，经过努力，她的英语水平不断提高，还以高分通过国家英语六级考试，1998年，终于如愿考上了财大会计专业的研究生。

研究生毕业那年，饶被我们学校聘用了，家里还添了一个可爱的小宝宝。这期间，她的丈夫受组织委派去了西藏，这一去便是三年。饶一个人既要照顾小孩，又要完成学校的教研任务，长期的疲劳，导致她体质虚弱，经常头重脚轻，眼前发黑，曾在一年之中住了三次院。这段经历用她的话来讲是用生命换来的，是永远也不会忘记的。以前她总找不到自信，而现在她脸上常常有种突破自我的光芒，因为她相信，那个以生命换来的努力不会让她失望。

身处科技发展的知识经济时代，饶时刻记着教育家陶行知的那句“唯有学而不厌的教师，才能教出学而不厌的学生”，更加注意不断给自己“充电”。

几年来，她除了经常向其他教师请教外，还自费订阅了10多种专业报刊杂志，把休息时间全部用于自学。热爱是最好的老师，因为有了爱，才会甘守清贫，无怨无悔，学而不厌，诲人不倦。她深深知道，要真正做到热爱教育事业，光凭情感的付出是不够的，还必须有真才实学。为此她给自己定下了一个规矩，独立钻研，不照搬教学参考书；潜心科研，必须一个月写一篇教学论文，促进教学。

如果说热爱学生，热爱教育事业是教学工作的根本和基础，那么，永无止境的创新则是教师永葆魅力的"活水源"。前苏联教育家马卡连柯说过："学生能原谅老师的严厉苛刻，但不能原谅老师的不学无术。"饶在教学实践中博采众家之长，体现个人风格，尤其注重对新知识、新理论、新方法的传授，同时提倡学生挑战教师。记得有一次上活动课，一名女生向她提出这样一个问题："如果在竞争中遇到一个比你强的对手，你会怎么办?"当时她这样说："人外有人，天外有天，遇到比自己强的对手，一不会退缩，二不会嫉妒，而是扬长避短，取长补短，努力赶上并超过他。"她的回答简洁有力，赢得了学生的满堂掌声。接着，又有学生提问："你怎样看待应试教育与素质教育的区别?"她毫不犹豫地说："应试教育是教死书，死教书，教书死；读死书，死读书，读书死。素质教育则是要教活书，活教书，教书活；对学生则要读活书，活读书，读书活。"通过这样一问一答，调动了学生的积极性，同时更锻炼了她自己的反应能力。提问是相互的，也是随机的，如果没有平时大量的积累是难以应对自如的。

现代教育给老师提出了更高的要求，为了做一个学者型的教师，饶潜心于教学研究，不断将自己的教学心得上升为理论，连续发表了几篇颇有价值的论文。功夫不负有心人，慢慢的约稿多了，她也开始参加各种学术研讨会。有一次她去了一趟北京，内心得到了极大的振奋，知识与知识的碰撞，思想与思想的交流，开拓了她的视野，让她渴望到更高的天空去飞翔，于是饶着手准备考博，她说她很喜欢一句话——生活不是守株待免的遐想，只有行动才能决定人生的价值。在单位，由于她总是发表论文，成绩有目共睹，也顺理成章地被提升为教研室的主任、学科带头人。对她而言，知识已是一把能改变命运的钥匙。

而今的饶，说着每句话都是那么自信，脸上的笑容有着一种说不出的力量。她常说："你要想想我，如果当初我安于现状，现在根本就不会有机会站在这个地方，更不会当什么教研室主任。"她还告诉我："世上没有比人更高的山，也没有比脚更长的路！其实世界上的事情并不是像我们想象得那么难，重要的是我们要动手去做。只要开始了前进的步伐，就不要让心停滞！毕竟，命运就在我们的手中，我们还年轻，还有机会为自己的理想而努力一次！”

人生总是一个十字路口接着一个十字路口，没有人确切地知道将来会怎样，只有不断地寻找自我，定位自我，突破自我。无论选择哪条道路，困难总是在所难免的，这时我们需要的就是自信与坚强。再坚持一下，再努力一点，成功也就离我们更近一步。

（原载《财务与会计》2005 年第 10 期）

心灵盘点

崔 佳

早已过了而立之年，到底立了什么？渐近不惑，究竟解了什么惑？深夜静思，对从业近二十年的经历做一次心灵盘点吧。

三十而立——坚定地将人生志向与职业规划联系在一起

作为一个不怎么被社会看好的社会审计专业人士，收入仅供弥补日常开支、保证家庭温饱而已，很难积累多少资产，成不了实业家；从你立志踏入注册会计师职业生涯起，仕途已注定与你无缘。那么，到底立了什么？这是同行之间备感尴尬而躲避的话题。该怎样解释孔老夫子说的“三十而立”呢？一个有志少年、热血青年都会为自己规划一片展翅高飞的晴空，等到进入真正的职场后，或多或少会发生一些变化，根据自己对人生的理解不断地调整自己的志向、寻找自己的位置。可是如果你永远调整下去，也许会得到一个老大徒伤悲的结果。调整和寻找要适可而止。“三十而立”的真正意义也许就是：在三十岁的时候必须要明确你努力的方向，即把你的人生志向与职业规划紧密地结合起来。

我比大多数同行幸运的是“立志”很顺利。二十年前，在大学读书时，接触到审计的第一年就立刻爱上了她，并立志做一名当时还仅仅是设想的中国注册会计师。20 世纪 80 年代末，我国审计机关刚建立不久，社会审计只是在上海等大城市刚刚萌芽。毕业后我进入了一家组建两个月的县级审计师事务所工作。正是由于社会审计是个全新的事物，才给了我无限的空间。上班的第三天，就开始出去做审计业务。白天面对问题用自己的知识去解决，晚上整理一天的发现和收获，遇到难题或是查找资料或是打电话去请教恩师，幸福就这样简单而真实地充满我的内心。还有什么比在自己的职业中一步步地实现梦想更幸福的呢？五年后，开始将自己整理的点滴收获写出来。投稿很顺利，一些报纸杂志常有登载。每天的业务都要接触到很多新东西，审计、资产评估、司法鉴证等，促使自己不断地去学习和研究。每天都生活在求知和进步中，因此不到三十岁就已坚定了职业信念。

四十不惑——从容面对诱惑

在从业近二十年中，也曾多次面对过诱惑。特别是事务所改制后，市场环境较差，不少注册会计师离开事务所，离开这个整天忙忙碌碌却并无多少收入的行业，去开始新的职业规划。每次面对诱惑时，我都会扪心自问：我会忘记二十年前的志向吗？我会舍得放弃自己热爱的注册会计师事业吗？自己在这个行业里真的无事可做了吗？每次经过三省吾身后，我都会面对诱惑一笑了之。

我认识一位到国外进修过的外科医生，才三十几岁已是星星白发。每天面对排得满满的手术，还要抽出时间研究国外先进技术，所以他能够在三十几岁就脱颖而出成为医院的一颗明星。我们到医院就诊时，希望这样的专家为我们服务。而在自己的职业生涯中，就更应该通过自己坚持不懈的努力，成为我们客户信任的专家。考取注册会计师资格只是跨入了这个行业的门槛，要成为一个真正的专家，除了要踏踏实实工作取得同行认可，更要将会计、审计这门特殊语言翻译过来，架起行业内外沟通的桥梁，让注册会计师行业真正走进社会、服务社会。了解客户需要、提供有理有据的管理建议书、进行高水平的咨询，要比做一个审计报告难得多。但正是这样的摸索和尝试，悄悄地让我们实现着注册会计师的职业价值，寻找着注册会计师行业的社会地位。

天凉好个秋——宁静才能致远

虽有烦恼却要快乐地生活，虽有困惑却要幸福地从业，已届中年却从未懈怠，这就是一个注册会计师二十年的心路历程。一个行为循规蹈矩有点保守、形象严谨略显古板的注册会计师其实藏着非常丰富的内心世界。无论多有经验都不能掉以轻心，必须时刻保持敏锐的警惕性和饱满的激情。直面种种是非既不能浮躁又不能司空见惯。内心宁静是一种人生的境界，而要达到这种境界，需要不断提高自己的修养和底蕴。在东汉末年各路英雄大显身手时，诸葛亮能够安心耕读，是淡泊名利而胸怀大志的境界。正是靠读书而形成的丰厚文化积淀，才能在以后的政治生涯中屡建奇功；也正是有了这种宁静的境界，才能在位极人臣时鞠躬尽瘁、死而后已。

“路漫漫其修远兮，吾将上下而求索。”匆匆而过的二十年，是一个人最宝贵的青春年华。仿佛还没有来得及仔细欣赏花开花落，白发已悄悄蔓延。通过理论——实践、实践——理论的艰苦磨练，自己从一个略带稚气的青年学生成长为一名忠诚的中国注册会计师。少了一些浮躁，多了一些从容；少了一些浪漫，多了一些成熟，始终不变的是对注册会计师事业的深深热爱和执着追求。

我是一名中国注册会计师，我努力，我自豪。

（原载《财务与会计》2010 年第 11 期）

小故事　大道理

高昌庆

我小的时候特别喜欢看故事书，长的短的都喜欢，曾经很长一段时间还连续买过《故事会》来读。随着年龄的增长，不再好意思去读故事之类的报纸杂志了，但很多故事给自己的感悟依然铭记于心。

审视自己

有一位年轻人在一家大公司工作，接触不到成本，只是负责一些往来账，感觉这样下去一点前途也没有，让我给他一些建议。

于是，我给他讲了这样一个故事：有一个年轻人一直得不到重用，他十分苦闷。为此，他去找智者询问。智者从地上捡了一颗小石子，丢到远处的乱石堆中，然后请年轻人把扔出去的小石子找回来。年轻人当然没找到，因为每一颗石子看起来都差不多。智者又从手上取下戒指，同样扔到那堆乱石中。这一次，年轻人很容易就找回了那枚闪着金光的戒指。年轻人醒悟了，回去以后，他努力地提高自己，倾心工作，终于受到了公司的重用。

金子和石子，价值不同，用处也就不同。有的石子里富含金的成分，但一般人是看不出来的，这就需要自己不断地锤炼，去掉杂质，把最有价值的部分呈现出来，让他人珍视你。

我也建议年轻人重新审视自己，如果认为自己就是一颗普通的石子，那么就踏踏实实地履行好石子的职能，铺路、盖房子都少不了石子，虽然没有华丽的色彩，却也是有用之材；如果认为自己是金子，那么就努力去锻造吧，少一些彷徨，少一些苦闷，完善自我，使自己像金子一样闪闪发光。

了解它的心

一把坚实的大锁挂在大门上，一根铁杆费了九牛二虎之力，还是无法将它撬开，钥匙来了，它瘦小的身子钻进锁孔，只轻轻一转，大锁就“啪”的一声打开了。铁杆奇怪地问钥匙：“为什么我费了那么大的力气也打不开，而你却轻而易举地就把它打开了呢?”钥匙说：“因为我最了解它的心。”

这个故事表达的意思是，每件事物都像上了锁的大门，任你再粗的铁杆也撬不开。唯有把自己变成一把细腻的钥匙，进入事物内在深处，了解了事物的本质，才能游刃有余。

曾经有个大二的学生给我发邮件，说她是学数学和计算机的，但她并不喜欢数学，对计算机也不感兴趣，她觉得学财会比较适合，想要考 CPA，并咨询我要如何准备才更有效，我就想到了这个铁杆和钥匙的对话。

我的建议是，首先，要看往年的考试题目，看试题的重点变化和难易程度，做到心中有数。其次，参加考前培训辅导班，毕竟那些授课的老师大多是大学里的讲师或教授，术业有专攻，听听他们的总比自己一点点摸索要来得快。如果你不上班专攻 CPA 考试，那么我建议你第一年 5 门课程全部报考，时间精力均匀分布，第二年再给第一年没考过去的科目加一把火，也许就差不多了；如果你是利用业余时间考试，第一年报 3 门，第二年视第一年的考试情况再作决定。

我想，一个人如果仅凭着一身的粗力（表现在考试中就是死记硬背）就想开启理想的大门，无异于用铁杆开锁，也许铁杆最终能撬开锁，但付出的劳动量会是钥匙的无数倍。如果开动脑筋用巧劲儿，甚至借助于别人的智慧，做一把了解锁心的钥匙，那样事情就会容易得多。

多一份善良

在一个多雨的午后，一位老妇人走进费城的一家百货公司，大多数的柜台人员都不理她。有一位年轻人走过来问她是否能为她做些什么。当她回答说只是在避雨时，这位年轻人没有向她推销任何东西，还转身拿给她一把椅子。

雨停之后，老妇人向年轻人说了声谢谢，并向他要了一张名片。几个月之后，这位年轻人收到了老妇人的一封信，年轻人得到了一个巨额订单。原来老妇人是美国钢铁大王卡内基的母亲。

这个故事发生在美国，似乎有点远，而且机遇太稀少了，大亨本来就很稀有，遇到大亨的母亲就更困难，那么就看看发生在我们身边的故事。

我们财务室的隔壁是另一个部门的办公室，其中的一位住在单位大院里面，只要不出差在外，他每天早上很早就来到办公室，打扫卫生烧开水，他不仅把自己办公室的水烧好，还把我们财务室的水也烧好。每天早上，当我走过他办公室门口，他就会把两只装满水的水瓶递给我。那一刻，我的心里不仅仅是感谢，更多的是感动。有的时候快下班了，开水瓶还没有送到他那里，他会主动过来取。日复一日，从未间断过。

这位同事是分管后勤工作的，后勤的事情很杂，很多事情需要大家的配合。但只要是他倡导的活动，或需要我们做点什么，我们都会积极热情地响应。比如说，要清洁卫生了，那我们办公室会是第一个行动的，而且一定是榜样。比如说，他来征求对食堂饭菜的建议，我们绝不会有斥责，还会把近期食堂的问题指出来，并给出建议。也正因为他的努力，老大难的后勤工作在我们单位还是令人满意的。

良好的人际关系营造了良好的处室关系，良好的处室关系营造了良好的工作环境。我们都工作在这良好的氛围中，心情总是很愉快的。

小故事，大道理：善良在什么地方都没有错，爱心的付出是不会被埋没的。

（原载《财务与会计》2010 年第 11 期）

你在为谁而工作

杨君伟

忙碌让我们不经意间淡忘了投身财务工作的根本，单调的数豆人生让我们忽视了生活原本的丰富，于是，我们开始抱怨生活的平淡和领导的苛刻，渐渐失去了工作的激情。有的人反复跳槽，却始终找不到适合自己的岗位；有的人总是应付工作，虚度时光，最终一事无成；有的人不敢承担责任，永远在原地踏步。必须承认，每天面对数字是枯燥的，但既然选择了这项工作，就要燃起工作的激情。

工作是一项神圣的事业。工作不仅是为了生存，更是为了赋予生命以意义。如果只是为了一些不由自己掌控的数字劳碌，生命就会变得灰白暗淡；如果只是为了自己生活得更舒适，工作就会变成活着的工具。会计人工作不是为了领导，而是为企业的利益相关者服务、为社会创造价值，如果只是定位为企业的账房先生，就会永远处于被动从属的地位。所以会计人需要经常考问自己，“我在为谁而工作?”当把工作和职业生涯、家庭责任及社会价值紧密地联系起来，当把工作看作是实现自己理想的必要手段时，就会转化工作的态度，容忍工作中的压力和单调，并从中感受到使命感和责任感。

工作需要充满激情。有人说，“生命是没有意义的，除非有工作；所有的工作都是辛苦的，除非有知识；所有的知识都是空虚的，除非有激情。”然而，很多人是带着空虚的知识加入到财务队伍的，即便当初有热情，也会随时间而消磨殆尽。要保持对工作的激情，更多的是一种责任、一种因为熟悉而产生的眷恋、一种因取得成绩而坚持走下去的信心。责任是对工作的虔诚，而敬业是责任的具体表现。糊弄工作，就是糊弄自己；锁定责任，才能锁定结果。扛起责任，就有了承担压力和走出逆境的勇气和决心，就会从内心产生敬业精神，就会将努力工作看成是自己的天职，就敢于面对任何困难。

工作中需要保持积极向上的心态。任何一份工作都来之不易，特别是在金融危机面前，我们更要以感恩的心去对待，永远积极乐观地去面对。做任何事情不能只考虑自己会得到什么，也要考虑自己为企业（单位）和社会做了什么。尽管我们也在创造价值，但这毕竟是一个间接的过程，不能期望过高。当取得一定成绩时，也不能骄傲自满，而要将取得的成绩当作激励自己更上一层楼的动力，不断树立新的更高的目标，不断解决新的问题，不断享受成功的快乐。保持积极向上的心态，就要放下压力，减轻对工作的恐惧，将工作中的复杂性、艰巨性考虑得更周全一些，在面对困难和阻力时保持心灵的平静，即便暂时遇到阻力和压力，依然能够客观冷静地分析问题，提出切实解决问题的办法和对策，心无旁骛地朝着既定目标前进。

工作中需要永葆学习的热情。要铺就成功之路，就需要把学习当作工作的一部分、生活的一部分、生命的一部分。学习有涉猎有钻研，需要造就知识的宽度与深度。有的人知识结构有深度没宽度，有的人有宽度没深度，有的人既没宽度也没深度，有的人既有宽度也有深度。既没宽度也没深度，只能从事普普通通的服务性工作；只有宽度没有深度，做事就会浮在表面；只有深度没有宽度，这辈子就跳不出财务的圈子；既有宽度也有深度，才能超越财务数字，走上更高的岗位。对于财务人员而言，既要加强深度，努力成为财务专家，更要强调宽度，努力掌握主营业务知识，努力成为职业专家。只精通财务，最多成为 CFO；而既精通财务，又精通业务，才有可能会成为 CEO。

（原载《财务与会计》〈理财版〉2009 年第 10 期）

一名会计人的职业感悟

高洪峰

塞翁失马　焉知非福

读中学时，我的志向是当个作家，或做个天南海北探秘的考古或地理学家，但到填报高考志愿时，父亲却为我选择了各行各业都广泛需要的会计专业，理由是会计这个专业干好了可以多挣钱，干得差也不至于没饭吃。我想这是父亲代我做的最原始的职业规划。1994 年 7 月毕业时，我们是最后一届双向选择的毕业生，既可以自谋职业，也可以等着毕业分配，但父亲却决然地说，留在省城找工作吧，今后发展的机会更多。

那时就业不比现在这么紧张，于是我在 8 月份就很顺利地在一家省纺织厅下属单位上班了。在一位经验丰富的老会计的调教下，我很快将理论结合实际，在不长的时间里，制单、汇总、登账、做表已是非常熟练。

我第一次跳槽看似阴差阳错，其实也是偶然中的必然。我所任职的单位没有人事管理权限，档案就由自己拿着，虽说当时的工资收入还不错，但没有转正定级等程序，因此我总觉得这个单位不太正规。次年 4 月我带着简历、毕业证书以及会计证参加了一次招聘会并有选择地投了几份简历。对这次招聘会我并没有抱太多期望，一是因为有工作，二是对跳槽心理上还没有刻意准备。时间慢慢过去，我也淡忘了这回事。但 9 月初的一个电话却改变了这一切。打电话的是本市一家中德合资企业的人事部长，他问我是否还有兴趣到他们公司跟老总聊聊。

就这样，我进入了这家合资公司的财务部工作。后来和财务部长聊起来才知道，原来招聘会上收我简历的人事部长已经升做工会主席，她对我印象不错，当时就把我的联系方式给了财务部长，但由于公司人事调整，招聘被搁置下来。现在公司在新疆和广州新设了两个办事处，急需财务人员，所以才在事隔数月之后让新上任的人事部长与我联系。然而，当时外企的工资待遇与国企相比少得出乎我意料！但既来之则安之，塞翁失马，焉知非福？经过 4 个多月的工作，我基本掌握了公司情况和账务状况，于是 1996 年春节过后，我就飞往广州工作了。

在办事处我做了 8 个多月。期间除了财务会计工作外，我还负责办公室和部分销售工作。办事处的工作经历就像一段插曲，虽不是主调，但也无伤主题。若是再晚上两年，说不定在当地经销商的游说下，我会留在广州和他一起搞进出口。人生就是在不断地选择，时时刻刻都要作出决策，选择了就要走下去，回头的机会成本会更高。我看有些人跳槽多次，一直没有太大的突破，想必他们只是在重复做着同一个阶段的选择吧。

8 个月后，我重新回到财务部，从材料采购、原材料核算开始，慢慢到做往来、成本核算，登记总账、编制报表、财务分析，逐渐成了财务部的骨干，1997 年，我成了主管会计。这时的我给自己的规划是：知己知彼，百战不殆。具体来说，首先，要清楚自己的优势和劣势，能够客观公正地作自我评价；其次，要能充分把握客观环境，不能只顾低头拉车不看路。因而有些工作在部长、副部长忙不过来时，只要经他们允许，我就统统拿过来干。受过专业系统教育、领悟能力强的我，只要经手一次的事情就能基本掌握，并且保证干得又快又好，有时还会加以改进。1997 年我被公司评为先进工作者，在财务部的工作可谓如鱼得水、安然惬意。直到有一天，当时的办公室副主任兼总经理秘书要到一个新的合资公司做经理，在总经理办公会上老总提出由我来接替。于是，我在 1998 年 5 月 12 日到办公室履新。由此成为这个 1 000 多人的合资企业有史以来最年轻的中层干部，时年我二十有四。

临渊羡鱼　不如退而结网

24 岁就当上办公室负责人的我毕竟略显稚嫩，年轻让人羡慕但也容易被人小视。在各种场合，老总有意给我创造更多展示能力的机会，在自信加强的同时，我也在不断树立威信，很快就能自如应对办公室的各项工作了。在今天看来，我还是非常感谢有这么一段经历，因为它使我熟悉了采购、生产、销售、质量等作为会计平日不太关注的领域，让我学会了用更广阔的视野来看待事物、考虑问题。

办公室主任的职位在企业中算得上是“一人之下，万人之上”，所以如何保持良好的心态、控制自我膨胀、学会低调做人就成为一项必修的功课。于我而言，站在公司的角度从大局出发考虑问题，替领导换位思考，先行一步做事，给领导排忧解难并获得认可才是根本的出路，这样善于幕后工作的结果是既能体现存在的价值，又不抢风头。

1999 年 9 月，我迎娶了我的新娘。在我休婚假时，主管局派来一位新书记，其后未出两月便由新书记接任了老总。想必是一朝天子一朝臣，在进入新千年的聘期里，我的任命虽仍为办公室副主任，但少了总经理秘书职位不说，又委派了新的办公室主任。组织原则规定办公室主任必须是党员，我忽视思想上进步或可作为解释这项任命结果的间接原因。

原老总在任时一直与美国一家工业 500 强的企业洽谈合作引进新型环卫装备，这时有了新的进展，美方明确提出合作意向。于是主管局委任了局外经处长兼任厂长，由于处长对我尚算熟悉，于是履任厂长后就把我编入了新组建的筹建领导小组，负责营销方面的工作。

项目合作进展了半年有余，美方提出待市场做大看清发展前景后再考虑合资，前期只保持一种全权代理的合作模式，但中方受场地、资金等因素限制，做大目标颇有难度，在与美方谈判争取资源未果后，主管局决定将项目调整到其他企业运作，现有人员可随项目调动，主帅无心恋战回到主管局继续做机关处长，原内退的书记被召回接手中方厂长，我的人生在权力博弈中再次面临选择。

无奈之下，我只好继续留在中方厂部任办公室主任，后来还兼任了资产管理部部长。梳理中方与合资公司、下属三产等的投资关系、企业改制、资产剥离重组、人员安置等成了我主要的工作内容，这些与日常经营相去甚远的非主流问题，棘手劳神。工作与我的志向偏离得越来越远了，我的职业生涯也由此陷入了长达 4 年的低潮期。

人在顺境时对未来往往过于乐观，在不如意时又难免会陷入苦闷。但逆境也会促人更多地思考，因上级人事变动而对个人职业生涯产生如此巨大的影响，改变了我对职业发展的看法，深刻体会到单纯依靠努力工作获得某一领导认可的方法，并非是放之四海而皆准的成功法则，因为千里马常有，而伯乐难寻。

临渊羡鱼，不如退而结网。只有具备精深的会计专业技能才能在职业发展中拥有更多的主动权。但要真正从头做起，不仅需要明确的目标和切实可行的计划，更需要有坚韧不拔的毅力。2000 年 11 月，我参加了经济专业工商管理中级资格的全国统一考试并获得了经济师资格。接下来我又报名参加了会计专业技术资格考试。为树立信心、稳扎稳打，我计划在2001年报考经济法和财务管理两门。教材到手后，就制订了详细的分阶段学习计划，每天完成多少任务都有明确的指标，遇到工作忙确实完不成当天任务，就迫使自己在次日一定赶上，坚决不给自己任何借口。

当时中方办公室和资产管理部的工作并不繁忙，又因为学习的知识与工作相关，新厂长还是非常支持的，所以完成本职工作后，我还可以看看书，这也是我在中方呆了4年之久的原因。工欲善其事必先利其器，由此开始了在工作之余学习考试的漫长历程。

转年到了4月，注册会计师全国统一考试开始报名，为节约时间，我在下半年的注会考试中同样报了经济法、财务成本管理两科。我的稳步推进计划得到顺利实施，5月份参加的中级会计资格考试取得了优异的成绩。首战告捷令我精神大振，感觉每天学习到深夜付出的苦累一下有了回报。相比之下，在9月的注会考试中，我因经验不足而喜忧参半，经济法65分涉险过关，而财务成本管理却只得到29分。强烈的对比让我深刻明白了会计职称考试与注会考试两者之间的差距。

到了2002年，我如愿考取了中级会计师资格，但那年注会的会计考试却出奇的难，题量大得基本没人能做完，我做了80分的题目却幸运得到70分过关，而财务成本管理却再次折戟沉沙。2003年没有了会计师考试的牵绊，我一口气报考了注会剩余的三门科目。从2002年结束注会考试后不满一个月，我就找齐了当年的教材，进入全面备战。然而，原本想当年结束注会战斗的设想，却因忽略了财务成本管理的风险扣分制，在临交卷时涂上了一直拿捏不准的3道判断题，以6分之差再次与通过无缘，财务成本管理成为我心中挥之不去的痛。

2004年我顺利通过了注会的最后一门财务成本管理考试后，又将精力投入到会计专业的自考上，并于2006年12月以优异的成绩获得本科毕业证书。学习与工作的相互促进，让我认识到自己需要更高层次的深造，因此我将目光锁定于会计硕士（MPAcc）。而2007年12月圣诞前夜，考试的最终结果让我如愿以偿。进入2008年，按照设定的计划，我又通过了职称英语和计算机考试，为参加2009年高级会计师的评审也提前发表了3篇论文。

凡事预则立　不预则废

在提高专业知识的同时，如何更快地提升自身的专业技术能力成为我急需解决的又一个现实问题。从1998年到办公室工作后，我已多年不曾接触会计日常工作，虽然时常会根据财务部门提供的会计报表等数据资料做些财务分析，并且具有了会计师、经济师任职资格，但若想跳槽到一个陌生的公司重操会计旧业，相信投出的简历会如同石沉大海般，音信皆无。

恰在此时，在中方参与因德方转让合资公司股权的重组过程中，我又觅得了机会。这也正应了“谋事在人，成事在天”的俗语，若没有这些年抱定的“凡事预则立，不预则废”的思想，相信机会仍然会从我身边溜走。由于德方海外投资不利后开始进行战略收缩，打算将合资公司的股权全部转让，中方也打算随着德方撤资一起转让部分股权，于是合资公司最终在2003年6月被一家深市公司收购。作为谈判对手的我也因此认识了深市公司的部分高管，有道是不打不成交，经过这次交手，他们也对我有了认可和好感。

守得云开见月明，2003年11月，深市公司任命了合资公司新的老总，受原来重组谈判时高管的推荐，我重新回到阔别6年之久的财务部，虽然同事换了多半，但由于工作时经常接触，我和每位同事彼此间非常熟悉，次年我成为助理财务经理，主要负责公司的预算管理、财务分析、融资管理、会计稽核、内部审计等财务管理工作，协助经理对公司财务工作进行全面管理。

进入2006年，我的职业生涯发生了改变。我先是应聘到一家合资公司任财务负责人。颇为可惜的是，由于外方公司陷于财务危机，最大股东在项目尚未启动前就撤资退出，小股东在接收股份后根本没有实力和条件推动项目进展。于是我在其后的多次重整消息了无音讯后，也逐渐失去信心并打算离开。2007年10月，依照《杜拉拉升职记》里好公司的标准，我应聘到一家香港公司任财务经理。我所看重的是该公司的理念和文化，那就是积极且不失稳健，程序简明但不缺控制，非常适合财务人员的工作性质及定位。

至此，我终于找到了自己心仪的好公司。回头遥望过去，感觉此时的心境与彼时相去甚远。我的人生有过得意、失意，但并没有用彻底乐观或悲观的眼光看待现实世界。我认为人类社会是一个金字塔结构，不可能每个人都能登峰造极。只有给自己定一个适合自身能力的目标，才不会感到痛苦，才不会在人生的漫漫旅途中迷失方向。

（原载《财务与会计》〈理财版〉2009年第3期）

会计与爱情

王　芳

我原来是个生活在现实中的不切实际的女人，有点浪漫，不懂人情世故为何物。后来有一个朋友导入了会计概念，再后来我所从事的工作也带有了会计核算的性质，就逐渐迷上了这门学科。我渐渐分不清哪一个是真实的我，时而被激情牵引得心潮澎湃，时而又为现实所“折磨”。我分不清自己，但当我将激情与会计糅合了再糅合，竟然也奇异得浑然一体。

有人说爱情是无形资产，一开始我是把它当做固定资产的。我先构建了一个爱情仓库，准备用来存放牵挂、思念、心疼等，原想爱情只需付出就够了，可后来才发现，你只有支出，偶尔有点预收最终还是得支出。一不小心还会形成呆账死账，最后只能作坏账处理。我用了好长时间来进行财产清查才知道，是我作了错误分录，不符合“有借必有贷、借贷必相等”的原则，无借有贷如何走账？再后来我就把爱情定位为“流动资产”了。

有篇趣文说有个男人在离婚前将自己的“第二次握手”进行财政预算，先把结婚进行成本还原，发现如果再来一次得重做一遍工艺流程，所花费成本是原来的两倍，于是与妻子言归于好。我觉得这很有意思，就用损益表把自己的婚姻做了一遍：

主营业务收入：一纸婚书、一个家，家里有稳定的经济来源

主营业务成本：领了证书，离开了娘家

应交税金：结婚证是要交工本费的，还举行了结婚盛宴

其他业务收入：冬日暖阳，有了一个孩子

其他业务支出：整整损耗淑女形象达 10 个月之久

管理费用：你得收拾家、洗衣服、做饭

营业费用：上班挣钱、养家糊口

财务费用：理财得付出脑力劳动

财政补贴：有独生子女证，有公费医疗卡

营业外收入：忽然就多了好多亲戚，社会关系加大

营业外支出：人情增多

最后结果，你看：费用都是举手之劳，钱财又是身外之物，你可得净利润，（即家与孩子），还不用交所得税。也只有做婚姻，你的损益表才有利润，做其他都是亏损。只有在婚姻中爱情才是固定资产，你可以填满你的爱情仓库了——加班晚了，万家灯火中总有一盏是你的；病倒在床了，爱人为你端水送饭、无微不至。而当你虚增了收入、隐瞒了支出、付出了庞大的管理成本、负债率又在升高时，你的婚姻就面临破产了。

爱与被爱，普遍认为是被爱幸福。你想呀，总有人投资，还不收利息，你的账上总有余款，怎能不幸福？

不过，就像会计讲究借、贷方平衡一样，家庭的幸福也是靠爱与被爱的平衡来维系的。爱人者恒被爱，爱与被爱的平衡，不仅使家庭这张报表更加可靠，更加漂亮，同时也是幸福那张脸孔上不可缺少的元素。

你说是吗？

（原载《财务与会计》2005 年第 9 期）

离职感怀

夏泓凌

公司像一驾落满尘埃的马车在马路上行驶着，马路既不宽也不窄，路面既不粗糙也不平整。马车想快是快不了，但似乎一时也慢不下来。自己在公司已做了 15 年，在马车上呆的时间也太久了，可尽管这样，还是看不见路的尽头，也看不见马路由窄变宽的迹象。

有三个字——“走两步”一时很流行，这时的我不得不想，是不是该下车走走了？呼吸呼吸清新空气，心情舒畅地走两步？可我毕竟是公司里的元老级人物，是从起点站上车的乘客，大小也是个财务负责人。如果我下了车，对公司会有什么影响？对车上的其他乘客又会有怎样的触动？

我想，首先，对领导的号召力是个挑战。和领导合作了这么多年，什么事情都有商量，深厚的工作关系也建立了。我这一走，别人会不会说，这么密切的“战友”都走了，领导的魅力是不是越来越弱？这是我不得不考虑的首要问题。

其次，对其他职工会不会有负面影响？公司一直处于小步前进的状态，尽管待遇不是很高，但大家都还在努力工作。作为公司的财务负责人，我这一下车，他们会不会认为公司要走下坡路了？会不会影响到人心的稳定、人才会流失？这也是我不得不考虑的问题。

当然还有再次和再再次的问题要考虑，只是它们远没有以上两点来得重要，唯独没有考虑的是自己的下一步该怎么走。应该说对自己还是有信心的，所以没细想便去和领导商量。

我把自己的打算向领导作了汇报：一个人在一个地方呆久了，惰性就强了，这是很多人都存在的问题，我也不例外。我在公司呆的时间太长，现在做什么都轻车熟路，每天按部就班地工作，虽然没出错，但很少有提高，更谈不上有创新性思维了，这样下去对自己肯定是不利的，但对公司更不利，所以我决定还是离开。

领导考虑了一下说，可以。不过你要把你的后任选好，并带一段时间。

领导答应得那么痛快，带后任的事我一口应承下来。我当即根据公司现阶段对财务负责人的职责要求，起草了一个符合该岗位要求的职位描述，协助公司人力资源部门做好后任的选拔工作。对于如何让后任尽快熟悉工作，进入角色，我又作了如下安排：首先，我将把财务上的规章制度整理成册，交给后任自己熟悉，不清楚的地方再作解释；接手新公司的财务，最头疼的问题是业务流程不熟悉、人员不熟悉，我将把公司的发展历程、业务及运行情况详细介绍给后任；对财务上的一些非常规的事项，比如出口退税、软件产品申报等事宜，我会告诉他（她）都有哪些，需要注意哪些问题；为了让他（她）以后能更好地开展外联工作，我将陪他（她）一一拜会相关主管部门的主管人员；一些内部管理和核算的特殊要求和规定，我会向他（她）说明；我会把公司董事会以及公司主要领导对财务工作的特别要求，以及财务负责人在财务管理中日常要做的具体事情写出来；我还会把这么多年来从事财务工作的一些经验和感悟说给后任听，让他（她）从中能得到一些有利于工作的启示……总之，我将尽我所能，把自己感觉到的、熟悉的、掌握的涉及工作方方面面并对开展工作有利的东西都灌输给后任，使他（她）能够在很短的时间内熟悉公司的财务工作，尽快进入角色。

有了领导的许诺，也就等于车门打开了，于是我便下了车，这车下得很平稳。

很多事情我们都怕和领导说，怕领导的态度与你希望的相悖，怕自己被推上一个尴尬的境地。其实很多时候领导是通情达理的，只要你分析的对，只要你的决定不影响公司的大局，对个人的要求领导还是能给予理解的。

经常听到离职的人首先是把原单位的领导或老板及相关同事一顿痛斥，说老板刻薄待遇低、管得严压力大、活多得干不完、同事素质低工作环境差、没有发展空间屈了才，等等，但对自己的责任却只字不提。我想，一个人，作为社会的一分子，都有自己的责任。在你选择要离职的时候，应该想一想，自己的离去对曾经就职的单位会有什么不好的影响？那里毕竟是你工作过的地方，不顾一切地离职是对原单位的不负责，对自己的不负责，也是对共处多年的同事的不负责。一个没有责任心的人，一定负不起责任，也就什么事情都做不好，这样的人走到哪里都不会受欢迎。

我想，我今天是告别了CFO的职位，但我并没有告别自己的责任。

（原载《财务与会计》2006年第7期）

每一步，世界更宽一步

李曙亮

君是我的大学同学，学的是会计专业。

君的性格很特别。毕业前，为了写毕业论文，他买了本汉语词典，整天背，说是要增加词汇量；毕业时，别人都忙着找工作，他去办了张公交月票，花一个月的时间把市里的所有公交车都坐遍，说以后想到什么地方都知道该坐哪路车。

君很喜欢买书且精力过人。学习能熬整个通宵。

君也很会考证。毕业后一边在书店打工，一边学习，不到两年时间就拿到了注册会计师、律师、注册税务师三个资格证书。

1998年那阵子，注册会计师很吃香，很多大的会计师事务所都邀请君，但他证书虽多，却没实际工作经验，所以频频换所。因想找回自信，君凭着在学校时的拉业务功底和自己奋斗6个月考过的律师资格证，决定从事律师工作。于是辞去会计师事务所的工作，开始到处跑着拉案源了。每天早出晚归，跑了整整两个月。

一天，君找我，说干律师这行也不容易，接不到案子就没生活费，不像干注册会计师，最低也能拿个基本工资。不过没白跑，这两个月建立了很多客户关系。还说，已经找好了新的工作单位，是一家证券投资咨询公司，待遇不错，想稳定下来多干几年！

到咨询公司工作后，君像找到了自己的归宿。干得很踏实，因他参加过注册会计师证券期货资格考试，加上敏捷的思维和乐为人师的性格，在咨询过程中表现得游刃有余，一个改制咨询项目结束后，君得到了公司的重用。

因为公司能承接到比较大的业务，君的能力得到了锻炼。因为君的业务能力强，公司的业务也得到了进一步发展。不久，君就被提为业务一部的经理。当上经理后，他工作更加卖力，经常出差在外，白天在这个城市，夜里坐火车赶奔另一个城市，虽然很辛苦，但当他看到一家家的企业在自己的精心策划下改制成功，心里就有一种成就感。年终评比，业务一部的业务量在所有业务部中位居第一，春节时，君拿到了一个大大的红包。从此，君慢慢也自己为公司开拓一些业务，且干得有滋有味。然而，当有一天君从另一个业务经理那里得知，在年底红包中，君拿的是所有业务经理中最少的，对此君心里能够接受，因为毕竟自己加盟公司的时间最短。但让君不能接受的是，拿红包最多的竟然是只会吹牛，总是把业务做砸，让自己去做补救处理的业务经理。君一气之下，离开了该咨询公司。

离开不久，在A会计师事务所当所长的朋友邀请君做A所的合伙人，君又到会计师事务所工作，与以前不同的是，他不做具体的审计业务，因为拥有一定的客户资源，只做一些对外沟通方面的工作。

曾经沧海难为水。因为A所没有上市审计资格，君觉得小的年度会计报表审计给客户不能带来任何价值，反而会带来一些负担，他有一种预感，觉得这样做业务肯定做不长。于是君就与所长讨论A所的长期发展问题，所长表示想在以后找有证券审计资格的事务所合作，但是眼下面临的是不管能不能给客户带来价值，必须要巩固现有业务，解决事务所的生存问题，等有一些资本积累以后，再考虑做大做强。

君是急性子，他认为早一天转型就能早些占领市场，听到所长说要寻求具有证券资格的会计师事务所合作，就立即着手联系了一家有证券资格的B会计师事务所，B所刚好也拟开拓该地的业务，愿意与A所洽谈。

初次洽谈，非常顺利。当时B所正在组织业务培训，君为显示A所的业务实力，主动表示为B所做一次讲座。讲座那天，能容纳100人的会议室里坐得满满的，君讲的题目是《企业改组上市过程中的财务及审计问题》。说实话，做改组上市审计在B所里既有实践经验又有理论水平的高手很多，在这种场合做这样的专题讲座，有点班门弄斧。但在讲课的过程当中，会议室里不时响起阵阵掌声，这些久经沙场的高手们被君独特的思路和分析方法紧紧吸引住了。

合作的初步意向很快达成，经君的邀请，B所的有关领导安排人到A所考察。就在B所方面要来人的时候，A所的所长把所里的十几名注册会计师派到一个根本就用不了这么多人审计的项目上，自己也不愿出面与B所接触。没有办法，君只好打电话推迟了B所考察的日期。在与A所所长进行了一次长谈后，君离开了这家事务所。

事后，君把真实情况告诉了B所。B所极力邀请他到总部上班，并许诺了很高的待遇，但他婉言谢绝了B所的邀请，因为多次跳槽的经历告诉他，要想成就一番事业，就必须按自己的思路运作，给别人打工永远也逃脱不了别人思想的束缚。

不久，君就筹集了几十万元的资金收购了一家会计师事务所，经过近一年的整合，2004年秋天正式加盟了B所，成为B所的成员所。在当地其他一些小型会计师事务所门前冷落、生存都成问题的状况下，君的事务所凭借一些长年客户资源，凭着他为客户增加价值的服务观念，业务量不断增加。之后君又成立了一家管理咨询公司，人员招聘已经结束，正在对从业人员进行业务培训。

一次，我和君与B所总部的人一起吃饭，总部的人问他，为什么对企业上市改制业务研究得那么透，君笑了笑说："我是那种会思考但不会干活的人，因为我没干几天企业上市改制的具体审计工作，所以我能突破具体审计工作者的思维局限，做证券咨询使我对企业上市改制的认识上升了一个高度，律师考试又使我对法律有了全面的了解，这些能让我从全局的角度来思考一些现实的业务问题。"

现在，君的事务所已发展成为拥有40多名各种专业人才的事务所，服务领域也扩展到企业需要的方方面面。

飘逸了那么久，激情了那么久，也努力了那么久，君深有感触地说："努力可能会失败，但放弃则意味着你根本不可能成功。成功有时也很简单，为人为己，尽心做事，做自己喜欢和想做的事，如是而已。"

（原载《财务与会计》2006年第10期）

做个发现细节的有心人

闫辉群

读完《细节决定成败》一书后，感觉受益匪浅。作者汪中求先生通过大量真实的案例，深入浅出地论述了细节在做人、做事和管理中的重要性，给人以启迪和教育。一直以来，我们都倡导要树雄心、立大志、做大事，虽然也说做事要从大处着眼、小处着手，但在实际工作中却往往对细节重视不够，甚至把不拘小节、忽视细节当做做人的优点。汪先生的书令人信服并使我明白了，细节在成败中是至关重要的，细节往往决定成败。

什么是细节？如果把我们的成功做事比做大树，那么细节就是大树的一个根、一片叶，没有根，没有叶，大树也就无从谈起；如果把我们的工作目标、要完成的工作任务看做大事，那么日常工作中的每件小事甚至看似琐碎的事就是细节。细节是一种“拿着鸡毛当令箭”的做事精神，细节也是一种不需要领导分配检查的责任和自觉。看不到细节或者不把细节当回事的人，就会对工作缺乏认真的态度，甚至会敷衍了事。这种人只能永远做别人分配给他的工作，甚至即便这样也不能把事情做好。而考虑到细节、注重细节的人，不仅认真对待工作，将小事做细，而且注重在做事的细节中找到机会，从而使自己走上成功之路。汪中求在书中说“中国人从不缺乏勤劳，从不缺乏智慧，但我们最缺的是做细节的精神”，仔细想一想，汪先生的话很值得我们反思。

如同“使人疲惫的不是远方的高山，而是鞋里的一粒沙子”的道理一样，导致失败的原因不是事情有多难，而是最容易被人忽视的一些细小环节。回想书中每一个失败的案例，哪一个不是因为忽视细节而导致的呢？读过这本书后，我们仅仅认识“魔鬼的细节”还不够，还应学会发现细节、关注细节，做好细节性工作，从细节走向成功。

作为一名财务人员，十多年的财务工作经历使我体会到，财务工作是最讲求细节的工作种类之一。无论是对原始票据的审核、分类，还是对每笔账务的处理，每个细节都不能忽视，否则1%的错误就会导致100%的失败。一张支票打错了一个字，如果及时发现，作废的就只是一张支票，如果未能发现就会给日后的工作带来很大的麻烦；一个数据写错一位小数点就会造成不可弥补的损失或不良后果。

时代发展到今天，社会分工越来越细，专业化程度越来越高，精细化管理也逐渐取代了过去的粗放式工作，这就要求人们做事更加认真、注意细节。而今天的财务工作也早已不再局限于过去的单纯记账、报销等日常业务，开始向信息化管理型财务转变。而作为财务人员，就需要掌握多方面的财务政策，整合自己的专业知识，形成知识网络并在日常工作中发现细节、关注细节、做好细小环节的工作。

要始终保持对数字的敏感。唯有对数字敏感才能及时发现问题；唯有通过对数字的真伪辨别才能去伪存真，使后期的运算有效可信；唯有通过数字的变化才能看清本单位经济运行的“心电图”。而要想让自己经手的每一个数字、每一笔账务、每一张报表都经得起核对、复审和审计，就必须从细节做起。

要尽快实现“三个转变”。现代财务已不只是停留在归结和核算数字上，而是在向经营管理型、动态控制型和服务型财务转变。向经营管理型转变，就要求财务人员尤其是财务管理人员能够对单位的财务状况作深入分析并提出策略性建议，为决策提供重要依据和参考。因此财务提供的每一个数字都必须准确，即使数字在具体工作中也许只是一个小小的细节。做好“增收节支”也是财务的一项重要工作，而做好这项工作的关键依然体现在日常收支的细节上：一是要对单位的一切合法、合理的收入做到应收尽收，防止漏洞。二是要主动争取政策上以及上级的资金支持，扩大增收空间；同时要在预算管理的基础上树立抓节支就是抓收入的意识，在日常工作中严格执行财务一支笔审批制度，把握每一个开支细节，杜绝每一个浪费漏洞，把各项节约措施贯彻落实到每一个工作环节中去。向事前的动态控制转变，就要求财务人员特别是财务管理者严格执行财务预算，做到单位预算编制要细化，支出有预算，开支有标准。在预算编制过程中要尽量考虑到单位业务发展的需要，在预算执行过程中，还要随时加强动态分析。向服务型转变，就要求财务人员必须从细节做起，从本单位的发展、职工的切身利益角度考虑问题，及时提供有价值的信息，随时确保资金支持。为单位营造出安全、高效的财务环境。

要提高沟通能力和技巧。财务人员要善于倾听别人或别的部门的看法甚至是指责和抱怨，严于律己，采取既灵活又坚持的原则。要及时、有效地与上级主管部门、单位领导和员工、银行等进行沟通，及时交流意见、捕捉信息，以改进工作、提高效率，为单位的发展创造条件。

一心渴望伟大，追求伟大，伟大却了无踪影；甘于平淡，认真做好每个细节，伟大却不期而至。这就是细节的魅力，是水到渠成的惊喜。让我们每个财务人员都做个发现细节的有心人吧！

（原载《财务与会计》〈理财版〉2010 年第 7 期）

第四篇
追梦人生

让不可能变成可能

——记一位敢于有梦、追梦和圆梦的会计人

刘良伟

——2011年11月24日上午，中南财经政法大学首义校区中南楼八楼一间会议室内，2010级会计专业硕士学位论文答辩正在进行，随着主评委宣布他的硕士论文以优秀的成绩顺利通过答辩，他成为一名准会计硕士，那年他已46岁。

——2013年1月7日，湖北省人力资源和社会保障厅网站上发布了《关于2012年度正高职高级经济（会计、统计、审计）师评审结果的公示》。当年湖北省正高职高级会计师评审通过4人，他名列其中，成为一名准正高职高级会计师。

有谁能想到，初中未毕业就走上工作岗位的他，如今能获得知名大学会计专业硕士学位；初为“铁匠”的他，能成为一名具有正高职高级会计师资格的专业人才。中铁大桥局集团有限公司财务部预算科科长——戴国华，敢于有梦、不负人生，勇于追梦、持之以恒，善于圆梦、脚踏实地，这就是他三十年来有梦、追梦、圆梦的真实写照。

从初中生到会计专业硕士

戴国华来自苏北农村，生性顽皮，年少时期是在养猪、放鸭子、做农活中度过的，最多的时候一年挣过600多工分。在那个“少年不知愁滋味”的年纪，日子并不算艰苦。

十七岁那年，父亲为了让他日后能有个“铁饭碗”，执意让其顶替自己上班。于是还未成年的他只身一人来到江西九江，在异地他乡的原铁道部大桥工程局（后改制为中铁大桥局集团有限公司，以下简称大桥局）船舶管理处当了一名锻工，俗称“铁匠”。做一名锻工并不容易，除了要忍受恶劣的工作环境，还要学会看图纸打铁。由于文化水平低又缺乏经验，大部分图纸他都看不

懂，工作起来别提有多费劲了。

“书到用时方恨少，事非经过不知难。”那时的他是多想重回学校把落下的功课都补上，但现实已不能满足他的愿望。正在失望之际，一个政策燃起了他求学的希望。当时大桥局为鼓励职工继续学习深造，为考取原铁道部系统内大中专院校的职工提供在职带薪学习获取文凭的机会。尽管刚上班就被单位列入文化课不达标的补习对象，戴国华还是做起了带薪学习的梦。

1984 年春节是戴国华人生中第一次离开家人单独度过的，也就是在这个时期，孤独、寂寞的他暗下决心，不能这样荒废人生。“黑发不知勤学早，白首方悔读书迟。”要强的他从每月仅有的 20 多元生活费中省下钱来购买了大量的书籍，走上了漫长的自学之路。白天，他要承受高炉的烘烤；晚上，筋疲力尽的他还要坚持 4 个小时以上的学习。有不懂的地方他就请教子弟学校的老师，有时还去旁听老师的课。那时候，为了丰富职工的文化生活，单位每周五晚上放映露天电影。在那个年代，对于地处九江偏远郊区的年轻职工而言，这是让他们最为期待的事，可以帮助他们暂时忘掉生活的艰难和身体的疲惫。然而，抬头透过窗子就能看到电影屏幕的戴国华，却用报纸糊住玻璃，用棉球塞住耳朵，坚持自学，自始至终没有看过一场电影。之所以如此坚持，是因为他相信有苦才有甜，这是儿时父母就告诉他的话。功夫不负有心人，他花了两年多的时间终于自学完初中和高中的所有课程，并于 1986 年 9 月，经过单位预考和铁道部统一招生，如愿以偿地成为铁道部所属的山西祁县一所职工中专学校会计专业的在校生，圆了自己的第一个梦。

当时，有个中专文凭已是让人羡慕的事，但他却没有停下脚步。入学后当他了解到通过自学考试也能取得国家承认学历这一消息后，他又有了新的梦——取得会计大专毕业证书。可想想现实，自己连高中的门都没有进过，能行吗？同学们也劝他，考大专哪是那么容易的事，算了吧。然而，戴国华就是有股不服输的劲儿。他告诉自己，世上无难事，只怕有心人，他毅然踏上新的征程，开始自学大专的课程。

边上中专边自学大专的课程不是一件容易的事。但钉子是敲进去的，时间是挤出来的。他除了课堂上认真听讲外，基本上是完成作业后才离开教室。晚上和节假日，他通常是在图书馆度过的。有一天晚自习时，他竟忘记了学校教学楼的关门时间，等他想要离开时才发现门早已锁上了，他干脆就在里面学了个通宵，虽然冻得直打哆嗦，但饱满的学习激情还是为他增添了几分温暖。戴国华说：“我无时无刻不想着学习的事，已经到了‘痴迷’的地步。”在这个过程中，有一首歌伴随他度过了许多的日日夜夜："寂寞的鸵鸟，总是一个人奔跑。孤独的飞鹰，总是愈冷愈高。年轻的心中，什么事都难不倒，拿出豪情努力做到好。"

辛勤的付出终于有了回报。1989 年元月，他不但中专毕业时所有会计专业课程都在 85 分以上，而且自学考试也取得了令人满意的结果——总计 12 门会计专业大专自学考试课程他取得了 11 门合格的好成绩。同学的羡慕，老师的夸奖，让他沉浸在无比的喜悦之中。

之后戴国华回到原单位九江工作。因为不能继续在山西完成最后一门大学语文的自考课程，他只能通过转考的方式从山西转到江西继续考试。"我现在还记得在南昌省自考办办理接收转考的那一天，等到办理完手续后，赶上晚上最后一趟回九江的火车，加上火车晚点，到九江时已经是凌晨 1 点，到早上 3 点半时，我才徒步走到单位宿舍。"他说，"虽然比较累，但想到转考手续已办理成功，又可以在江西继续参加自学考试，累的感觉瞬间荡然无存。"怎一个"痴"字了得!

古语说，"天将降大任于斯人也，必先苦其心志，劳其筋骨"。回到九江以后，正当戴国华设想着以后的安定生活时，1989 年春节刚过，一张调令将他派到船舶管理处广东肇庆船舶一队当了一名会计员。用他的话说："虽然从此与会计结缘，但却在漂泊和流动中开始了我的会计征程。"在艰苦的工地他没有中断学习。1989 年 12 月他托人在九江报名参加江西省大学语文自学考试，终于利用休假的机会，在 1990 年 4 月顺利通过了这最后一门课程，取得了梦寐以求的会计专业大专毕业证书，圆了自己的第二个梦。

一切似乎是上天的有意安排，就在看似可以歇口气时，那一年，广东开考了会计本科。在戴国华看来，这无疑又是一次机遇。"千秋邈矣独留我，百战归来再读书。"1990 年，他又一次起帆远航，报名参加了会计本科自学考试。工地的生活枯燥无味，但有了自学考试的支撑，他的内心十分充实。每当夜深人静时，在工棚里简陋的办公桌前，孜孜不倦地从书本上寻找乐趣，他感到十分满足。在参加高等数学（二）自学考试中，为了弄懂课本知识，他反复做了大量试题，考试结束后，他整理用过的数学稿纸，发现竟有一米多高。

当剩下最后一门英语考试时，由于工作调动，他再次回到九江。当年，江西还未开考会计本科，需要回广东考试。自学英语对几乎零基础的戴国华来说比登天还难。他前后共报了三次名，最终都以失败告终。同时，由于后来课程的调整，增加了一门会计信息管理系统课，他想圆这个梦更难了。考试路途的遥远、工作的繁重，加之英语考试的难度，他不得不选择暂时放下，但这块“心病”总是困扰着他。有时他梦见自己取得了本科毕业证，欣喜若狂，可梦醒之后回到现实倍感失落，宁愿这场梦永远不要醒来。其间的彷徨和苦闷，别人是无法体会的。他提醒自己，不能就这样放弃，要坚持、坚持、再坚持。宝剑锋从磨砺出，梅花香自苦寒来。正是有了这样的精神支撑，他相继于1998年和1999年通过信息系统和英语课程的考试，2000年完成会计本科论文答辩，取得了暨南大学本科毕业证书。为了圆这个梦，戴国华用了整整10年的时间。当拿到毕业证书时，他泪流满面……

他的这段刻骨铭心的自学经历，是常人无法想象的。山西、江西、湖北和广东四省，都留下了他奋斗的脚步。对他而言，用“痛并快乐着”来表达自己的感受，最贴切不过。

此时的戴国华可以说已是身经百战，具备了扎实的基础和丰富的考试经验，在妻子的鼓励下，他再接再厉，2010年以45岁的年纪通过会计专业硕士学位全国入学考试和复试，成为中南财经政法大学会计专业的一名新生，攻读硕士学位。他开始了第四个圆梦之旅。

在回顾过往时，戴国华给记者讲述了一个小插曲：为了补习英语，他报名参加了一个培训机构的课程。上第一次课时，当他走进教室，原本喧闹的教室一下子安静下来，原来大家都以为老师来了。等他默默地走到自己的位置拿起课本时，大家才明白过来。此时的他脸已经红到了耳后根儿，恨不得找个地缝钻进去。说罢，戴国华哈哈大笑起来。然而这笑却让记者心生感触，要经历怎样的人生，才能拥有今日的淡定？

从会计员到正高会计师

戴国华的会计生涯是从1989年任广东肇庆船舶一队的会计员开始的。1992年作为当时单位仅有的三名取得会计专科文凭的同志之一，他被调回船舶管理处财务科工作。从做出纳开始，他先后在成本管理、材料核算、费用报销和报表编制等多个岗位任过职。通过看凭证、阅报表、不断向师傅们请教，很快他就成为单位财务科的业务骨干，并于12月份被单位聘为助理会计师。1994年他以优异的成绩通过全国会计专业中级职称资格考试，成为一名准会计师。滴水穿石，不是力量大，而是功夫深；成绩优良，不是天资高，而是刻苦学。此言是已。

机遇总是垂青有准备的人。1995年8月，他迎来了会计人生的一次机遇。

经过单位预赛，他和另外两名同事组成代表队参加了大桥局会计知识大赛，并不负众望取得团体第二名的好成绩，还拿了个人第三名的奖项，有幸入选大桥局会计知识大赛集训队，为参加 10 月份由铁道部举办的“全路工业、施工企业会计知识大赛”做准备。10 月份的大赛共有 32 支代表队参加，竞争激烈、强手如林，他作为主力队员和队友们一起顽强拼搏，最终脱颖而出，取得团体预赛第三名、决赛第四名的好成绩，为大桥局赢得了荣誉。在这个过程中，他业务水平得到了很大的提升，因此被大桥局和中国铁路工程总公司评为“先进会计工作者”。

1996 年 7 月，由于工作上的出色表现，戴国华被单位聘为会计师不久，被借调到国家重点工程——京九铁路九江长江大桥指挥部工作。地不耕种，再肥沃也结不出果实；人不学习，再聪明也不能进步。为了进一步提高自己的业务能力，戴国华做起了注册会计师的梦。大家都说这个考试太难了，通过率极低，但他坚信勤奋是成功之母，于 1997 年报考了三门注册会计师的课程考试。刚开始的时候，他还信心十足，可坚持了一个多月后，孤独寂寞、枯燥无味的备考生活让他直想退缩。但是回想自己追梦的经历，觉得在那么艰苦的条件下都挺过来了，眼前的困难完全可以克服，又鼓起勇气继续前行。苦心人，天不负。在房间里和书本厮守半年有余后，他终于收获了三门课程考试通过的喜讯。学贵有恒，第二年，他又继续努力，报考了剩余的两门课程。1998 年，长江流域突发特大洪水，在参加注册会计师考试的那一天，由于道路被淹，他凌晨 4 点就起床了，徒步走了很长一段路才坐上公交车，刚赶到考场时开考铃声就响了。有志者，事竟成。他最终通过了注册会计师考试的全部科目，又一次体验了圆梦的艰辛和喜悦。

1999 年，财政部首次规定大型国有企业年度会计报表编制完成后，必须委托会计师事务所对其进行审计并出具审计报告。在大桥局财务处负责报表编制的他第一次品尝到配合审计工作的辛酸苦辣，了解到会计人员对外审工作缺乏理解的现状，也体会到审计人员在有限的时间内寻找审计依据的艰难。之后，善于换位看问题的他一直在思考如何才能提高审计报表质量的问题。2001 年年初，他把自己的一些想法写成文章，投给《财务与会计》编辑部，得到责任编辑的充分肯定，认为该文章具有独创性，被采用。同年，他顺利通过了高级会计师资格评审，并于当年受聘成为高级会计师。

应知学问难，在乎点滴勤。从那以后，除了尽力干好本职工作外，他坚持论文写作和课题研究。他撰写了 40 多篇有关投资、融资、资金和会计核算等方面的文章，陆续在《财务与会计》、《中国审计》、《中国内部审计》等刊物上发表，其中多篇文章获奖。戴国华不光写文章，还希望能做到理论联系实际，最大限度地发挥其科研价值。在大桥局桥梁机械厂从事内审工作期间，他以自己的《工程项目终结审计几个问题的体会》和《对大型非标产品终结审计的几点思考》为蓝本，在工厂全面推行项目终结审计，这一举措最终起到控制项目收尾支出、减少效益流失的作用。特别是在当初中央企业经济责任审计尚处于探索阶段时，他结合企业实际，对经济责任审计进行了有益的探讨，以《中央企业经济责任审计若干问题的探讨》为题，提出了被审计对象如何确定、经济责任审计内容如何界定、绩效审计与经济责任相结合、审计期间如何界定等六项经济责任审计建议。这些建议在后来相关部门制定经济责任审计实施细则时得到充分体现，起到良好的效果。在课题研究方面，他先后主持和参与了五项课题研究，其中两项荣获中国铁道财务会计学会课题研究成果一等奖。

2005 年，湖北省在全国试点正高职高级会计师评审。这一消息对他来讲，既是机遇也是挑战。他知道，对他来讲，正高评审可谓是自己追梦旅程中的又一座高峰，登上它自己将会在一个新的高度领略人生不一样的风景，而如果知难而退，自己就只能在原地徘徊。于是，他又一次为自己定下了冲刺正高的目标。

岁月不居，天道酬勤。2011 年因为自己的精心准备，他一次性通过了职称规定的计算机四个模块的考试。2012 年 4 月，以超出合格线 9 分的成绩顺利通过全国职称英语 A 级考试。对别人来讲，也许这 9 分是一个很小的分值，不值得一提，然而对于英语几乎从零开始的戴国华来讲，是应该感到欣慰的成绩。同时，由于自己坚持论文写作和课题研究，在正高评审面试时，他充分展现了自己良好的理论素养和前沿意识。当主面试官宣布他以 87 分的成绩通过面试后，戴国华说自己当时的心情无法用言语表达，只能在嘴里喃喃地说“谢谢，谢谢……”。2013 年元月，戴国华等到了自己评审通过的消息，那是对他多年努力的一种莫大的肯定。后来据一位知情人士透露，在评审会上，竟然有专家不相信他能做到这些，怀疑这么多的文章发表、这么多的课题获奖，是否有造假行为。听到议论的他嘿嘿一笑，但心里却五味杂陈，既酸楚又欣慰。

从小“铁匠”到财务管理专家

坚忍不拔的毅力，不仅让戴国华获得11本资格证书，更重要的是使他从一个小“铁匠”变成了一名优秀的财务管理专家。他曾经的领导说，1992年刚到财务科上班时，他连会计凭证都做不好，今天能有如此成就，真是不可思议，但回顾他的成长经历，又不得不佩服他的学习精神及对工作的态度和热情。

戴国华说，自己做会计工作的时候是很较真的。有一件事他至今难以忘怀。“在船管处工作时，按单位差旅费报销管理规定，单位‘一把手’出差期间乘座轮船一等舱要降等报销。有次春节前，处长从九江乘船去武汉出差，由于春运期间船票紧张，只能买到一等舱。处长出差回来后秘书到财务科来报销。当时负责报销的会计请示我该怎么办，我说按制度办，制度怎么规定的就怎么办。当时那位秘书非常不理解，说制度是死的人是活的，为什么不能通融一下？我当时什么也没说。过了几天，科长跟我说，处长夸奖我了，说我做得对，财务科有这位坚持原则的会计，他就放心了。”记者调侃他说受了夸奖是不是觉得特别有面子，他淡淡地一笑，说这些都无所谓，关键是有领导的支持和理解，会计工作才能做好。

在学习上不断取得进步的同时，戴国华还一直在思考如何将所学到的知识运用到工作中来。1995年，在充分调查研究的基础上，他向公司领导上报了《基层单位推行独立核算，实行资金集中管理》的调研报告，陈述了一些创新设想，得到领导的高度重视并责成他负责实施。当年，公司取消基层单位20多个银行账号，只保留财务科对外户头，资金得到集中管理，同时，实施独立核算后，通过财务等指标对基层单位进行考核，提升了基层单位工作的积极性和主动性。从年终报表可以看出，公司的财务状况明显好转，超额完成大桥局下达的年度各项指标，得到领导的充分肯定。在公司年度管理年会上，他提交的管理课题还获得了二等奖。

在担任九江长江大桥指挥部财务科科长期间，他除了负责正常基建会计外，还要负责清理1970年以来的所有财务账目。为了完成这项艰巨的任务，他泡在办公室内，找文件，查依据；往返南京、武汉多地与设计院和往来单位核对账目，将工程概预算与验工计价进行核对，将验工计价与施工单位收入进行核对。为了提前完成清理工作，确保清理质量，他利用计算机的相关知识，花了两个多月的时间，在DOS操作系统下，开发了“九江大桥分项目验工计价与财务对账系统”，把27年的所有财务账目的来龙去脉弄得清清楚楚。正因为有了前期细致而艰苦的工作，九江长江大桥工程项目顺利通过了1999年政府部门的终结审计。这也是对他两年多来工作的最好回报。

在桥机公司担任副总会计师、审计部长兼法律事务部主任期间，他信奉“工欲善其事，必先利其器”的原理，先后制定并实施了《审计工作规范及实施细则》、《财务收支审计实施办法》、《工程项目审计办法》等20多个规章制度及办法；主审内部审计项目23项，提出建设性的建议35条，全部被公司采纳，创造经济效益200多万元；在取得全国法律顾问资格证书的同时，受公司法定代表人委托，作为诉讼代理人，代理诉讼纠纷10多起，挽回经济损失300多万元。

2007年，中国铁路工程总公司启动上市程序，命名为“宏图项目”。作为大桥局“宏图项目”财务组主要成员及联络人，那一年他起草下发的“宏图项目”财务相关文件通知有80多份，利用OA系统累计发出的广播消息上千条，以致后来得到“戴喇叭”的绰号。特别是在尽职调查期间，他收集整理的书面资料超过1.5米；配合中介机构审计和评估的电子资料达2G。经历了巨大的压力、无数次交办事项的繁琐和身心的疲惫，在工作完成后戴国华感到如释重负，“只想睡个囫囵觉”。

在大桥局财务部工作至今，从财务科长到预算科长，戴国华先后起草了《融资管理办法》、《业绩考核办法》、《担保实施细则》、《全面预算管理办法》等10余项制度和办法；他负责预算、融资、产权、绩效、双清和改革改制等相关财务工作；参与了企业会计制度转换、新旧会计准则转换，以及大桥局《内部审计实务手册》和《资金结算中心操作实务》的编写；几次作为主讲人向集团各级领导和相关人员宣贯全面预算管理知识、国有企业产权管理操作实务等，得到大家的肯定。

不积跬步无以至千里，不积小流无以成江海。2010年，戴国华因被《财务与会计》评为“创刊30周年优秀作者”，作为特邀嘉宾参加了在北京举办的“庆贺《财务与会计》创刊30周年”座谈会。这次座谈对戴国华来讲最大的意义莫过于能亲耳聆听时任财政部副部长王军、部长助理朱光耀、中国总会计师协会会长刘长琨、中国注册会计师协会秘书长陈毓圭以及财政部部分司长和部分高校教授对财务和会计的独到见解。这是他生平第一次与这些领导和专家面对面接触，感到是一辈子的荣耀。

如今，戴国华已经在科职岗位上足足呆了15年，其间有多次机会离开大桥局到条件更优越的单位去，但他却都选择了放弃。例如，2003 年，有一家大型制药集团的总经理和总会计师和他商洽，希望他能到其下属的子公司任财务总监，年薪 10 万元，同时愿意安排他妻子到公司人力资源部工作，这对于当时月薪只有 2000 元、妻子毕业尚在为就业发愁的戴国华来讲，无疑是巨大的诱惑，可他还是当面婉言谢绝了。问及原因，戴国华说："一路走来再回首，我思绪万千。30 年来，是大桥局这片沃土培养了我，也是大桥局给我提供了锻炼的机会，使我的会计梦一个个都能实现。尽管我走的这条路坎坷艰辛，但在大桥局我感到非常满足。"

当记者问及一路走来有没有什么遗憾的时候，戴国华说唯一的遗憾就是感觉对不住家人。特别是近七年，自己经常早出晚归，妻子几乎承担了所有的家务，他大部分时间只能看到熟睡中的儿子。但他说，人要选择，必然有取舍。一个好的会计，就是在得与失中锻造出来的。

这就是戴国华，一个普普通通的会计人，却有着不平凡的会计人生。"业精于勤，荒于嬉；行成于思，毁于随"，戴国华说他时刻用这段警句提醒自己，学无止境，不断攀登。在他看来，从事会计职业只有起点，没有终点，要敢于不断地有梦、追梦、圆梦，挑战人生，让不可能变成可能。事实证明，他已经做到了，在他的面前，一个一个的不可能都变成了可能。在民族复兴的大潮中，希望千千万万的会计人能顺应时代的召唤，像戴国华一样勤奋而勇敢，敢于有梦，勇于追梦、圆梦，在成就自身的同时，共圆中华儿女的"中国梦"。

（原载《财务与会计》2013 年第 11 期）

在追梦中实现人生价值

梁淑玲

如果有一天我当了会计

我对会计的最初认识源于儿时的记忆。公社、大队、生产队曾是乡村的三级组织机构，在我幼年懵懂的记忆里，生产队长是最大的官，其次就是会计，我们当地曾有“大队长二会计……”的顺口溜流行。在我的印象中，父亲耕地打场样样精，母亲也是很棒的劳动力，但我们家几乎年年透支。记得有一次三叔来我家串门，谈起我家年年透支的事，三叔说：“哥哥、嫂子，你们家和大队会计家的人口一样多，劳动力相当，出勤天数也基本一致，嫂子甚至比会计的老婆还能干，怎么会计家年年能分红，而你们家却年年透支?”憨厚的父母听三叔这么一说，顿时恍然大悟：“老三，你是说会计的账目有问题……”父母和三叔的这番对话被在隔壁做作业的我听得清清楚楚，我当时就暗下决心，如果有一天我当了会计，一定要公平算账，决不弄虚作假。

成为一名财务会计专业的学生

1992 年，我收到了高考录取通知书，成为一名财务会计专业的学生，两年的中专生涯让我对会计有了新的认识。当老师给我们讲“老会计为账面上一分钱的差错而通宵不眠”、“会计，当而已矣”、“注册会计师考试”等问题时，我知道做个会计不容易，不仅要诚实守信，还要不断学习、终身学习。老师还经常说，会计最根本的任务就是要如实反应企业的经营状况和对外发布真实的会计信息，保证会计信息能够在利益相关者作出决策之前发挥应有的作用；“反映真实的信息”是做好会计的第一步，同时还必须具备良好的职业素养和高超的专业胜任能力、立足于职业道德之上的职业判断能力，等等。老师的话让我感觉到，能当个会计也算是个人才。中专学历能担当此重任吗？我的心底泛起了嘀咕。哲学老师最喜欢说的一句话就是："道路是曲折的，前途是光明的。"他经常给我们讲学哥、学姐成才的故事，并告诫我们学历低不要紧，关键是要踏踏实实地付出努力；学历充其量就是个敲门砖，随着技术、知识的更新，你很快就会发现，在学校学的东西已经落伍了，我们不要和别人比学历，而是要比持之以恒的学习能力。我把老师的话深深记在了心里。毕业时，我对自己说，要努力学习，不断追求，成为一名高素质的会计人才，不辜负老师的期望。

我当上了"会计"

1994 年我搭上了计划分配的末班车，成为一名基层财政工作者。我分配的年份，正是计划经济向市场经济的转型期，原来学的知识大多已派不上用场。因此，在工作之余，我如饥似渴地学习新的财税、财会知识。踏上工作岗位不久，我就被别人尊称为"会计"，直到现在，我还常常被别人称"梁会计"。说实在的，在财政部门工作，几乎每个新人都做过会计，但与企业会计相比，那点工作，是没有什么值得夸耀的。为了对得起"梁会计"这个称谓，我开始了自己的考证之旅，先后取得了会计专业自考专科和成人高考本科学历证书。令我欣喜的是：自考，高数（一）考了 96 分，成考，高数（二）考了 142 分，其实分数并不能代表一切，但它却从另一个侧面反映了我的学习能力。拥有良好的学习能力，是我欣喜的真正原因。在此期间，我还取得了注册会计师考试《会计》和《财务管理》单科合格证书，晋升了中级职称。为了掌握会计改革的新政策，督促自己加强学习，我 4 次参加会计专业技术资格《中级会计实务》的考试，并取得了理想的成绩。2012 年我通过了高级会计师资格考试，2013 年顺利通过了评审。

"工欲善其事，必先利其器"。考试只是手段并非目的，考试不仅让我获得了几个资格证书，更重要的是提升了我的专业学习能力。考试让我及时掌握了最新的财税法规政策，让我在工作中拥有了主动权。在考试——实践——考试的不断循环往复中，我学会了驾驭数字、"让数字说话"。从最初对数字的头疼、厌烦，到对数字的内涵与外延有了更深刻的体会，我开始对数字牵肠挂肚。我明白了一串串枯燥的数字背后，映射着财政人的价值选择、执政理念，蕴含着国家的兴衰、民生的期盼、百姓的冷暖。

做一名高素质的"会计"

做一名高素质的"会计"，首先要学做能者，而作为能者，就要学有所长，干有所专，技有所精。

在准备高级会计师职称论文的过程中，我爱上了业余写作。在中国会计视野网站还有中国财政杂志社组织的征文活动中，我撰写的《内审，掀起你的盖头来——一个外行人眼中的内审》、《财税改革与家乡之变》等文章都获了奖。这些成绩的取得，让我在通向能者的路上多了一份自信与勇气。

有了这份自信与勇气，我试着把自己的理论研究应用于实际。在台儿庄区国有资产管理局任职期间，我以自己在《财务与会计》（理财版）上发表的一篇文章——《和谐内控：把握两个度　设立三道防线》为蓝本，对全区的国有控股、参股企业推行了一系列监管措施，形成了较为完备的监管机制，一定程度上减少了国有资产的流失。

做一名高素质的“会计”，还要学做智者。作为智者，除了要有一技之长，还要有正确的价值观和高尚的道德情操，并乐于奉献。

我所在的岗位要与上百个企事业单位的财务人员打交道，这些财务人员经常会在财务处理方面遇到这样或那样的难题。每当他们求助于我时，我总是尽心解答，乐此不疲。在帮助别人的同时，自己的业务水平也得到了提高。自从我的文章见诸于各期刊报端，一些财务人员在论文写作上遇到难题时也喜欢向我求助，我也是有求必应，尽己所能，给予帮助。

说实话，写作是个苦乐相伴的差事，既有“灵光乍现、思如泉涌”的欣喜，也有“两句三年得、一吟双泪流”的煎熬。但是，写作让我学会了思考与总结，学会了换个角度看问题，也让我收获了成功的喜悦。还记得第一次收到《财务与会计》寄来的样刊时，我欣喜若狂，当时的感觉，不亚于范进中举、梁灏登科。随着知识层面的拓展，业务水平的提高，我的视野不断开阔，驾驭文字的能力也逐渐增强，先后在《财务与会计》、《中国财政》、《中国纪检监察报》、《中国会计报》、《中国审计报》等纸媒上发表作品20余篇。

作为会计人来说，这也许算不上能者、智者，但在追寻能者、智者的道路上，我会一直走下去，在追梦的过程中实现自己的人生价值。我还希望有更多的青年才俊加入到会计队伍，成为会计领域的能者、智者……面向时代、国家、社会的需求，发挥他们的聪明才智，踏踏实实做人，勤勤恳恳做事，在兢兢业业的奋斗中实现人生的价值与追求，谱写出“中国会计”的华彩乐章！

（原载《财务与会计》2013年第7期）

说时依旧

唐　城

我一直以为，注册会计师是一个我可以做一辈子的职业。现在，我的注册会计师执业生涯已经进入了倒计时。面对即将到来的告别，我想带着微笑，告诉它：我是真的爱过你。

（一）

年少时的我因为家庭的关系似乎有点自闭。高考填报志愿，我想学考古，或是学植物，因为这样可以减少与人的接触。但是母亲不同意，她直接找了班主任，为我选择了“会计学”。

尽管是百般地不情愿，我的大学生活还是就这样开始了。虽然靠着每周六次的家教收入，我有相当一部分时间花在了和同学结伴出游上，但是对于学习，我还是有着自己的算盘，那就是对我一生不会有大影响的学科，达到最低标准即可，但专业课则万万不能马虎，这与兴趣无关，这是饭碗。秉承着这一“原则”，四年下来，在我的成绩单上，诸如微积分、数理统计、哲学等没有超过 70 分的，而工业会计、成本会计、西方会计学等，都在年级前三名之内。

读书的那几年，正是中国注册会计师事业的恢复和重建时期。注册会计师到底是什么？和审计有什么区别？和会计有什么区别？没有人告诉我，只是听老师说，在美国，这是最难考的一个资格，一旦考取它，这辈子大概就不会失业了。这就是最初我对注册会计师的印象，只因为它是最难考的，我想总有一天我要考过。

毕业分配时，因为感情，我去了山东一个美丽的海滨小城。最初是做出纳，兼做食堂会计。工厂在城郊的山上，做预制件。白天依靠发电机发电，晚上下班后没有电，山上就我一个女孩，和民工住在简易宿舍，点了半年的蜡烛。

秋天来了，山上有很多野兔，摘了芦苇插在啤酒瓶中。

冬天，下着雪，裹在棉被中，单放机没有电池了，就想象着音乐在小屋里流淌，黑暗中哭了。

没有音乐，没有希望，只有爱情。

（二）

生活的转机，来自一个不起眼的机会。

1993 年 7 月 1 日起，企业执行新的《企业会计准则》和行业会计制度，新增加的一个报表就是财务状况变动表。厂里财务科长交给我去做，这对我而言不难，西方会计学是我很用心学的一门课，尤其是财务状况变动表的编制。再说我们这种小企业，本身就没什么复杂的业务。点着蜡烛忙了一个晚上，第二天早上一上班，我就把报表交给了科长。

没有任何征兆的，过了几天，公司来电话通知我去公司财务科上班。

事后我才知道，全局十多个二级公司，再下辖三十多个三级企业，只有预制件厂编出了财务状况变动表，局财务处大为吃惊，问公司如何编，公司不知，又问至工厂，而科长也不会，这时，我这个小出纳才浮现在大家的眼前。

新的工作是内部银行结算中心，依旧没有什么挑战性。半年多的时间里，做得最多的，还是每个月帮公司财务科长编报表，汇总下属各企业报表，写财务分析，算盘水平倒是大有长进。

二姐看我闲时较多，建议我去考研究生，但我不想离开男朋友。我说，我不想读研究生，我要考注册会计师。

1994 年，中国开始了注册会计师资格考试。待我知道时，已过了报名时间。

1995 年 7 月，在我大学毕业两年之际，我调至公司下属建筑分公司做财务科长。那一年，去财政局报名参加注册会计师考试，财政局会计科的科长劝我，考这个有什么用？还不如有个中级职称可以涨工资。我笑了，不想和他多说。

当时对自己没有信心，只报了两门，《会计》和《财务管理》，但买了全套教材。我想如果能考过一门，我就会接着考下去，否则，我就放弃，安心做个小会计。最后的结果还不错，《会计》这一科顺利过关。接到成绩通知的第二天，我就开始准备其他几科。

但是，我的工作很不开心。建筑行业拖欠工程款是很严重的，一方面我要到处去收钱，另一方面办公室里挤满了要钱的包工头。经理为了业绩要做假账，我还要为经理的小金库想办法，要应付局里审计的人。而同时，辛苦建立的财务管理制度无法得到执行，到处是关系网，不小心就碰上，不经意间就得罪了一些人。甚至，我在工作之余看考试教材，也被反映到总公司，说我不安心工作。

那时，男朋友已经变成了老公，看我不开心，他也着急。在我准备注册会计师考试的八个月里，他每晚不看电视，陪着我读书。早晨，他拉我去散步，山上桃花开了，一片粉色，树下他帮我复习前一晚上的功课；或是去海边，看太阳跃出海面，然后买几只刚打上来的海蟹回家，每次总是买五只，如果我功课回答不对，只可吃两只蟹子。

冬天，下了大雪，建筑公司不开工，我窝在家里，闷闷不乐。大学同学说半个月前他们那里已经通知了注册会计师考试成绩，可是，我呆在北方这个小城中，还要等财政局的人去省城拿成绩。

晚上，老公下班回家，吃完饭，他说："今天下班前，我给财政局打了个电话。"

我无法呼吸，怯生生地问："有结果吗？"

"他们说你一门也没通过！"

"……"

"你别这样，别哭别哭啊，我是骗你的，你全部都考过了！"

那一天，我足足哭了两个小时。以后，有朋友问我当时的感觉，我说怎么就像是范进中举啊！

这个城市中有两家会计师事务所，一家是财政局开的，另一家是审计局办的。在我每个月去政府大楼向统计局、财政局、税务局交会计报表时，我已经把这个大楼里的单位搞得一清二楚了。

以为考过了注册会计师，就像穷人口袋里有了银子，敢去买几粒黄豆吃了。那个月去财政局交完报表，我就转到会计科隔壁的事务所。办公室不大，坐了几位老同志，看我探头探脑的样子，一位老太太很严厉地问我："你是来买报表吗？"

"不是不是"，我涨红了脸，连连解释，"我是想问一问，你们现在招人吗？"

"我们这里从不对外招人！你要干什么？"

"我刚考过注册会计师，不知道你们是否需要？"

这时，屋里的另一位老先生发话了："姑娘，你考过了？真不容易啊，可来我们这里，是需要财政局编制的，再说，我们现在除了卖卖报表，也没什么业务，不需要人啊！"

那一天，对这个美丽的城市，我真是很失望。

之前那段时间，全公司甚至局里都知道我在考注册会计师，尽管没人知道这是个什么东西，可是议论纷纷，经理已经问过我是不是不想再干下去了。在这个单位，你就要全心全意为这个单位服务，你说看书考试并没有影响工作，可我这个单位是不需要注册会计师的，你考试就是不专心工作。

母亲说，回家来吧。这些年在外面，已经吃了苦，回来，至少我们可以彼此照顾。

我已经没有退路。

（三）

1997 年初，我和老公回到了故乡，我如愿以偿进了一家会计师事务所。

小小的事务所，两间办公室，四位老同志，年龄全部在六十岁以上，五位年轻人，我年纪最小。

在这个事务所，项目都是由农业厅委托，做得最多的就是国家商品粮基地资金使用的审计。国家把专项资金拨入，然后是省、地、县各级资金拨入，我们主要是看地方资金有无及时到账以及是否按计划使用，资金总额不过是几百万元、一千万元的，现在对上市公司来说根本不算什么，可是对于那些国家级贫困县，这可以解决多少人的吃饭问题啊。所以，每次去县里，都是县长、农业局长亲自出面接待，回去时，县里还经常会给我们装好一袋袋当地的土特产，只为我们能在报告上写他们按计划使用资金，取得较好收益，以争取以后的国家配套资金。

这些业务，根本不需要考虑什么公允性，报告书也不会按《中国注册会计师独立审计准则》的要求编写，完全是政府官方审计的语言。

1997 年，我在乡村中游荡，抽空考了资产评估师。我是个天生的文科生，读书时物理化学加在一起都不会考到 60 分，但会背书。对建筑那门，因我以前在建筑公司做过，多多少少那些名词都听说过，再加上老公也是搞建筑的，他用了一个小时就给我辅导一遍，所以这门对我不成问题，而机械设备评估那一门，完全是背出来的。到现在，我连钳子什么的都搞不清，可我还是中国注册资产评估师呢！

1998 年，通过会计师中级职称考试。

还是在 1998 年，中国注册会计师行业发展史上发生了一件大事——脱钩改制。而我，也借着脱钩改制的东风，稀里糊涂地成了这家事务所的主任会计师。说穿了，是所里的老同志们都已过了当主任会计师的年龄，而年轻的，又无他人可用。所长找我谈了一次话，大概意思是他们再带我几年，等他们以后退休了，就完全把这个位子交给我，在这之前，我该干什么还干什么。然后，我在已经填好的表格上签名，从此，营业执照上的法定代表人就变成了我的名字。很快，我们就顺利完成了脱钩改制工作，通过了注协的检查验收。

太搞笑了！

每天，我仍是最早到办公室的人，为大家打扫卫生、端茶倒水，我的工资仍是最低的，别人不愿意做的业务就交给我，只有去注协开会时，我才出面。

做这个主任会计师也有好处。比如，在以后写简历时，这个头衔还是比较能唬人的。当然，最大的好处，是可以经常去注协参加培训或是开会，这样一来，自然认识的人也就多了。不久，我就提出了辞职。

我的辞职，令所长很吃惊，他说，你只要再等几年，这个所就是你的了，还不是你说了算，你现在急什么呢？我笑了，说，我原来就没有想过要当所长啊。

说实话，在这个所呆下去，做的项目不会有任何风险，也不用担心没有业务做，虽然名义上已经和农业厅脱了钩，但那千丝万缕的关系岂是说断就断？但是，我不会有长进，我还是不知道实务中重要性水平如何确定、审计样本如何选取，做十年，我还是只会对着报表抄抄数字。这个头衔，即使完完全全交给我，我也不会心安，因为我自知没有那么高的专业水准。

（四）

不得不承认，脱钩改制尽管在某些方面是走了过场，但还是解决了行业内部存在的一些弊端。像我跳槽后进的这家事务所，原先挂靠审计署驻地方特派办，所长以前就是特派员，虽没有证券期货执业资格，但在全省也是排前三名的大所，如果不是脱钩改制，我是肯定想都不用想能来这的。

新的工作岗位，是做咨询。什么样的咨询呢？还是很有意思的，比如：财政厅最近处罚了某个企业，企业找到我们，请我们想想办法。我们把企业的报表、账务处理研究后，代表企业参加听证会，该检讨就检讨，该不认错就据理力争。当然大量幕后的工作还是要由老板出面。最后，财政厅降低了对企业的罚款额度，我们也收取了一笔高额的咨询费，皆大欢喜。

1999 年，我千里迢迢自费去兰州参加证券期货执业资格考试，相关法规考了 80 多分，而会计和审计差了几分，当时极度伤心。平静下来后，我开始想原因。法规高分通过只因我擅长背书，没什么可骄傲的，而会计、审计没有通过却是无话可说。因为，仅就审计而言，我做的项目基本都属于专项审计，查舞弊，查资金专项使用，查银行呆坏账等，而非就会计报表的公允性、合法性发表意见。在审计技术方法、报告编撰等方面均未按《独立审计准则》执行。再说会计，我没有编过合并会计报表，没有做过复杂股权关系下的抵销，至于非货币性交易、债务重组，在实务中就没见过，仅仅因为考试把习题集做了一遍又一遍。会计是一门实务性很强的专业，像我这种纸上谈兵，考试没有通过太正常了。但在当时的情况下，由于业务范围所限，我也很难接触到这些东西，只能继续在纸上谈一谈了。

1999 年年末，我被任命为咨询部主任。

2000 年年初，我成为会计师事务所的合伙人，但不参加年终分红，按出资额和固定报酬率领取红利，比银行定期存款利率是高多了。

这一年，还是去兰州，有了上次证券期货资格考试的经验，本年轻松过关。

说来我已经在事务所混了几年，可是我连银行函证都没做过。钱不少挣，所里也提出给我无息贷款买房，在内地，当时一个月拿几千块钱已经是很好的工作。老公是造价工程师，以我们两个人的收入，可以生活得很好，闲时去旅游，读读书。但是我忽然觉得在这里再做下去很没意思。到底是哪里出了问题，我也想不明白。我对老公说我很困惑，他说那既然这样，我们就走吧，还年轻，可以经受得起。

（五）

在当时，具有证券期货资格还是很好找工作的，很快，我就接到了北京、上海、深圳几家事务所的面试通知。经过一番比较，2000 年底，我终于来到深圳，开始了真正意义上的注册会计师执业生涯。

这家事务所，我在大学读书时就已听说过；注协举办后续教育培训时，用的是这家事务所编撰的教材。如果说用“崇拜”这个词来表达当时我对这家事务所的最初印象，一点不为过。

刚来时，部门中我的年纪最大，带我做项目的经理都比我小几岁。合伙人说，你要调整自己的心态，我说没问题。真是这样，我是来学习的，我只想学到真正的社会审计，你无法体会当我看到那淡绿色的底稿纸，那厚厚的一本本档案，我有多欣喜。唐僧师徒历尽磨难终于西天取到真经，而我，今天也终于坐在这家以执业严谨著称的事务所的审计大厅里，诚惶诚恐，我千般小心只怕做不好，哪会挑剔人家比我年纪小？

第一次，做了三天的底稿，项目经理说，格式完全不对，重做吧。因为我刚来就赶上年报审计，没接受过新职员入所培训，不知道索引号该怎么编，对着一张空白的底稿纸，无从下手，项目经理也很忙，我不好总去问他，只能按自己的思路做。项目经理找出以前年度的审计底稿给我，又忙他的去了，我照猫画虎地填好，其实实质性的东西我都已经做了，只是，与这家事务所的底稿风格不符。

刚来那几个月，确实很压抑，同事都是生于70年代末80年代初、刚刚大学毕业的学生，外语很好，计算机很好，极具个性。相对而言，我所学的东西都已经落伍了。记得有次做报告书，我不太会用Excel做表格链接，一个审计员说，你连这个都不会，还出来做什么？那晚加完班，回家的路上我买了一本Excel的教材，对着电脑，流着眼泪一项项地学。我承认他说得很对，这些确实是我的弱项，以前我很少用这些，即使用也是别人做好后拿给我看，但这些都不是原谅自己的理由。学了一个星期，大有长进。老公说，这几个月，你回家都不太说话，以前我总说你是个高音喇叭，可现在，你沉默得不像你，不要给自己太大的压力了。

我说，我还能承受这些压力。

有一天加班，手背上有一个小红点，很痒，我没在意，回到家不一会儿全身都是红点。我害怕了，终于等到天亮，去看急诊，医生说是严重过敏，引发高烧，然后，坐在走廊里打吊瓶，向合伙人请假，她说，你打完针再来吧，报告要出未定稿了。打完针回单位，那一夜，加班到两点。

这一切，我都能承受。

(六)

第一次自己带队做项目，是一个上市公司子公司的法定代表人离任审计。这样的项目我以前做过太多，不成问题。我以前学的武艺，还是派上了用场。我可能审计底稿开列得不够漂亮，审计计划、审计小结的表述与事务所的风格不符，这些都是我可以学习改进的，但是我对数字、对细节的敏感，却是那些学校一毕业即从事社会审计工作的审计员们一时无法达到的。做完这个项目，我对自己有了一些信心，看着整理出来的工作底稿，特有成就感。对合伙人，我也很感动，他们的认真、严谨，都是我不曾想到的。对于报告书中的标点错误，他们会指出；由于Excel计算产生的一分钱误差，会用计算器再次加总核对；有时我们为了出报告通宵加班，他们也一样，而且，你可以和他们讨论专业上的问题，这与我以前接触的老板都不同。那两年，我就像海绵吸收水分一样学习。我坚信天道酬勤。从审计员到项目经理，从负责一个小主体到上市公司，从外勤主管到项目负责经理，我一心一意地向着自己的目标——做一名专业人士努力，虽然很累，也会哭。

那一次，中耳发炎，因为下午要出差，我拿着一堆消炎药提着箱子就去了外地，怀孕了自己不知道，天天吃那些消炎药，直到失去那个小生命我才痛哭不已。

(七)

第一次，不再想做CPA，是因为对那家上市公司的审计。也许，那时的我实在是太天真了。说来那次我已是第三次负责那家上市公司的审计项目，从公司财务主管到财务部的出纳，都很熟悉。预审开始后，公司下属一个合资子公司需要验资，便委托我们做，因人手不够，就由我带一个审计员兼顾这个小项目。

12月初，我们接到所里通知，要为该公司做验资，于是向公司提交“提供资料清单”，因涉及外汇出资，在资料清单中要求提供外汇资本项目账户开立许可等资料。

12月10日，公司说全部资料已准备齐全，外汇资金到账，可以开始进行审验。

12月11日，我们对公司提供的资料进行初步检查，发现境外股东的第一次出资并未汇入经外管局核准的资本项目账户，而是该公司的另一外币账户。第二次出资的外汇虽汇入了资本项目账户，但是已远远超出了国家外汇管理局核定的该账户最高限额。于是，和公司沟通，要求其改正。

12月13日，公司去外管局办理外资资本项目账户最高限额的变更。

12月16日，公司通知我们已办妥有关变更，可以进行银行函证。

12月17日，我们前去银行函证。

12月18日，我们前去国家外汇管理局某分局办理外方出资情况询证。根据规定，该询证需要五个工作日才能回函。

12月23日下午5点，审计员取回了外管局回函。准备出验资报告。但是，我在做报告书附件时，发现外管局签发回函的日期早于我们办理银行询证的日期，而外管局必须是审核过我们的银行询证函后才能够出具回函的。

于是，我放下手头工作，去找公司A总商量如何尽快解决。我想，这个问题虽然不影响验资报告的出具，但是在报告上披露出来总归是不好看，公司一直说和外管局关系不错，请他们重新出具一个应该不成问题，若由我们出面要求更正，又要等几个工作日了。

A总正在忙，听见我敲门，头也没抬请我进去，然后问我，为什么要去外管局询证？而以前是从不去的。

我解释道这是财政部和外管局今年新出台的规定，以前确实没有。

A总说，你把文件拿来给我看。

这个没问题，我的电脑里就存有这个规定，于是我跑回我们工作的会议室打印了一份给A总。

A总读完，几分钟没有说话，我以为他在考虑如何解决，没有想到，A总突然把文件扔在桌上，大声问我，为什么这么重要的事情不事先和公司讲？

我说，去外管局的询证函是需要公司加盖公章的，我们不可能不和公司讲。

不容我说完，A总又大声说道：我们这个公司，是要在年底前办好税务登记的，你现在全给耽误了，你影响了我们上市公司的全盘计划，你！你！这就是你们的专业水平吗？你们事务所是如何培训的？为什么审计员在现场不发现……

我静静地看着他发脾气，他的反应虽然有些超出我的预计，但谁能没有个心情不好的时候呢？等他发完脾气了，我再和他讲。

五分钟过去了，A总仍没有罢休的意思。十分钟过去了，那些话越来越难听，终于我听不下去。虽然我只是打工的CPA，可我也有我的尊严。我站起来收拾起桌上散落的文件，打断A总的话，我说：A总你可以对我们所里有意见，我承认是我们的审计员当时没有发现，但这些事情你和我讲没有用，请和合伙人讲吧。然后，我推门出去。

回到会议室，全身都在发抖，我也学着A总，重重地把那些文件摔在桌上。我知道这样做的后果，是会遭客户投诉，年终考核时会影响我的奖金、晋升，那就影响吧。

那晚加完班走出大楼，外面正在下着雨，又湿又冷，没有带伞，我的心情也非常不好，那会的洒脱全没了，真的是已经预感到会发生什么。

第二天早晨坐在会议室，考虑如何挽回昨天的冲动。两位合伙人来了，我知道该发生什么了。合伙人说，A总昨天晚上打了四个小时的投诉电话，非常生气，说是从来没有见过这样的事务所，所以他们来，让我去向A总道歉。我是不会去的，如果所里一定要我去，我现在辞职，我也想有我的尊严。

合伙人没有勉强我，劝我冷静一些，然后他们去找A总了。这时，公司的董事会秘书约我去他办公室。公司的董秘也是年轻人，平时我们经常开开玩笑。现在他也是一脸严肃，问了我情况，然后说私下讲，我并不赞同A总的做法，但站在公司的立场，我也只能这样说，这件事A总昨天晚上已经告诉了董事长，说你不听他的解释，摔门而出，董事长很生气，认为你们服务态度不好，要向证监会投诉。我想你还是小心一点吧。

出来以后，我一个人来到楼下的咖啡吧，要了一杯咖啡，眼泪涌出来。

这件事好像就这样过去了，我知道那天，合伙人在所里大发脾气。我能够理解，这些年，所里因为坚守严谨的执业风格，客户越来越少，而我的行为，使所里很有可能失去这个客户。如果我作为合伙人，也会生气的吧？

预审结束，和公司交换意见，提出对公司合并会计报表的范围不能认同。

过完春节上班，合伙人请我吃饭，我明白，还是为了这件事。

合伙人说，公司坚持要换外勤主管，征求我的意见。我说换吧，不然我做着也难受。我知道，即使没有这件事的发生，还有其他的事情会发生。因为我们在某些重大问题处理上还是有争议，这件事情只是个开端，以后的分歧会更大。

年审结束后，公司股东大会通过决议，更换了会计师事务所。

合作多次的公司法律顾问说，你很倒霉，那件事只是一个借口。我也只能苦笑而已。尽管这件事对我造成的影响是我始料不及，我还是坚持了下来。再以后，生活还是那个样子，出差，加班，培训，有了孩子，证券期货资格考试停考，中注协发布了风险导向审计准则，四大在国内大举扩张……

有一天，黄昏的时候，站在办公室窗前看着太阳慢慢落下，对着盒饭没有一点欲望，头很痛，审计底稿已经堆到了地上。我很想回家，真的很累，可我不能。我问自己，我是在做什么呢？这么多年，忙来忙去，难道就是这些数字游戏吗？把一个个数字调来调去，然后堆积起一份年报，最终达到合伙人和公司都满意，你就算是赢了。至于游戏的规则，有很多，你要记牢了，财政部的、证监会的、交易所的……在游戏的过程中公司就是那个不断给你制造点麻烦的怪物，有时它会挖一个井，有时是埋一颗雷，总之你一不留神可就是万劫不复了，但你还不能离开它，要和它保持良好的关系。因为它会给你的老板金币，这样你才可能拿到一点碎银去买水买干粮买武器，以增强自身的功力，继续和它纠缠。至于你的老板，他们也没闲着，要想尽办法拉拢怪物，这可是个会下金币的怪物啊，他们有时担心你不按规则做，没发现那些井或雷，有时又怕你太按规则办把怪物惹不高兴了，烦心的事情多着呢。

对这样的游戏，我累了，厌倦了。

（八）

曾在西安做一个项目，审计员去银行函证，银行不盖章，问为什么，银行说没这个义务。于是解释说中国人民银行有文件规定，银行说，我没见过，你把文件拿来吧。审计员回去找了份文件再去，银行说，你是注册会计师吗，文件上说要注册会计师进行银行函证，你如何证明你的身份。刚毕业的审计员只好又折回来，让我自己亲自去银行，可我也没有把证书带在身上啊，只好让所里写介绍信，特快专递寄过来，来来回回一个简单的函证用了几天时间。

曾有次去海关函证出口额，先去六楼的一个科，然后说是在四楼，再去四楼，说是二楼，二楼说在三楼，最后又回到六楼，好不容易同意打印证明了，却发现因联网的问题，电脑中的数据只有第四季度，那就先打印第四季度的吧。等合伙人复核底稿，不满意了，为什么没有让海关出一个说明函？我也只能在心里发牢骚，你以为海关是我家开的！

还有，总是在和企业玩猫捉老鼠，有时，已经搞不清楚自己的角色，究竟谁是猫，谁是鼠？

审计中你事务所要通过函证确认余额，函吧，我和客户签个协议，只要他确认盖章，我给他的折扣高一点，他高兴着呢；即使收到回函和我的账面有差异，我先不和你解释原因，过两天你就能再收到一份回函，不好意思，原先那份搞错了。

盘点，可以盘啊，保证没问题，盘点之前我转移个仓库，你能把我怎样；你说这笔销售有问题，你可以查呀，我事先和对方通通气，我同意你去函证，去看对方的账，你不是还要看期后回款吗？也可以，让他先把款给我汇回来，以后我给他资金占用费。你还有什么招？

你说那公司是我的关联方，凭什么？就凭我的采购全部通过他，就凭我可以控制他的银行账号，就凭他在我这有个仓库，就凭他是我的好朋友，可是你那准则里哪一条可以对得上？你告诉我究竟什么叫实质重于形式？

……

老公说，做什么不是游戏？你何必认真？这样轻易放弃，你会后悔的。

我说，肯定会后悔，现在 CPA 对我而言，就像那皇帝的新衣，只是在不同的时间、不同的心境下，扮演着不同的角色，有时，我是自欺欺人的皇帝，有时，是那趋炎附势的大臣，然而在内心我只想做一个天真的孩子啊。

走，还是留？值得，还是不值得？

为什么要留下来？

因为你必须要时刻学习，会计准则颁布了，还会有一个接一个的讲解、补充规定；你不仅要学习财务会计的规定，还有税务、海关、外汇，等等，你的知识要不断地更新。

因为你的工作令你有一种新鲜感，可能今天你做的是医药行业，明天你的客户是生产钢铁的。你会接触不同的人，各个地方、各种性格，而不会在一间办公室里，对着几本账，数年不变。

因为你发现事务所是人际关系最单纯的地方，你的同事们都是年轻人，他们刚走出校门，像一张白纸，和他们在一起工作，你的心也会跟着年轻，尽管有时也会耍点小心眼，会偷偷懒，会把你噎得半天说不出话。可是，年轻，有什么不可以原谅？

很多时候，你真的会爱极了这份工作，会想着去做一辈子。就像朋友说的，做 CPA，会上瘾。

最终还是决定走，因为自己心里最清楚，苦和累不是理由，一个理想主义者，不想在理想彻底成为碎片的时候再离开。

也许，多年以后，回想起我的 CPA 职业生涯，真的就像歌中唱的那样，“提起当年事，泪眼笑荒唐”。只是，在哭过笑过之后，还是会说，CPA，我是真的真的爱过你！

（原载《财务与会计》2009 年第 11 期）

十年破茧路

——一个财务经理人的成长历程

司海健

1978年我出生在一个经济非常落后的全国重点扶贫县，家里很穷，靠种地为生。但父母非常开明，不论多苦，一直坚持供我们上学。哥哥不负众望，考取了一所中专师范，成了本村第一个通过念书出去的人，姐姐考入了一所本地的师范专科学校。我也在15岁初中会考时，以全乡第二名的成绩考取了本省的一所纺织学校，开始了我的中专时代。

那时的我，没有什么人生观、职业规划等比较理性的东西，只有“学习”和“节俭”两个概念。我就读的会计学是学校新开设的专业，一起开的还有微机班。出于对计算机浓厚的兴趣，除了学好会计专业外，我还自学了微机班全部的课程。中专的第二年，又开始了自考专科段的征程。现在看来，真的要感谢中专三年，这三年，是让我学会独立思考的三年，奠定了我职业生涯的坚韧基石。

踏入国企　奠定职业基础

一、步入职场

1996年7月中专毕业后，我被分配到了一家大型国有矿务局的一个下属矿。在财务科收入税金组，开始了我的职业生涯。

创建账户、设计报表、搜集资料、录入数据……那个年代还没有先进的ERP系统和银行代发，每月几万张的领料单汇总和几百万元的工资发放全部是手工作业，经常加班到深夜，每天忙得不亦乐乎。不过这也让我在最短的时间内熟悉了财务工作。在领导的关心、同事的爱护和个人的努力下，不到半年，我就俨然成为财务部的主力，每个月底编完报表后进行勾稽检查时，最复杂、最难攻克的错误一般都由我来操刀消除。这种机会不但进一步锻炼了我的逻辑思维能力，更使我掌握了全套的报表体系。

二、初露锋芒

第二年，我升任收入税金组组长，负责税金核算。与税务局打交道，首先要业务精通，每次纳税申报、税务检查不但要做到准确无误，而且要对答如流，表现得很敬业、很专业。为此，我着实下了一番工夫，基本上所有财务数据张口就来，领导对我更加刮目相看。

1997年下半年，矿务局开始改制，由局改为矿业集团公司，并尝试在全行业内第一家做股改上市。股改上市，就得首先将优良的煤矿资产从大经济体中剥离出来，重新包装注入一个新的经济体——拟上市公司。我被推荐为所在矿的项目组长，负责剥离工作。

剥离工作首先由咨询公司顾问提出剥离原则，然后通过一个计算机程序按剥离原则将资产分为主业与非主业，将主业的数据形成一个新的数据库。原理虽然简单，操作起来却相当复杂，需要专业的判断。由于各矿的数据库在日常的运行中出现了很多偏差，加上程序员理解不到位，总部编制的程序不断地出现错误。由于在学校时就擅长编程，再加上熟悉财务，我拿到总部统一发放的程序后，仔细研究了其设计原理和剥离原则，开始对程序进行修改。为了确保程序剥离的准确性，我和同事白天进行数据核查，晚上进行程序修改、调试，经过两天夜以继日的努力，当其他矿还跟在总部后不断修改程序时，我们已率先完成了固定资产的剥离。这下引起了总部项目组人员的注意，他们立刻对我们的程序进行了分析，予以肯定并在其他矿推广应用。就这样，我打响了职业生涯的第一炮。

三、IT之路

20世纪90年代中期，计算机在集团公司的普及还不是很广泛，熟练操作计算机与懂得编程的人也不多。凭借在学校时掌握的计算机编程知识和财会工作的实践经验，我开始尝试设计一些应用程序，取代了繁杂的手工作业。其中最大、最完整的一个项目要数我自行开发的增值税申报软件。

起初的增值税申报完全是手工操作，每月四五百张发票，二三十张表，既麻烦又容易出错。于是决定编写程序，开始只是设计了进、销项税明细表，加上发票录入小窗口及汇总打印功能等，于是每个月的申报表就部分使用了机制表。这种报表得到税务部门的认可，并鼓励我把软件进行完善，以便在全市税务系统内推广。经过半个月的修改，一个较为完整的纳税申报软件诞生了。税务局把我的软件拿去测试后，决定要在全市推广。然而此时，全国统一的增值税申报系统由税务总局开始推行，其功能完全覆盖了我的软件。虽然软件推广的事情到此为止了，但从此打开了我的 IT 之路。除了会计业务外，软件设计成了我的辅业。我开始在业余时间帮其他科室编写软件，其中给矿纪委编写的《廉政建设系统》软件还获得了矿务局第二届科技大会的科技进步三等奖。

四、人生转折

转眼两年过去了，我已在财务科各个岗位上转了一圈，全套财务核算体系也已熟悉。随着每年本科生越来越多地涌入财务科，好几次比赛、学习的机会都因为学历低而与我擦肩而过，学历问题再一次刺痛了我，毕竟自己只有中专学历。于是我又拿起书，重新开始了漫长的自考历程。因为工作繁忙第一年报了三门全部落败。经过一番思量，最终又做了一次选择，离开财务科，去审计科。审计科业务不多，使我有充足的时间学习。三年间，我相继通过了自考专科段、本科段、助理会计师、会计师等考试。21 岁时我有幸成为全集团公司 2000 余名会计人员中最年轻的会计师。

自学考试让我受益匪浅：给我坚强的毅力面对挫折；给我十足的自信心面对困难；让我学会独立思考面对多变的人生。

按原计划我打算在 2002 年年底也就是完成了自考本科段、注册会计师之后，离开集团公司，去女朋友所在的 Y 市找工作。但在饱受两年的奔波与相思之苦后，我决定提前离开。2002 年年初，我怀揣着美好的梦想，离开了让我一想起就感到无比温暖的“大家庭”，离开了奠定我坚实职业基础的大国企来到 Y 市的某税务师事务所。

加盟事务所　提升战略思维

一、初涉咨询

在 Y 市，类似的税务师事务所很多，规模不大，竞争也非常激烈。技术含量较低的税务代理、记账代理等构成了该类事务所的主要业务。如何在激烈的市场竞争中立于不败、独领风骚？事务所所长通过仔细的市场调研，决定将纳税筹划和财务管理咨询确定为事务所今后发展的重点业务，并适时地在北京注册了一家管理咨询公司。作为北京咨询公司的首位职员，与广州一家企业的首笔咨询业务也自然而然落在了我的头上。为了能使第一笔咨询业务打响，我们组成了一个三人咨询组，组长是所长助理李大姐，另一位是销售副总老王。

我从来没有接触过咨询业，经过一个月夜以继日的恶补终于在出发前对咨询业务操作、ERP 理念及实现原理、K/3 系统具体操作及技术功能等相关知识有了一定程度的了解。

二、首战告捷

我们的第一家客户——广州 A 电子公司是迅速发展起来的中小企业，主营显示器及其他电脑周边产品，产量从起初的月产万余台猛增到十万台，年销售额也由千余万元急升至数十亿元。但由于公司长期以来一味追求快速扩张，忽视了快速发展与稳健经营之间的关系，各种矛盾也随之日益突出：生产能力严重饱和，劳动强度几乎到了极限状态；忽视员工的教育与培训，公司上下缺乏沟通、交流，公司凝聚力差，文化氛围淡薄；沿用建厂初期的繁琐重复业务流程，缺乏有效控制；财务管理混乱，财务信息严重滞后；等等。

进驻公司后，我们按照例行的财务咨询方案，即“企业诊断→出具诊断报告书→制作方案→讨论方案→实施方案→回访”进行了整改。但运作了一段时间后，收效甚微，我们的工作一度陷入被动。

了解了公司的真正需求后，我们转变了工作思路，从局部开始，优化业务流程，解决了公司的 K/3ERP 系统存在的一些技术问题，把公司员工从繁重的业务中解脱出来。比如，公司每月工资数据录入是最繁琐、最令人头痛的一项工作。我花了不到两个小时的时间，编了一个数据转换的小程序，将 K/3 系统的数据自动转换为银行代发系统的数据，无须人工录入，以前须花费三四天的录入，用这个小程序五分钟就可以了。又如，在采购模块中，由于流程设计不合理，对同一批物料要重复录入四次，繁琐的业务流程大大增加了工作强度。我们在不影响工作的前提下，重新设计了新的流程，并实现了在 K/3 系统内的稳步转化，提高了工作效率，降低了工作人员的劳动强度，更实现了有效控制。效果最为明显的是财务系统结账时间的提前。以前，每月的财务报表要等到次月的二十几号才能出来，主要原因在于没有明确的责任划分。据此，我们制订了严格的结账时间表，确认了每个部门及责任人的时间分工，并由专人监督。这样，财务报表由以前的二十几号提前到五号，大大提高了信息的及时性。

通过这些问题的解决，我们不但赢得了公司领导的信任，还使我们更好地融入到更多部门中，为后期工作的顺利实施奠定了一个良好的基础和融洽的环境。短短一个月之后，公司财务价格体系的改造已基本完成。

这种从“方案制作→方案实施”到“解决具体问题→大方案调整实施”工作思路的转变，也使得我们的角色发生了转变，从项目专家到解决问题的顾问，与企业更贴近，效果也更明显。

其实，咨询工作的思路主要取决于客户对咨询公司角色的定位，“客户的需求决定产品”。

三、失之东隅

除了提供具体的技术支持外，我们更多地参与了公司相关决策过程，成为老总的左右臂膀。每次遇有重大的商业谈判或决策事项时，他总是先征求我们的意见后再作出决策。通过与公司高层的接触，不但学习到了一个公司如何整体运作，更提高了自己的战略思维能力，从战略角度去考虑问题，作出决策。

由于两位合伙人在经营理念上的分歧，A 公司走上了分立之路。公司的财产划分由我们主持。于是我们有机会帮助和见证了一个公司的战略重组。但在这个公司分立重组的过程中，由于销售总监老王不断地排挤、诬陷，我被事务所解雇了。这让我更清醒地认识到职场的险恶，让我更清楚地理解了沟通的重要性，也让我的职场生涯进入了一个新的阶段。

回到 Y 市的半年内我没有再找工作，而是继续充电，完成了几件大事：顺利通过了自考本科段的论文撰写与答辩，一举通过注册会计师考试、国际注册内部审计师（CIA）考试，成为当年 Y 市仅有的三位全部通过者之一。同时还考取了驾照。这半年，让我经历了很多平生中的第一次，收获颇丰。

这就是不平凡的 2002 年，也是享受学习、享受生活、享受进步的一年。

偶进民企　丰富专业经验

2003 年春节过后，我进入了 Y 市某县的 B 公司。B 公司是一家集团化的民营企业，下设管材、石材、果蔬加工及电池四大产业。所有产业的职能部门都设在集团总部，各下属公司其实就是一家家生产工厂。随着集团公司不断扩张，老板意识到加强对各子公司的监督审计的重要性，我有幸成为这个集团的第一任审计经理。

当时刚考完注册内部审计师（CIA），所以在筹建审计部的框架、制订审计制度时就有意识地参考了国际内审协会的标准。得到老板的认可后，又着手制订年度审计计划，重点是对各子公司的财务收支的审计，看其是否有违规舞弊行为，这也是老板最关心的。其次是业绩审计和内控审计，以业绩审计来考核薪酬，以内控审计对子公司进行控制管理。最后是离任审计，只有经过离任审计，各子公司的负责人才能离开岗位。

在各项审计工作中做得最出色的，是对下属建材公司为期一个月的仓库循环内控审计。

建材公司的仓库从公司创立以来，历任子公司负责人与物流负责人都不能清楚地说出仓库到底有多少存货。究其原因主要是物流信息和仓库出入库制度方面出了问题。该公司没有上 ERP 或其他信息系统，所有的出、入库完全是手工操作。在信息方面存在四不符，即：仓库实际库存与物流中心的台账不符，物流中心的台账与财务系统的库存不符，物流中心总台账与各地区分仓库台账不符，财务系统与库存实际不符。每次盘点都与实际库存有很大差异。而建材公司在全国 16 个城市设有地区仓库，这更增加了物流管理的难度。

对现有状况进行了解后，我们决定沿着“实际库存物资→库存卡→物流中心台账→各地区分部台账→财务数据”这个路线逐一审查。

经过对总部及分区仓库的实地调查，我发现仓库管理上存在较大的漏洞。比如，仓库保管员发货、退货不记账、物流中心不按出、入库单登记，而是每个月月底去仓库抄写库存卡记录。业务员在传递单据时将应分别交给物流部、财务部的单据全部交给了物流部，造成了财务记账的差异，等等。弄清了问题所在后，我开始撰写审计报告，对出现的问题一一列举，并对问题产生的原因逐一进行分析，确定了责任人。然后提出一套全面、完整的整改方案，并结合公司的实际编制一套完整的仓库流程及管理制度。按照分步整改法，仓储循环系统这个大难题终被解决。

这段时间的经历让我懂得应更深入地去研究问题，在实际工作中要多动脑筋，而不是机械地照本宣科。

朝九晚五，终于过上了以前梦想的生活。当梦想最终实现的时候，却体会不到当初梦想中的美好，少了些激情，多了些平淡。不甘平淡的我开始认真地分析当前的就业形势，考虑自己未来的职业方向。当前财会行业中，工作阅历丰富的高级财会人才凤毛麟角，供不应求。在资格认证中，拥有国内外资格证书的人虽不在少数，但拥有国际资格、外语熟练、经验丰富的人却不是很多。于是我决定在丰富工作经验的同时，努力提高自己的国际化水平，争取做一个“国际化”人才，提升自己的竞争力。于是在2003年下半年，我开始了ACCA（英国特许公认会计师公会）资格考试的征程。

转战外企　实现全面突破

一、牛刀小试

2004年下半年，我来到了一家国内唯一的外资控股造船企业。十年前，公司的外方老板就卖掉了自己在国内的公司来到风景优美的Y市收购了一个苦苦挣扎几十年的国企船厂。公司十年间产能有了大幅的增长，拥有最先进的设备设施、最看好的市场前景，却换不来最真实的净现金流。面对如此状况，老板决定引进新人，改善管理。

和我一起进入公司的三位硕士，共同组成了新创建的战略发展部（SDD）。SDD的工作由项目组成，不负责日常的运营管理。每周向老板汇报一次各项目的进展情况。因为我们四人的专业不同，根据我的提议，确定了SDD实行项目负责制的运作模式，只设项目经理，不设部门经理。

一个月后，我接到了第一个项目，对整个采购审批流程进行重新整理。到现场按照审批流程走了一圈后（这在审计上叫做“穿行测试”），我感觉这不仅仅是一个简单的流程问题，更是一个机制问题，是中、外双方管理人员争夺审批权的结果。每个项目都要双方签字才能进行下去，职责上是重叠的。针对这种情况，我们改善了流程：第一，改变了以前大一统的流程方式，将各种采购支出按性质分类，然后按采购类别、金额大小确定不同的流程、控制点及审批人。第二，划分审批人的职责权限，避免了以前都签字却都不承担责任的状况。第三，确定审批时限和“代签人”制度，每人的审批时限为四小时，同时每个审批人都要指定一个“代签人”，他不在公司时可以由“代签人”签字。第四，实行审计制度，发现某个环节出现违反流程的现象，可以直接向审计组反映，审计组也不定期地检查流程。审计组长为老板，组员是我。

该流程实施两周之后，我带着从ERP系统内打出来的两张采购审批汇总表（一张是实施新流程前的统计，平均审批周期为18天；另一张是实施新程序2周来的统计，平均审批周期为1.5天）来到老板办公室，一句话也没说，让事实证明我的成功。

在此后的日子里，我还相继编制了收/付款流程、仓库出/入库流程、资本性支出与费用性支出审批流程、资金风险防范等一系列流程与制度，目前这些流程在公司日常运营中发挥着重要的作用。

我在该项目中成功打响了第一炮，被老板任命为 SDD 的负责人。半年后，随着 SDD 解散，我去了财务部。

二、大展身手

谈起财务总监，那是公司的一大趣闻。公司从合资以来，开始引入财务总监，到目前为止一共六任，但每任在位都不会超过三个月，最短的一位才三天。究其原因，主要是有两个关键人物从中作梗，一个是老板的太太 Annie，一个是老国企财务部长老汤。

Annie 虽然只是一个董事，根本不懂财务，却掌控着公司的财政大权，连公司印章、财务印章及出纳保险柜的钥匙都时刻攥在自己手里，公司所有的支出必须经过她同意，流程、制度在她面前经常变成一纸空文。财务部长老汤，自从 20 年前建厂以来，就一直在公司，先后担任过法律顾问、办公室主任、经营部主任，任财务部长一职也有十来年了。此人城府极深，能说擅辩，老板早就有换掉之意，但苦于没有合适人选。

2005 年初，公司迎来了新任 CFO——David，加拿大籍华人。David 的职责范围不仅包括财务部，还有人力资源部、行政管理部、IT 部和法务部。老板决定重组财务，由我和 ERP 经理 Leo 辅佐 David。

2005 年 2 月 28 日，随着财务部历史上第一次大会的召开，财务部的改革正式启动了。我们首先调整了财务部组织结构，把整个财务部划分为三个中心，一是资金管理中心，负责融资和出纳业务；二是成本和预算中心，负责成本核算及创建预算系统；三是会计业务中心，负责全盘的账务处理。分别由 Leo、我和财务部助理经理小孙负责。针对公司在资金管理、现金管理、报销程序、ERP 系统的使用、报表、成本核算等方面存在的诸多问题，我们确定采取项目负责制的办法，对类似问题进行集中解决。

针对资金和应付款问题，设置了收付款流程项目组，由我负责，对当时的整个业务流程进行了较大的改动，分为应付款确认与付款两条主线，设立了付款小组，集中负责往来事项的审核与分析。简化了付款签字程序，省略了老汤与老总经理的环节，由 Annie 一人把关。

ERP 与会计问题，由 David 和小孙负责。首先组织力量补录数据，然后制订了新的运行规则，开始时两系统同时运行，第二年将 TF 记账软件甩掉。对于会计核算，重新制订大部分的会计核算方法，将以前估计收入、利润的方法改为按实际核算，真实地反映经营成果。

成本和预算方面由我负责，成立了包括公司领导高层在内的预算委员会，制订相应的制度，在 ERP 系统内建立预算结构及预算差异分析，为年底正式编制下年预算做准备。

此外，人员培训、部门沟通、绩效考核等相关工作也在有条不紊地进行着。

半年后，这些措施很有成效，财务部各方面的工作大有改观。

财务重组的成功，激起了老板重组其他部门的想法。老板要求 David 将精力转移到人力资源和行政管理部门。我经 David 提名、董事长批准，被任命为助理首席财务官，总监级。为了强化跨职能事项的协调与执行，设置了多个委员会，如负责保险事项的保险委员会、负责对外联络的公共关系委员会、负责解决重大人事问题的人力资源委员会等。我兼任了多个委员会的秘书长。由此，我的职业生涯进入了一个高潮期。

三、临危受命

这年 10 月，行政管理中心经理 Scott 因与老板存在矛盾离任了。由于行政管理部门人员复杂，这个空缺，老板和 David 颇费了番脑筋，最后决定由我来兼任。

行政管理中心有近百名职工，包括办公室、宣传、公关、保安、宾馆、车队、医疗、环卫、食堂、商务中心、资产维修等所有后勤项目，人员关系错综复杂，经常发生矛盾、摩擦。虽然 David 一再强调只是让我兼任一段时间，只要能维持工作就可以了，但我的性格是要做就做到最好，正好这也是锻炼自己管理能力的一次好机会。

在接下来的几个月里，我将行政管理中心的组织结构进行了调整，实行分级管理，将部门职能定位于为其他部门提供最优质的服务，建立每周例会制度，并在中心内部倡导“工作着快乐，快乐地工作”的文化氛围。经过半年的努力，行政管理中心的面貌焕然一新，出色地完成了新加坡政府代表团来访接待、瑞典公主来访接待、公司食堂对外承包、组织公司大型趣味运动会、扩大公司宣传等重大项目。自己管理上的潜力得以充分发挥。

四、小小插曲

一个偶然的机会得知，省国资委向全省公开招考省管企业财务总监，副厅级。我觉得这是一次不错的锻炼机会，于是报着试试看的态度报了名。没想到我作为全省最年轻的报名者，竟顺利通过了笔试、面试和组织考察，进入了“省高级经营管理人才库”。虽然聘任的事因一些原因最后不了了之，但却再一次证明了自己的实力。

五、风云突变

2005 年 12 月 14 日上午，正在北京准备 MBA 和 ACCA 考试的我突然接到一个电话，打开一看，是 Annie 打来的，说是我负责的公司保险出了问题，要我立刻回公司。

保险在船厂这种大型的机械制造行业是极为重要的，每年仅保险费一项，就要付出近千万元。对保险商的选择权与另外的资金分配权、采购审批权被视为三大特权。当初我们接管财务后，决定成立保险委员会，对保险商实行公开招标，集体当场决定，这也是目前大公司的普遍作法。这种形式不但可节约大量的保险成本，争取最优惠的保险条款，还有利于我们与大保险公司建立更紧密的战略合作关系。但却会遇到一个较大的问题，那就是项目融资。一般向银行融资时，银行会以贷款做条件给我们指定某家保险公司。前不久刚进行了一个保险项目的招标，当地的一家银行想给我们指定一家保险公司，结果在招标中落榜。但由于整个过程都是公开进行的，再加上与会的都是公司高层，当时他们也无话可说，承认了这个结果。不知现在又出现了什么问题。

回公司后，我和 David 以莫须有的罪名受到了百般刁难。我决定离开，但要知道这一切的原因所在。

和 Annie 的一次谈话终于让我幡然醒悟。

“一年了，自从 David 来了以后，公司确实有些变化。但他为什么要把以前的人赶走，比如财务部的小刘、管理部的老高，还有老汤……”

“你看 David 招来的这些人，工资都这么高，一个秘书就要那么多钱，简直是在胡闹……”

“自从我把办公室让给 David 后，我这里多冷清，没有人来找我签字，全都是你们的什么流程搞的。”

“还有你，你去了行政管理部后，就好像没来过我的办公室。以前多好呀，天天向我汇报。看你现在，都在做些什么？给工人送生日蛋糕，公司有好几千人得花多少钱呀……”

原来是我们这一年多来所做的一系列改革，无形中削弱了她手中的权力，而我们无意之中成了她的对立面。她需要的是权力，是前呼后拥的感觉，她不需要系统，不需要管理，也不需要职业经理人。她认为这是他们的家族企业，她想怎样就可以怎样。她的沉默并不是认可，而是在积蓄力量，寻找时机。保险之事只是铲除我们这些革新派的导火索。

我终于明白，这段时期以来发生这么多事情的真正缘由了，我决定离开。走出公司的那一刻心情好极了，像一个被关久了的犯人重获自由。不久，公司全体职业经理人集体撤离。

记得 David 问过我一个问题，在这家公司的收获是什么？我觉得最大的收获就是自己在各方面均有突破，得到均衡地发展。在战略思维上，由于和老板的密切接触及自身的职位，有了更多的机会去俯视整个企业运营、遥望长期发展，考虑问题时会更加宏观，更强调整体；在内部控制上，通过对公司整个内控系统的梳理以及改造方案的成功运行，不但丰富了此领域的专业经验，更使自己了解到实施流程改造时因地制宜的重要性；在管理经验上，进一步发掘了自己的潜能，体会到管理所带来的巨大能量；在部门协调上体会到了以服务为导向的真正含义，每个部门互为顾客，可在生硬的框架与制度下，使整个运营更加润滑、流畅；在对外交际上，专业的积累与职业的素养会更加让人敬重，鲜明的立场与“换位思考”的角度会使对外交往更加和谐；在业余学习上，从 CPA、CIA 到 ACCA、MBA 考试，消除了我对专业英语的恐惧，提升了心理素质。一路跌跌撞撞，一路收获多多。

重返校园　感悟蜕变人生

离开船厂后，向几家猎头公司发送了自己的简历。没想到，几周之内纷纷有了回音，大多数职位都是外资公司在中国新建工厂的财务经理或财务总监，负责面试的都是外方代表。我发现，英语口语成了阻碍自己发展的瓶颈。于是决定，接下来的半年全力以赴提高英语口语水平，到本市一家英语培训机构接受全外教全封闭式英语训练之后再重返职场。坐在大学的自习室里，不禁心生感触：上学真好——再不用去考虑什么头痛的“政治”斗争、复杂的业务流程以及工作中的种种压力。让自己变得单纯些，让注意力更加集中些，让思考更加多一些。

现在想来，如果想要有长远的进步，就要不断地去思考，去积累。发展总是呈现阶梯式的，经过一段时间的上升后，就要静下来沉淀、夯实，然后是新一轮的上升，如此循环，才能走得更稳健。

十年，弹指一挥间，不知不觉已走过人生中最华美的篇章。从当初的懵懂到如今成熟的职业经理人，一点点地改变，一丝丝地提高。如一只誓要成蝶的虫蛹，为了梦想去拼搏、去奋斗，只有经历了痛苦的蜕变才能破茧而出，收获那惊鸿一瞥的绚丽。

（原载《财务与会计》2007 年第 6、7 期）

从收款员到财务总监

——我的成长之路

周海平

社会的压力是越来越大了，尽管有时候我不觉得自己很幸运，但我毕竟还是最后一届包分配的大学毕业生，看到如今越来越多的大学生找不到理想的工作，甚至是找不到工作，我一方面还是有点庆幸自己早生了十年，不用面对这么大的就业压力，另一方面也着实替这些年轻的朋友心急。所以，我写下这些文字，送给那些刚刚或是即将走上工作岗位的朋友，文中所述是我的亲身经历和感受，如果你看到这篇文章，我希望能有幸给你一点启发，或者给你的生活带来一点积极的影响。

我 1992 年毕业于一个省级的二类本科学校，和很多名牌大学毕业的朋友相比没有什么优势。工作后我的最初职位是收款员，月工资大概 115 元。15 年过去了，我现在的职务是一家外资控股公司的财务总监，我也大概算了一下今年的收入，20 万元以上是没有问题的。

这十五年来，我基本上是部门里来得最早走得最晚的，做了总监之后差不多是整个公司来得最早走得最晚的了。其实我非常反对加班，对那些装模做样磨洋工的人尤其反感，然而我觉得每个人对待工作应该今日事今日毕，也许正因为这样，我的担子才会越压越大，最后成了总监。

对于工作，我认为要一步一步地做，尤其是初入职场的人，心态应尽量放低一些，不要觉得自己大材小用。说实话，刚开始工作时我不会用算盘、不会结账，连抄写报表和数钱也比别人慢多了。我们公司每天的现金收款有将近 100 万元，所以收款、复核、进账真的是又脏又累，甚至还有可能赔钱进去。我是我们公司第一个财经类的大学本科毕业生，公司让我一来就收款，我不仅没有一点抱怨，反而是非常乐观地工作和学习。由于表现良好，没多久我就离开了收款室，开始记账工作，然后担子不停地加，而和我一起到公司的其他 4 个大学生在 3 年内都陆续离开公司了。

大概工作了两年左右，我们公司业务不断扩大，财务副经理要出去做一个分公司的副总，这时就留下一个机会给我，就是公司的主管会计。然而意想不到的是，这个机会我们处长最终给了另外一个大专毕业、工作表现并不是很出色的同事，原因很简单，他们是老乡，而那个同事经常到处长家里探望。这是我第一次知道有时候机会不是单凭个人的能力和付出就能获得的，所以那几天很苦闷，还回家大哭一场，觉得命运对我很不公平。可是哭过之后，我又开始继续努力工作、努力考试，会计师、注册会计师、注册评估师，只要我参加的考试，全部一次通过，而其他的工作，只要是我负责的都是高质量地完成。因为我知道，努力，机会未必属于你；但如果不努力，成功必然与你无缘。

这期间我年年都是公司的工作标兵，没有一次差错事故；联营公司中只有我们一家公司利用业余时间对清楚了我们之间八年没有对过的账目；我们还利用业余时间在公司财务上推行电算化，引进财务软件取得成功，当时还不知道用友、金蝶、ERP，全靠自己摸索，这样我们公司至少省下了五个存货明细账的记账员。

大概工作四年之后又有了一个不错的机会，就是我们公司要在省会城市设立集团公司，需要一个财务经理。而到这时整个财务部已经没有人能够和我竞争了，我顺利成为新的集团公司的第一任财务经理。新工作专业方面的难度非常大，工程预算和决算，分公司和子公司的财务管理，新业务的财务核算，银行、工商、税务方面的对外事务等，很多问题我以前都没有接触过。另外，人际关系和领导能力方面也有新的挑战，财务部我年龄最小，但要对下属进行工作的分配和检查；中层干部中我年龄最小，工作时更要以理服人。所以我只能对财务部的工作高标准严要求，不能够有一点差错；对部门人员工作的分配和检查注意态度，吃苦在前，身先士卒，要求别人做到的自己首先要做到；对其他兄弟部门在不违背工作原则和制度的前提下勤于沟通，动之以情，晓之以理。

这些压力和挑战真正磨练了我，使我的业务能力和协调能力有了很大提高，做事情知道轻重缓急，做人知道原则和责任。事实上作为财务人员，尤其是当你做到财务经理的时候，一定要做实事、讲真话，尽量公正、公平、客观地对待每一个人、每一个部门、每一件事情。看似简单的道理做起来却并不容易，但这也正是你的价值所在。

为了在业务上得到进一步提升，1998 年年底我离开工作了 6 年的公司，到了一家会计师事务所从头干起，成为一名执业的注册会计师。会计师事务所的工作非常辛苦，你可能不知道今天中午在哪里吃饭，也不知道今天晚上会住在哪里，因为你要最大限度地服务你的客户。然而事务所是我事业的加速器，在事务所你会看到不同行业、不同类型、不同年度、不同种类的经济业务的处理，你要对各类法规、规则、规定烂熟于心，要对会计制度、会计准则、审计准则的变更及时理解和掌握，还要时刻关注和了解最新的经济事项，所以你会对原则和责任有更深意义的了解。在中介机构的那些日子是我进步和提高最快的时期，我从一个一般的注册会计师成长为部门经理，为那些大的集团和上市公司提供专业服务。

2002 年一个很偶然的机会，我在网上看到上海一家外资企业招聘财务总监，年薪 10 万元。10 万元，是母亲十六年的退休工资！对我而言简直是天文数字。因为当时母亲要做一个心脏手术，家里非常需要钱，而这无疑是个很好的机会，所以我便萌生了出来打工挣钱的想法。当时我已经三十二岁了，一个人来到了陌生的大上海，我的人生和命运从此改变——机遇对于人生来讲很重要，但只有准备好了，才能在机遇来临时牢牢把握住。

上海的工作压力很大，工作节奏也非常快。早晨八点开始，晚上十点肯定结束不了，周末能够休息一天已经是很好了，就这样过了三年，我把公司所有的财务流程、制度、岗位都进行了梳理，完善了公司内部控制和内部治理，同时牵头负责公司的香港上市协调等事项。2005 年公司顺利上市，我的繁忙算是告一段落。

回首这段经历，我最大的感触是：当你有了更大的舞台的时候，一定要记得自己的责任和任务，不论有再大的困难也要完成既定的目标。不是为了职位和工资，而是为了别人对你的信任和托付。我的英语不好，和海外的券商、律师进行沟通，以及协调上市过程中有关文件及其他资料的准备，都用英语，对于我来讲有很大的难度。然而我作为财务总监，能够带领公司最终成功走上香港主版，支持着我做好的是毅力。

要取得事业的成功，长期的努力和付出是必需的，但对于刚刚工作的年轻人来说，需要做的还远不止这些。在我做了总监，也要培养人、使用人的时候，我才知道其实年轻人最大的敌人往往是自己。一屋不扫何以扫天下，你必须从一些小事做起，养成良好的职业习惯，才能够让人信服地给你重担。所以，对于职场新人来说，我建议你这样做：

1. 上班之前做好工作准备。每天提前 10 分钟进办公室，整理自己的桌面和办公用品，排好一天工作的先后顺序。

2. 保证工作质量，按时完成工作任务，今日事今日毕，不将手上的工作推到明天。

3. 认真理解工作任务。如果你的领导给你布置了任务而你不理解，千万要问清楚，你可以说我再和您确认一下。然后，再把你的理解重复一遍。这样，才能够保质保量地完成任务。

4. 不要虚度时光。如果你的工作量不足，你可以问周围的同事有什么事情可以帮忙，或看一些与专业相关的书籍，不要和同事在工作时间说笑、闲聊或上网聊天、打游戏。

5. 尊重领导和其他同事，别人不告诉你的东西不要去打听，不要翻看别人的本子、电脑、文件、资料。

6. 微笑着面对每一个人，包括你自己，不论开会、打电话还是其他事情。

7. 如果你要和别人比就比为公司付出了多少，不要比金钱或权利、衣服和首饰、奖金及收入。因为这些都是外在的和暂时的，随着时间的改变，这些都会成为过去。

人生有很多艰难和坎坷，没有人能够随随便便成功。你拥有的和你的付出是成正比的，有付出才会有回报。只要我们不断地为自己的明天积累，不论你在哪里，不论你的年纪，你都会离成功越来越近。

（原载《财务与会计》2006 年第 7 期）

让梦想照进现实

王方芳

我的梦想是当一名考古学家，因为我一直觉得考古不但可以获得对未知事物探求成功后的成就感，还可以去很多地方了解当地的风土人情、文化传承、历史古貌等。高考填报志愿时，我毫不犹豫地选择了考古专业，却遭到了父母的强烈反对，并直接将我的志愿改成了会计学——一个未曾在我考虑范围内的专业。在我的印象中，会计人整天就是与数字打交道，枯坐办公桌前加减乘除0至9，一成不变。我怀疑，这样的工作，对于一直心系考古的我来说，能坚持得下去么？

毕业后，我去了一家私营企业上班。出纳，这是我刚进公司接手的第一项工作。没有繁琐的报表，没有繁杂的账目，经手的都是白花花的银子，需要高度的细致，这竟让我开始体会到这份工作与考古的相通之处——细致，是从事考古工作的必要条件，不细致是做不了考古学家的。

做出纳的时候，公司报销付款用的多是报账通，就是无需输姓名，只要输入卡号，报销的现金就能转入私人账号。每次输卡号时我都会认真核对，半年里，没有因为卡号输入错误而误转款项，但意想不到的错误还是出现了。那是在给一个顾问转3.7万元费用时，我输入卡号、金额，按确定键，但报账通上显示连线失败，我没多想，又转了一次，还是失败，接着又转了一次，仍是失败。之后我下意识地查了一下银行存款余额，结果发现三笔3.7万元都成功转出。当时我就傻眼了，赶紧找银行问办法，银行工作人员说他们也没辙。多转出7.4万元，对于我这个刚上班的人来说，那可是整整三年的工资。没办法，我只好硬着头皮去找领导，说明了情况，要到了那个顾问的电话。

接下来的十多天里，我天天睡不好。每天跑银行，必须找到机器出错的原因。在公司的时候就拼命给那个顾问打电话，但十多天过去了都没能打通，我简直都要急疯了。一个星期过去了，两个星期又过去了，电话终于接通了。原来顾问出国了，才回来。我赶紧说明了情况，他说处理好手头上的事情就去办理退款手续。

工作中的一个细微变化，就可能改变一个人的生活。就像考古，也许一个碎片，一片泥土，你遗漏了，有些谜底便永远也解不开，会计也一样。在经历过顾问费的事件之后，我变得更耐心也更细致了。

半年以后，我开始做费用会计，转岗后的我开始学习制作各种费用报表。慢慢地，我发现公司的费用报表有些地方不是很合理，于是就着手进行优化并完善，当新的报表呈现在大家面前并得到认可的时候，我发现原来会计也可以让我感受到那种探索新事物成功后的喜悦。

随着人生阅历的增加，我对考古工作的认识开始回归其本质。其实考古并不是一项有趣的工作，也是枯燥的，考古者不仅仅需要细致入微，还要有坚强的毅力，方能做好事、做成事。其实会计也一样。

记得2011年年底的一天，公司财务总监要求我在元旦前将费用账及相关报表全部赶出来。接到通知时已经是12月30日的下午了，也就是说我必须在剩下的一个工作日内完成平时截至次月5日才能完成的工作。当时我觉得这项工作很难在这么短的时间内完成，但领导布置的任务必须执行。硬着头皮往前做吧。

我认真核对费用、制单入账。已是凌晨两点多钟了，实在困得厉害，就设好闹铃，趴在桌子上睡了两个小时，四点多钟又开始工作。一直到31日下午，费用制单入账工作才结束。

我觉得这样的工作就像考古工作中拾取文物碎片、然后再拼接成一件有价值的文物一样，别看那不起眼的碎片，作用可大着呢，少了谁都不行。会计也是一种抽丝剥茧、循序渐进的探索过程，本来一个个没有联系、不能说明任何问题的数据，经过你的研磨，变得会说话和有价值了。

一刻也不敢松懈，我随即开始制表归集。当新年的钟声敲响的时候，我完成了财务总监布置的任务。这个时候，我发现，和考古一样，做会计也需要毅力，没有毅力，我又怎能按时完成财务总监交给的任务？

至今，我已经做过出纳、费用、成本、总账等工作。在工作中，我发现会计并不只是一些简单的数字，等你将它们呈现在纸上时，就像是一块冰冻了许多年的化石，经你的手一层一层地剥开，就能看出“化石”的本质，得到升华。当所有的数字关联着成为一张张报表时，是那么生动，也是那么有意义。

你也会因此而变得快乐，你的会计世界也会因此而变得透明。

每个人都有自己的梦想，但梦想与现实常常不能按照预定的轨迹行进。当梦想与现实相差太远或者相悖时，那么，就让梦想照进现实，努力工作，积极进取，实现另一番精彩的人生。

（原载《财务与会计》2012 年第 7 期）

选择了会计之后

王　宁

我初中毕业后就上了中专，学的是化工分析，毕业后分到一家中型炼油厂。炼油厂到处是十几米、几十米高的大油罐，我的工作就是每天爬到油罐上去用尺子检一下油高，然后记录下来。岗位的名字叫计量，似乎还是同数字有关，这竟然成了我一年以后成为一名会计的铺垫。工厂里的日子应该是很舒适的，除了上下班去检一下尺也没有什么太多的工作，但我却并没有闲下来，每天都跑到罐区，看看那里的纵横交错的输油管道、蒸汽管道，就想把它们搞清楚，哪一条是去向哪，哪一条又从哪里来。在罐区里总可以看见我拿着一个本子的小小的身影，有时候厂长去罐区巡检也常遇到我，这让我在他们眼里成为与众不同的女孩子。没多久我就搞清楚了各条管线的情况，并用水彩笔精心绘制了幅罐区管道分布图。

我知道自己一直是个不甘平庸的人，这种性格让我一直前行，也一直走得很累。参加工作当年我就参加了成人高考，父亲说学个会计专业吧，于是我就选择了会计。那时候我对这个专业本没有什么概念，更不知道喜不喜欢，只知道这个工作以后是可以坐办公室的，比较适合女孩子。由于我工作比较努力，加上在修会计专科，这样我在爬了一年油罐后就真的坐了办公室，成为一名会计。

我所在的厂是个几千人的大厂，生产分厂核算的主要是成本，再就是分厂小金库的管理，业务非常简单。但在这段时间，会计业务以外的事几乎占据了我工作时间的一大半，出黑板报、参加各种演讲比赛、组织各种活动，国有企业的文化生活总是那么丰富，而对于我，说好听是多才多艺，说不好听就有点不务正业。

世间的变化真让人无法预料，在我工作了4年后，我们厂——那个曾经一直是市里各项工作试点单位的优秀企业，由于投资不当发生了经营困难，欠发工资的情况一个月又一个月地延续着，这时候我也正好做了母亲，看看嗷嗷待哺的儿子和同样发不出工资的丈夫，我只能选择重新开始。

一个作废的会计证（由于未参加年检而作废）、一个业余大专的毕业证，这就是我那时候全部的筹码，揣着这两个证，我往返于各个人才市场之间。招聘广告上到处都写着条件——“会计师职称”，我那时候是多么羡慕人家手里拿着的这个职称本本。可能是因为要求较低，第一次自己找工作还算比较顺利，不久我就到一个酒店做起了出纳工作。命运总是不断跟我开着玩笑，当我在一年后从一名出纳成为主管会计时，酒店也由于经营不善面临关门，于是我又有了第二次求职。由于有了第一家酒店的工作经验，我很快找到了一家四星级酒店主管会计的工作。半年后，原来的炼油厂让我回去，不回去就有可能解除劳动合同。如果说过去的几年是因为我要强的性格让我在不自觉中选择生活的话，那么在这个时候才真正开始审视自己缺少的是什么。毫无疑问，那个时候，一个会计证、一个大专文凭在市场中的定位就是一个小公司的会计，因此，我需要学习、再学习。虽然在酒店工作可以有一份不错的收入，但回到国企就有时间去继续学习，因为酒店的工作太繁忙了，几乎每天到家都是晚上 8 点以后。于是我选择了放弃，回到了国企。

2001 年、2002 年我参加了 CPA 考试，且不说考试的难度如何，一年 365 天，我没有为自己放过一天假。感觉那时候最对不起的还是儿子。记得有一次，周末我又要去看书，儿子刚刚学说话，我走时一般是不能告诉他的，怕他哭闹，趁他不注意的时候就背起包朝外走。谁知小家伙竟然看到了，他慌慌张张紧跟着我，由于刚学会走路，就跌跌撞撞地扶着墙，当他走到门口，面对下不了的台阶时，忽然大声哭喊出：“妈妈”。那时我的心都碎了，但没有回头，后边是他的哭闹声和老公跑出来哄他回去的声音……

就这样，我踏上了 CPA 之路。几年了，也有过迷茫彷徨、苦闷抉择，但今天我终于发现自己是这样热爱这个行业。记得有朋友在谈会计人生的酸甜苦辣咸的时候，有意在文章题目中去掉了一味“甜”，其实我相信每一个热爱自己工作的人都不会少这一味的。我热爱这个行业，爱同事间争论业务时面红耳赤的执着，爱同事间出差在外时相互支持的绵绵情意，爱与客户沟通时碰撞出的和谐音符，更爱孜孜不倦学习中收获的点点滴滴。

我知道想要成为一名合格的 CPA，要走的路还很长，但我不会放弃，至少现在我还在追赶。蓦然回首，我也会为自己的人生喝彩！

（原载《财务与会计》2005 年第 6 期）

我的生命属于你

申维武

不知道我是什么时候开始对会计产生偏见的，也许是中专毕业前的两个月实习中形成的吧。那时，我和几个同学被分到一家医药公司财务科，所谓实习，就是每天打扫打扫卫生，然后做一会儿一位即将退休的老会计布置给我们的功课——翻凭证。老人是好心，可我们懂什么呀，翻来翻去只觉枯燥和不明所以。人身上有一种可悲的东西就是当他对一门学科懵懂无知时却认为这门学科最简单不过！最初我对会计的认识就是这样的。

但是上天偏偏捉弄人！我学的是计划统计，却鬼使神差地被分进了财务科！那真是一段迷茫的岁月，迷茫得让人有些不愿回忆……少年时考大学研究国史的梦想破灭了，我丧失了求知向上的欲望。中专三年的放任自流又让我失去了学习的勇气和信心，那时候我的大脑中没有多少老师所授会计知识的印迹，更可悲的是我愈来愈轻视这门学科，当公认有较高水准的总会计师面对税务、审计人员侃侃而谈新出台的法规内容时，我居然冒出这样怪异的想法：那只不过是报刊上登载的文字，记熟了而已，有什么了不起！勿庸置疑，我的诸多毛病注定了那段时间工作上的失败。什么都不会做，什么都不愿学，对一个蓬勃年华的青年用“慵懒”二字来形容绝不过分。渐渐地，领导对我的关心没有了，同事间必要的尊重也没有了，而身边那鄙夷的目光、讥讽的话语却越来越多。大企业的岗位分工很明确，我的主管领导因煞费苦心要为我圆场，给我专设了一个岗位并起了个很好的名字叫综合会计岗，说白了，就是专做杂务！工作的失败极大地影响到我的情绪，我感觉那段日子好长好长啊。

我在家中排行老小，父母自是对我百般宠爱。他们为了照顾我的生活，以使我好好工作，忍痛将小城的房产廉价变卖后和我在单位上的一间简陋平房里住了下来。我那时真的是很不孝顺，常常因为工作上的不如意与父母发生争执，甚至有时候竟然还埋怨他们，为什么不供我这个小城中考状元去读高中考大学研究国史，而让我现在从事没有兴趣的会计工作。父母由此非常难过，晚上我常常能听到父亲的唉叹和母亲的哭泣，但世上最宝贵的东西还有胜过父母之爱的吗？两位老人由此不断催促我的兄长想办法帮我调动工作，还不断去找他们的老朋友帮忙，可由于种种原因始终没有结果。我很灰心，父母则一边自责他们当初让我上中专的决定，一边许诺让兄长给我调换工作，在父母的宽慰下，我的情绪多少有一点好转。

一切似乎在朝着好的方面转变着，但这时，我年迈的父亲查出患了肺癌！如同晴天霹雳，让母亲和我几乎瘫倒。但是父亲身上的坚毅和乐观强烈地感染了我。不知怎的，那时的我一下子变得坚强起来。每天除拼命地工作外，就是尽心地照料父亲和安慰可怜的母亲。在那段痛苦的日子里，父亲和我有了很多次心与心之间的交流。我渐渐明白了父母身上的艰难和辛酸，理解了他们让我去上中专的苦衷；也体会到了父母心中那种急迫的期待，期待他们的孩子能够振作起来，积极向上地工作、学习和生活。至今我仍清楚地记得父亲说的话："三百六十行，行行出状元，任何一门学问只要钻进去就不会感到后悔和遗憾，只要有信念，凡事一定能取得成功!"

父亲的死让我成熟了许多，我再也不要求谁为我调换工作，也去除了浮躁不安。我默默地对自己说，既然这辈子注定要与会计为伴，为什么不去把它钻个透彻?! 说来真很奇妙，当我暗下决心这辈子入定会计行当的时候，竟油然生出一种莫名的轻松和解脱，眼前的会计之路一下子变宽阔了，攒了多年的劲感觉有地方可以使了。陆续地，自考学历通过了，又相继获得了会计师、注册税务师、注册会计师资格。我的自信心变得充足，生命重新焕发起希望。

我努力地学会计、做会计、钻会计，才发觉会计实在是一门深奥的学科，把它仅仅视作一种核算收支的工具或者单一的经济附着物真乃小儿之见，财政、税务、金融，管理、投资、评估、精算。以及各种实业，哪一个行当也离不开会计。通会计者通经济，通会计者通天下！

觉醒后的我依然很偏执，喜爱会计而对会计的痴迷和疯狂正与厌烦会计的悲哀和失落成了鲜明对照。还好，这种偏执不至于再让我继续蹉跎人生，我的会计生涯还有很长的路要走。

窗外那棵枯老的沙枣树上布满了金黄色的小花，随风飘过来清丝丝的芳香。我深深地吸了一口，不由得精神振奋起来，霎时新的思路又涌了出来：无外乎资产等于负债加所有者权益嘛，不朽真理！钢笔愉快地在工作底稿上开始了奔跑。不知什么时候老母亲在我耳边轻轻喃道：儿啊，这么晚了，快去睡吧！我应声着，整理了一下资料，在母亲和蔼的笑容中装着沉甸甸的幸福和收获进入了梦乡。

我的生命终于找到了依托，那就是你——会计。

（原载《财务与会计》2005 年第 2 期）

工作十五年

——我的进城路

李青锋

写这篇文章的时候，我在深圳工作，34 岁，回想十几年来工作和考试的风风雨雨、坎坎坷坷和喜怒哀乐，总让人不由得感慨万千。

再见，故乡！

1993 年 7 月，我从陕西一家省级中专毕业，那一年我 18 岁，被分配到家乡县级市物资局下属的一个小公司任会计兼业务员。

1995 年春节后，发生了一件改变我命运的事。一天下午，经理通知我第二天一早 6 点半和她一起去西安进货。可是第二天早上我起床时已经是 7 点 55 分了。当我怀着极其内疚的心情出现在经理面前的时候，她好像没看到我一样，领着出纳风风火火地走了。就这样，我失去了这个机会，也失去了我的工作。

1995 年 3 月，我拿着自学考试会计大专毕业证，只身来到广东。临行前我没有向父母辞行，只给他们留了一封信，信里有这么一句话，足以说明我当时的心情："如果不干出一点名堂来，就是跳长江，我也不会回来！"

第一次求职

得知一位校友在广东东莞一个工厂打工，于是我拿着他的地址来到我出行的第一站——东莞，听了校友的介绍，才了解到想请他帮我找工作的愿望是无法实现的，我只能自己去找。于是买了一张地图、一份报纸，白天四处奔波，晚上住旅馆，开始了找工作的日子。每日求职的行程有几十里路，几乎都是步行，走了一个工业区又一个工业区，出了小镇，进了小村，可每一次都是兴冲冲地去，沮丧地回。一次次地碰壁、一次次地被拒之门外，我渐渐有些失望了。一次偶然的机会，我找到了第一份工作。当时我在邮电所的橱窗里看到报纸上一条几天前的消息，说一家台资厂招聘储备干部，要求大专以上学历。我试着打了个电话，居然让我去面试。经过老板的询问和审视后，我被录用了，当时的心情别提多高兴了。

储备干部，顾名思义，就是储备当中的干部，也可以说是一种储备人才，这是许多成长中的企业都会招收的人员。台资企业培训干部首要的标准是顺从，其次就是勤劳。许多台湾老板都深信勤能补拙，不聪明没关系，但一定要勤劳；不懂也没关系，但一定要顺从。我们老板也不例外，他要求我们从最基层、最简单、最辛苦、最平常的事做起。在正式上班之前，经过了一周的军训，老板要求我们像军人一样服从指挥，否则就要接受处罚。我是这个公司的第一批储备干部，也是干得最久的储备干部。我平时的工作就是改纸箱的唛头、上下货柜、搬几十斤重的皮料和成品箱，一天差不多要干十几个小时。闲暇时，我就在原料仓库学认物料，因为当时对这些东西一窍不通，于是我做了许多样本册，记录物料的名称、规格、颜色、材质及用途，这些对我以后的工作起到了重要的作用。进厂不到一个月，老板觉得我很卖力，也很用心，就调我去办公室担任主管。就这样我开始了全新的工作生涯。

打工生活

不久，份内的工作驾轻就熟了，老板又让我去学做制造通知单。由于我勤学好问又善于思考，承担的工作越来越多，当然也越来越累，可我觉得很值，一方面收入是以前无法比拟的，另一方面也掌握了更多的工作技能。

随着工厂的扩建，生产规模越来越大，订单越来越多，工作量也越来越大，可生活条件依然很差。所有的管理人员都和普通员工一样，十二个人住一间宿舍，排长队吃大锅饭，稍晚一点下班就没饭吃，更可恨的是老板娘竟然买快要发霉的米给我们吃。为此我们不知抱怨过多少次，但在那样一个家族统治的私营企业中，收效甚微。这使我总想离开，但此时的我没有太远大的抱负和理想，也没想在广东呆一辈子，就是想再挣一些钱，回老家买套房子，为以后成家立业打好基础。于是，抱着这种想法，1996 年春节回家还清了所有的外债之后，我回到工厂继续我的打工生涯。

本命年之灾

1998 年是我的本命年，人常说本命年难过，这一年真的祸不单行。11 月份我离开了工作近4年的工厂，回到老家。因为买房子和结婚借了不少外债，所以这一年我又变成了一个负债户，而想在家乡找一个以前那么高收入的工作是不可能的。于是，蜜月一结束我便抛下妻子，只身再闯广东，寻我的第二次打工梦。在驶往“故地”的列车上，我遇到了这一次征程的第一件倒霉事：从陕西到广东，途径河南、湖北、湖南三个省，到湖南衡阳站下车买饭时，被小偷掏了钱包。

回到东莞，我选择了原来打工的工厂附近栖身。因为带的钱被盗，只好向以前的同事、老乡求助，顺便打听一下有没有工作机会。

在等待工作的半年里，我等来了一串串让人心酸的事情：母亲病故、妻子流产，一个个晴天霹雳接踵而至。

好马也吃回头草

迫于债务和生计的压力，我选择了重回以前的工厂，一方面想求一段稳定收入，积蓄力量，另一方面想为以后的转变寻求一个熟悉的空间，节省一点气力。老板很希望我回来，因此没有经过什么波折，我就回到了初来广东时的第一家工厂。工厂里的人和事已经和以前大不相同，不过我还是很快地适应了。

2000年很快便过去了，2001年我从同学那里拿了一套考中级会计师的教材。从拿到教材的那一刻起，我学习的热情又被激发起来，甚至有些豪情万丈，我下定决心一定要考过，为以后的转变打好基础。春节过后，我回到工厂的第一天就开始复习，我的复习时间只有不到四个月，而课程我已经放了很久了。从此，在极有限的休息时间里，我生活的主要内容就是学习、甚至有一个多月连厂门都没有出去过。

一天下午下班后，办公室轮到我值班，我照旧拿出了教材复习起来。这时，老板走了过来，看我正在看《经济法》，便问我是不是在考证券交易所的营业员。我照实回答说我准备考会计师。他说我在上班时间复习考会计师，这不是领着他的工资却在做自己的事情吗？这时我才明白平日里他常说鼓励我们学习，希望我们有更好的机会和前途，其实并非如此。我解释说并没有因为看书而影响到工作，我所有的工作都是在第一时间圆满完成的。虽然后来老板也没有为这事和我较真，但我也因此失去了一次升职的机会。我并不后悔，因为我正在谋求着新的转变和开始，而这些对我来说只不过是黎明前一段小小的序曲而已。

5月份我请了十天假回家考试，两个月后，考试成绩出来了，四门全过！

我兴奋地一下子从床上翻了起来。这一刻，我又找回了以往的自信，似乎看到了成功正在向我招手。

2002年春节过后，老板越来越变本加厉地把我们当长工使，让我心中离开的念头越来越强烈。3月中旬的一天，我带着简历，冒着大雨去一家新厂应聘，很顺利地就被录用了。

我要迈开改变人生的第一步，找一个相对宽松的环境，使我有机会更多地熟悉外面的世界。

梦开始的地方

说真的，无论如何，我还是非常感激我的老板，因为如果没有他给我机会，我也不会有今天。但是我去意已决，为了我的前途，我还是要告别这个毫无发展空间的地方，离开我奉献了近六个春秋，也耗去了我最宝贵的青春年华的工厂。

新厂就像一个跳板，半年后我就有机会到了深圳——一个新兴的城市，一个奋斗的围城。最可笑的是，来到深圳我才知道注册会计师是可以用考试获得的，并且这个考试已经进行了十几年。从这一点，可以想象在那种以基础加工制造业为主流，以劳动强度和劳动时间换取经济繁荣的地方，外界的消息对于我们来说，是多么地稀少和匮乏，办公室——饭堂——宿舍，三点一线的生活让我们失去了多少精神财富。因为我的梦想是做一名真正的注册会计师，所以2005年4月份，我委托朋友帮我报了注册会计师考试的全部课程，梦想着一次全部通过，期待着创造一个辉煌。

自此，我不仅来到了深圳，而且进入了“注册会计师考试”这座“围城”。

第一次注会考试

深圳是一个注重学习和自我培养的城市，在这个氛围当中，我不得不利用一切可以利用的业余时间去充电、考试，以使自己不被淘汰，这在以前闭塞的工厂是不可能的。还有就是人际关系，以前的人际关系相对于这里来说较为简单。而在这些高楼大厦当中，每个人都有自己的世界、自己的想法和自己的关系网络，相处起来极为不易。这些，都是需要我去面临和适应的。

2003年9月，我应聘进入了一家合资的信用担保公司，担任主管会计。

由于积极肯干，很快便成为公司的骨干力量，并且在2004年初提升为公司的财务经理。自此，公司的每一项重要决策和项目，都有我倾注的心血和思想。由于有了更多的业余时间和假期，我对注会考试的复习抓得更紧了。

2003年11月初的第一个周末，我参加了当年的注会考试。考第一门审计的时候，我有些紧张，题量大得惊人，题目也出得让人瞠目结舌，难度超乎我的想像。虽然尽了全力，可还是没有答完所有的题目，特别是最后一道综合题。后面的会计和财务成本管理，同样由于题量巨大，我都没有答完。经济法和税法感觉过的几率较大。考完之后，虽然对自己起初的预期已经大打折扣，但出于对自己以往考试能力的信任，感觉至少也能过三门。

2004年1月初，考试成绩出来了，结果令人大跌眼镜，税法、经济法和审计没有通过，会计和财务成本管理以超过及格线三分的成绩合格。

新公司及第二次注会考试

2004年8月，注会考试前一个月，我离开信用担保公司，进入了目前供职的这家公司。离职的原因是公司内部出了变故，而且与我以前的想象差异巨大，已经没有继续做下去的理由和环境。这家新公司，是深圳较为有名的一个上市公司，这是它吸引我的原因，我想做上市公司的财务工作。我应聘的是外派财务负责人，而且我特别提出，希望能派到家乡去。

这一年，我报了注会考试没过的三门科目，决心在考试中将信心赢回来。同上年一样，我几乎牺牲了所有的假期和业余时间去复习。来深圳两年，我没有去过欢乐谷，没有去过世界之窗，甚至没有去过海边。同时，我还报考了注册评估师的两门与注会相同的科目，我想顺便一并考过。这一年的考试，给我的感觉就是“累”。考完之后，整个人好像虚脱了一样，几乎找不到东南西北了。因为有了上一年的经验，这次考试我感觉通过的几率较大。我期待着成绩的公布，期待着那种胜利的心情。

考试成绩于12月份公布出来，注册评估师的两个科目均顺利通过。注会考试除了经济法以70分通过外，审计和税法均为59分！

外派及第三次注会考试

2005年6月份，我外派到北方的一个海滨城市，在公司的一个子公司里任财务负责人。全新的环境，全新的工作内容，全新的我。我是抱着挑战自我的念头来到这里的。还是那句话，一切都要靠自己。这是公司两年前收购的一家内地老国企，有上百年的历史，属于简单工业的商贸企业。这个公司财务状况和经营成果都排在公司二十多家子公司中的倒数三位里。

外派前，我剩余两门注会考试科目已经报了名。通过两年的考试，我已经感觉到了一些无奈和困乏，从前考注会是为当一名注册会计师，可是近些年来，我已经没有了去事务所的那种强烈愿望，只想在企业里面进一步发展。这时，注会考试对于我来说，并非职业转换的要求，而变成了一个证明自己的工具，完全成为了一个考试或者说专业技术上的目标。同时，我也报考了注册评估师的剩余三门课程。这一年，又是五门课程的考试任务，而且注册评估师的其中两门属于工科，以前从来没有接触过，任务的艰巨可想而知。

三个月的时间，我逐渐熟悉了这个新的职位。工作的压力并不在于业务方面，也不在于技术方面，而在于工作环境的培育和人际关系的协调上，尤其是与领导的关系处理和同级部门的协调。老国企的特点在这里表现得淋漓尽致，包括繁重的历史包袱、落后的经营体制、人浮于事的精神面貌、复杂的人际关系及困难的财务状况等。而对这样的环境，作为一个在南方开放环境中呆了十多年的打工者，我感到既熟悉，又陌生。那三个月，我两鬓的头发白了许多，比考注会还要费脑子，我曾经想过打退堂鼓，我不想做自己不喜欢的事。可是，为了领导的信任，为了那份责任，为了证明自己，我还是撑了下来。

失去的是什么？除了时间、精力外、就是我的考试任务。这一年，因为没有时间和精力学习，我生平第一次因为工作原因放弃了已经报了名的注册评估师考试，因为我知道，从此没有那么多的精力和时间像以前一样去学习看书了，我决定把精力集中在注会考试上，因为比起注册评估师考试，它对我来说更有证明意义。

真正复习的时间只有一个多月，在那段时间里，我力图把每一分每一秒都用来复习。第三次考试已经是驾轻就熟了，除了考点的变化外，其他没有什么两样。审计答得一般，通过的可能性不大，税法答得还可以，比较有把握。果然，成绩在我的意料之中，审计又一次没通过，让我失落了好久。只能聊以自慰：“明年继续吧！”

走出注会考试的“围城”

2006年的工作环境是异常艰难和复杂的，企业停产、经营停滞、内部混乱、财务危机、官司缠身、职工上访、债主逼债等等，弄得人身心疲惫，狼狈不堪。这些以前只有在书上或者媒体上看到的词语和事情，一样一样地发生在自己周围。没有比这一年中所发生的事情更让我长见识、更对我加以磨砺的了，这种经历，有些人可能一辈子都赶不上。直到现在，我还没有平静地或者轰轰烈烈地离开，却在这种环境下升了职。一切好象就在梦中一样。

2006 年，我的注会考试只剩下最后一门审计，这是第四次考了，我不愿意再考第五次，所以非常期望能在第四年拿下这最后一门考试。我通常采用的学习方法是注重看教材，理解教材，掌握运用，而不喜欢总是做习题，可在这种方法几次都没有成功的情况下我想变换一下思路，买了本习题辅导，在看书的基础上，多做一些习题。另外一个原因就是审计这门课程的特殊性，教材里面没有大范围的举例和习题，只有一些枯燥的理论和准则，而考试从来不考所背的理论。这也是有些人说只看审计教材并不能通过审计考试的原因。9 月份考完后的感觉证明我的改变是对的，有许多人说这一年的题目简单了，量也少了，不管真假，反正这一年我以超出及格线十多分的成绩通过了。那一刻，我很兴奋，甚至高兴地坐在地上号啕大哭，感觉压在心中的一块大石头飞走了。四年了，走进注会考试这座围城，在里面呆了整整四年，终于拿到了走出大门的通行证。多么不容易呀！

现在，我已经拿到了注会考试全科合格证，对于这个证的意义，我不想去评论，但是，需要强调的是，它给我留下了一段记忆，一段永不磨灭的记忆！

注会考试的石头从我的心头飞走了，可没过几个月，又来了一块石头，压在了我的心头：为了给自己创造更广阔的发展空间，我决定报考工商企业管理专业自学考试。我还要继续努力，通过若干年，让它飞走……

（原载《财务与会计》2007 年第 11 期）

选择会计　无怨无悔

徐　红

大学四年中，我先后学习了基础会计学、财务会计学、成本会计学、管理会计学、税务会计学以及审计、贸易、市场营销、企业管理等基础学科。虽然学习了那么多理论知识，明白了会计循环体系，但由于没接触到实务，对什么是原始单据、会计凭证、会计报表仍然懵懂无知，总担心将来干不好会计工作。大四第二学期，要进入实习阶段了，我联系了省城一家大的民营企业。财务部负责人让我先见习半个月，负责出入库统计。那段日子，除了吃饭休息，我就呆在成品库，掌握出入库规律，每天早、中、晚三次盘库，并协助仓库管理员做好出入库登记。十余天后，盘库记录准确无误，实现了企业多年盘库不清的大转变，并撰写了三四千字的盘库分析报告，得到了财务部负责人的认可与赏识。之后，财务部负责人直接让我担当三家下属单位的出纳，这是对尚未正式迈出校门的我是一种莫大的信任。毕业之后，根据个人意愿和系里的安排，我来到了胜利油田。

油田是个没有围墙的大企业。胜利油田年产油近 3 000 万吨，工作区域横跨山东 8 市 28 个县（区）。仅我所在的采油一矿就有 11 个采油队，年产油 130 万吨，干部职工近千人，油水井一千多口，计量站、配水间近 80 多座，大的接转站、注水站 4 座，各类资产 3 000 多项，资产种类多，分布散，流动性大，管理任务重，特别是管线流程和油水井井位很难掌握。在日常工作中我积极向老师傅请教，有空就多往现场跑，了解每一项资产的使用状况和存放位置。经过半年的努力，我借助搭建起来的基层资产管理网络，保证了各项资产的规范有序管理，在采油厂组织的验收中，排名前列，让刚走进油田大门的我，有了不小的成就感。

2000 年，我担当了采油矿的财务负责人，深感肩上的责任重大，因此在工作中更加细心谨慎。期间，我主要抓了以下工作：完善各种制度，调整业务流程，强化人员的责任意识，不断提高岗位技能和操作水平；细化预算执行分析，保障资金需求，将工资奖金按时发到职工手中；做好基层会计业务的指导和帮助，建立月度例会工作制度；严肃财经纪律，保持会计人员的廉洁自律；加强岗位轮换和交流，注重会计人员的继续教育和学历提升等。两年多的时间里，我在摸索中前行，积累了不少工作经验，个人也得到了很好的锻炼和成长。

2003 年，领导推荐我到油田财务处资产科帮忙。前期对资产管理已经比较熟悉，所以工作起来得心应手。油田财产保险份额大，保险费用高，我从压缩保险资金支出、提高保险投入效益入手，与资产科的负责人一同开展了集中投保研究，将分散在各二级单位的保险业务在不改变投保和索赔主体的情况下，集中在油田层面进行统一管理，建立保险公司准入和保险业务招投标制度，将风险低的车辆险、雇主责任险与风险高的海堤、平台、滩海地带油气生产设施财产险进行捆绑投保，同时签订无风险返还协议，使保费支出降低幅度达到 30% ~40%，受到了油田领导的一致好评。后来我将实践工作经验进行总结提炼，撰写成论文——《胜利油田保险资金“大有可为”》，发表在《中国石油企业》2003 年第 12 期。

2004 年是我参加工作以来最为繁忙的一年，领导安排我协助油田做好废旧资产处置工作。油田资产数量几十万项，原值数百上千亿元，每年都有一大批资产报废淘汰。由于资产处置价格低，导致国有资产处置收益流失严重。基于此，油田领导决定召开废旧资产调剂会，实现各类废旧资产的统一处置，让客户公平竞争，以提高废旧资产的处置收入。召开资产调剂会，由于涉及的环节多，会议召开前的一周里，我每天忙活到深夜，好几次晚饭都用方便面凑合。经过全体参会人员的共同努力，油田首届废旧资产调剂会取得了圆满成功，现场处置资产 1 400 多项，获取处置收入 400 万元，大大超出调剂会前的估计数，也为以后废旧资产处置提供了模式和借鉴。

后来我被交流到预算管理岗位，适逢中石化和油田积极推行全面预算管理。因此，我结合采油厂的实际，根据领导的部署，采用生产要素定额预算方法，制定了以产量、工作量、人员组织结构为主要内容的单耗定额，全面反映生产需求。特别是在水、电、燃料、材料、作业、外雇运费、设备和工程维修方面，完全对应生产需求点、工作需求量、内外部定额价格进行测算，综合优化和调整，形成结合生产经营实际的成本预算方案。与此同时，加大预算调剂力度，逐年扩大调剂的内容和范围，增进预算执行的灵活性。为推动预算工作深入开展，加强预算刚性控制，我着手完善了预算管理制度，推动成本预算的制度化管理，具体包括以下几项：一是建立月度动态业务预算管理制度，形成“以月保季、以季保年”的预算管理模式。在年度预算总目标下，根据月、季度生产目标，将年度预算（包括业务量和价值量）分解落实到月度预算中，编制月度业务预算和资金预算，由业务部门审核，作为月度控制依据。二是建立成本预警制度，对作业费、电费、材料费、外雇运费以及采油厂整体预算实行预警控制，凡出现超支的，必须向预算委员会进行报告，并说明原因和理由，否则，停止相应的预算安排和部署。三是建立经济活动分析例会制度，初步形成了采油厂按月分析、重点费用（如电费、作业费等）专题分析、三级单位重点分析制度。此外，不断完善三级成本控制体系，将预算目标延伸至基层队，形成上下统一的预算指标体系，逐步满足以单井、开发单元、区块为主线的成本管理需要。

我在做好本职工作的同时，积极反思与探索财务资产管理热点、难点，及时把采油厂先进管理经验进行总结推广，为推动采油厂经营管理水平的提升，作出了自己应有的努力和贡献。主要表现在：一方面，积极参与现代化成果立项和合理化建议的申报工作。由我主导完成的《关于建立分层次预算管理的建议》、《关于进一步深化全面预算管理的建议》，分别获油田合理化建议二、三等奖。另一方面，延伸写作爱好，紧紧围绕资金、资产、成本、预算管理的主线进行探讨和思考。自 2000 年以来，我累计发表和获奖的各类论文近 50 篇，潜心完成的《孤东采油厂的精细成本管理之路》发表在《财务与会计》理财版 2007 年第 9 期，首次问鼎了最具权威的财会类期刊。

岁月如梭，时光荏苒，投身会计工作已有十余个年头。期间，辛苦过，辛酸过，但对会计的追求永不懈怠。有付出，也有收获。选择会计，无怨无悔。

（原载《财务与会计》2009 年第 7 期）

第五篇

哲人风范

哲人乘鹤去　风范传后人

——深切缅怀闵庆全教授

王庆成

我国著名的国民经济核算学专家和微观会计学专家、北京大学资深教授闵庆全先生，因多项脏器衰竭，医治无效，于2011年2月5日20时31分离我们而去。噩耗传来，悲恸万分。回忆先生在世时的音容笑貌、高风亮节，我们感慨万千，感念不已。

我国国民经济核算体系的开拓者和奠基人

在1976年以前的30年间，闵先生一直从事微观会计学的教学与研究。1977年起，西方宏观经济理论开始被系统地介绍到中国来，1978年北大经济系设置了国民经济管理专业。由于形势发展的需要，先生在花甲之年开始对这一新的学科进行探索。1980年，他首次为高年级本科生和研究生开设《国民经济核算概论》这门新课，1983年编写了供内部使用的讲义。1989年8月，他独自一人推出了多达44万字的《国民经济核算综论》，这是我国改革开放后出版较早的一本系统阐述国民经济核算理论与实务的教科书。在《国民经济核算综论》一书中，闵先生简明扼要地指出，国民经济核算是以一定的经济理论为指导，综合运用统计、会计和数学等方法，对一国（或一部门、一地区、一国家集团）一定时期内各交易者集团的经济活动（流量），以及它在特定时期内的结果（存量）的各重要总量指标及其组成部分所进行系统的、综合的、全面的测定，旨在描述一国国民经济的联系和结构的全貌。它是宏观经济以至微观经济管理的重要工具，是进行经济预测、编制经济计划和制定各项经济政策的重要依据。国民经济核算所提供的经济信息不仅用于宏观管理，它对于办好企业同样是不可缺少的。他的这一概括是恰如其分的。

值得一提的是，在20世纪80年代中期，我们正面临着一个我国国民经济核算体系采用何种模式的问题，是继续沿用原来苏联、东欧的“物质产品平衡表”体系（MPS，主要是指苏联1926年公布的“苏联1923—1924年国民经济平衡表”的有关规定），还是照搬西方的“国民经济平衡表”体系（SNA，用概括形式表明社会再生产的过程和结果的具体特征而设计的经济表和经济指标体系）？为此，1985年，根据国务院领导同志的部署，我国成立了国务院国民经济统一核算标准领导小组，并邀请有关部门、地方和高校人员，开展国民经济核算体系问题的研讨。闵先生作为全国国民经济核算协调委员会的委员参加了这一研讨。在讨论过程中，他不管多忙，每会必到，认真准备发言。一开始各位专家学者分歧很大、争论激烈。先生是研究宏观会计较早的专家，1977年就翻译出版联合国统计处编的《国民经济核算体系与国民经济平衡表体系的比较》，1982年与肖嘉魁、崔书香教授合译《国民经济核算体系（SNA）》，先后出版过《国民经济核算综论》、《简明“国民经济核算体系”》等著作，但在研讨中他总是采取包容各家之言、倾听不同意见、不急不躁、不求匆忙作出决定、愿意等待实践检验的态度，终于以渊博的学识、令人信服的论述、谦和平易的作风，引导会议较好地研究解决了诸如生产劳动的范围如何界定等若干理论问题。最后大家都认为既不能继续沿用原来苏联、东欧的MPS体系，也不能一味强调中国特点、搞一套“既不东倒也不西歪”的独特模式，而是要以联合国推荐的国民账户体系为基础，根据中国国情和实际需要，进行局部调整和细化。这也正是先生最初提出的观点。当国民经济核算体系进入实施阶段时，又遇到了不容回避的资料来源问题。这时年逾古稀的他，又以中国国民经济核算研究会常务理事的身份，力邀有关专家学者在北大勺园宾馆开会，讨论会计数据与统计数据的协调问题。早在1981年，先生就在中国会计学会年会上作了《微观会计学与宏观会计学》的报告，提出国民经济核算要以微观会计资料为基础，主要取材于来自基层的会计报表，并且指出微观会计与宏观会计密不可分，要认真解决微观会计如何满足宏观国民经济核算需要的问题。这既发挥了他从微观会计“出身”熟悉企业会计核算流程的优势，又吸收了计划经济中某些有益的经验。

著述丰硕的会计学界老前辈

闵先生在微观会计学领域涉猎广泛。他于1939年考入西南联合大学，专攻土木工程技术与设计，一年后转而研修经济理论与实务，1944年于西南联大经济系毕业。1946年受聘到北京大学经济系任教，筹建国民经济管理、企业经济管理等专业。他为北大经济学、工商管理学、会计学等学科的建设和发展作了大量开拓性工作，和同事们一起为北大在相关领域中培养了大批栋梁之才。在开展国民经济核算研究的同时，先生在微观会计学方面进行了广泛的探索，先后为本科生、研究生主讲了工业经济、企业组织与计划、会计学原理、企业会计、企业经济活动分析、财务报表分析、会计制度设计、中外合资企业财务与会计等众多课程，并编著了相应的教材、专著。他还于 1992 年 5 月推出了独自一人编著的 53 万字的《外商投资企业财务与会计》教材，列入“北京大学财务与会计丛书”。这本较早出版的中外合资企业财务与会计著作，重点阐述了外商投资企业的建立程序，外商投资企业资本的来源和类别，出资方式和估价，出资额的转让、增资和资本公积，无形资产和递延资产管理，对外投资可行性研究和财务评价，业务预算和财务预算，责任成本、标准成本法和变动成本法，财务状况变动表和现金流量表的编制，合并会计报表，合营和合作企业的清算等新问题。各章都列出主要名词中英文对照表，还附列了国家有关中外合资、合作经营的法律规定，鼓励外商投资的政策条款，合资、合作企业合同、章程的参考文本。内容丰富、理论观点和实务方法新颖，编写体例颇有特色。在 1992 年第一次会计改革之际即写出这些新颖的、与国际会计惯例接轨的内容，受到了企业界的广泛关注。这正是先生对西方会计长期关注并有深入研究的结果。可以说，先生“学富五车，才高八斗”，是我国会计界德高望重、可亲可敬的老会计人。

温文尔雅、感情细腻的书法艺术家

闵先生出身于书香世家，生长在“上有天堂、下有苏杭”的鱼米之乡和文化之都，有很深的文化底蕴。先生长期钻研书法艺术，在从事宏观、微观会计学研究之余，孜孜不倦阅览临摹前人的书法真迹。他早年学写大字，临颜真卿“多宝塔”、柳公权“玄秘塔”，中学时代开始学习小楷，临王羲之“黄庭经”、“乐毅论”等，后来还研读大令“玉版十三行”、赵孟頫“闲邪公家传”、文徵明“真赏斋铭”等法贴。在观赏临摹中力求领会前朝各家的格调风韵，尤以写小楷、中楷见长。他在乙卯年（1999 年）以 81 岁高龄，书写赠送我的一幅“陋室铭”条幅，悬挂在我的书房里已有 12 年了。每当我抬头看到那端庄秀丽、一丝不苟的手书时，顿感赏心悦目、心旷神怡，来访者见了也都赞不绝口。2007 年年末，北大光华管理学院为庆贺闵先生 90 华诞和从教 60 周年，编纂出版了闵先生诗词名篇选录——《雪怀小楷》（先生字雪怀）。该书收录了先生所书的李白、杜甫、白居易、陆游、辛弃疾等名家诗词的小楷书法作品共 129 篇。在封面、封底内页还刊有曹子林的“洛神赋”和白居易的“琵琶行”，其中“洛神赋”条幅篇幅并不大，不算标题、落款，竟写了888 个蝇头小楷，真可谓诗篇恢宏，笔划精细。写了近 900 个字，竟然没有发生一个错漏，真非一日之功。先生的书法作品多次在中国美术馆、炎黄艺术馆展出。1988 年，他还与著名美术家、书法家杨辛教授共同举办个人书法展。先生的艺术功力，同事们、弟子们无不深为叹服。大家认为他临池用笔舒展自如，意气祥和，无丝毫藻饰媚俗之气。这正是他横溢的才华和严谨的作风在书法作品上的体现，正是他淡泊名利、行事平和、治学严谨的真实写照。他在会计学术上的深邃造诣和书法艺术上的璀璨辉煌是相得益彰的。这也启迪我们，从事任何专业学科研究的人，都离不开必要的文化艺术修养。

践行中华传统道德的楷模

闵先生自 1946 年应聘到北大，从教达 65 年。半个多世纪以来，他从最基础的会计学原理讲起，治学严谨，表现出了令人景仰的道德修养和人格品质。先生 1997 年离休，已年近八旬，依然不辞辛劳，继续指导多位研究生，不仅带博士生，而且还带硕士生、MBA 专业学位硕士生，承担额外的教学科研工作。他谦虚谨慎、自律极严。有一次研究生论文答辩，我对学生论文中结构安排欠妥、理论探讨偏离主题提出了意见，他并未责怪学生，却把责任揽到自己身上，并对我说自己作为论文指导教师“自愧弗如”，如此虚怀若谷使我深受感动。先生处事低调，艰苦朴素，不讲排场，不图虚名。人大会计系于 1982 年夏请他为毕业班同学作专题报告，组织报告会的老师提出派车接他，先生推说他自有安排，不料到时这位年逾花甲的老人竟骑着自行车来到人大。后来他为了搜集有关银行结算业务的资料，又骑自行车来到我家，并从我家骑车到系资料室。先生衣食住行都极为简朴，但是非常注意仪表，开会、讲课，衣着普通，然而平整干净，款式得体，一派学者风度。1987 年，有关领导决定组团去日本考察国民经济核算的做法、经验，他已被列入出访名单，可是却因换牙期间牙齿尚未镶全，不能保持良好的绅士风度，担心有损国人形象而婉言推辞了。先生作为一位中外知名的资深教授，住房条件却并不宽裕。他的书房狭小拥挤，到处堆放着书籍，就是想添置书架存书，也无摆放书架之地了，但先生对此从不计较，坦然在这样的斗室中撰写出一部又一部巨著，真的是“斯是陋室，惟吾德馨”。先生长我 9 岁，他在大学开始任教时我还只是个中学生，我总是把他当作自己的师长，如孔夫子所说“有事弟子服其劳”，但他却毫无架子，平等相待。先生对他的师长则极为尊重、爱护，当听到有人在“文革”中对某先生感情问题说了些荒诞言词时，他当即正色驳斥，容不得半点亵渎。以上所说的我亲眼目睹的一些情况，看似小事，但是以小见大，处处彰显着先生高尚的道德情操和人格魅力。

人们常说“学高为师，德高为范”。闵庆全先生无论是在学术成就上，还是在道德修养上都表现出书生本色、学者风范，是我们心中的师表典范。我们理应传承他老人家德艺双馨的品质，并且代代相传下去。尊敬的闵庆全先生，在您 93 个年头的人生征途上，为教育事业倾注了自己全部心血，交出了一份完美的人生答卷，您无愧于祖国，无愧于人民。您已把自己手中的接力棒交给了下一辈人，请安息吧！

（原载《财务与会计》2011 年第 4 期）

文如其人　贵之在实

——怀念杨纪琬先生

王济章

习近平同志在中央党校2010年春季学期第二批入学学员开学典礼上关于文风问题的讲话，激起我心中层层涟漪。

上中学时，语文老师刘越讲评作文，称“文如其人，贵之在实”。实则饱满无虚、真诚真实。文章表达思想，讲清楚就行。无病呻吟的长文浪费时间，害人害己。鲁迅先生说，时间就是性命。无端地空耗别人的时间，其实是无异于谋财害命的。竭力将可有可无的字、句、段删去，毫不可惜。然后让我们当堂把这话连背3遍，最后叮嘱：“你们记住了，会受用终生。”

1963年，我大学毕业分到财政部会计制度司《会计》杂志编辑部工作。主任又说：“可有可无的字句段应当删去”，还让刘松年同志拿出一篇长稿，让我尽力压短。我压了大半，他又删去一半。“把水压干净，这才算实了。”主任看完稿对我说：“部里司长秀才有四位：办公厅李朋、科研所许毅、基建司刘礼欣，还有主管我们《会计》杂志的杨纪琬副司长。有机会，要向他们多多学习。”

一天晚上，杨纪琬副司长把我叫到他办公室。“有篇文章，你看看。”说完取出《人民日报》社论清样，介绍社论写作背景：“‘大跃进’中，我们国家的会计工作‘彻底放权，大力简化’，宣传‘无账会计’。不少地方会计人员下放，不记账、不算账。会计秩序空前混乱、监督职能大大削弱，资金损失浪费严重。1959年开始，全国开展财务会计整顿工作。去年召开全国会计工作会议后，会计工作混乱状况得到初步扭转，开始走向正轨。现在《人民日报》要我写篇《加强会计工作》的社论。我写好又改了3次，你给提提意见。”我诚惶诚恐，仔细看完3份清样，每篇都有改动，有的还进行了大改动，最后一篇立意论述亲近贴人、行文流畅质朴清新。我道：“杨副司长，《人民日报》社论，只千来字，是不是短了些？”他微笑道：“文章该长则长，该短则短。王羲之的《兰亭序》，骆宾王的《讨武后檄》，都只有几百字。”

此后我开始写稿。第一篇投给《会计》杂志就落选了。一个晚上，杨副司长把我叫到他办公室，问了编辑工作又问资金平衡表，还送我一本他刚出版的《怎样阅读资金平衡表》，由此说起写文章的事情。他道，文章不管长短，重在提炼，取精华去芜杂。你的稿子我看过，有点写作基础，还需再加努力，把文章做得精实些。你当编辑，应该认识到这点，要踏踏实实一点一滴从头做起。我讲几点供你参考。

首先，打好功底。开始的时候，可以找些实用的方法练练。比如，学点语法修辞，避免病句；读些古文和现代好文，看看人家如何立意、论说、遣词。又比如，学写旧诗词，能在字数、平仄、押韵、对仗几重限制下行文，写作水平会得到进一步提高。又比如，把开会发言当作写文章，事先打腹稿，思维条理，简明扼要；限制发言时间，多听别人讲话，取人长补己短。总之，要抓住一切可以学习的机会增长才干。

其次，厚积薄发。任何事物都有自己的内容和发展规律。文贵在实。将事物的内容和发展规律真实反映出来，就能抓住事物的本质，抓住问题的要害，就不会出现假、大、空。文当有感而发，该笑则笑，该哭则哭。事实绝对不能虚构，感情也不能虚构。文如其人。一个有修养的人，要不断学习，积累阅历，提高分析能力。文章有七八分把握才动笔，有十分把握才住笔。切莫浮躁，言不及意。

再次，慎密酝酿。文章写完后放几天，等思想稳定后再看，就会发觉原来有些考虑不周的地方。如果修改后再放几天，还可能有再修改的想法。我的做法是，即便时间紧，文章写成后起码修改 3 遍，才可脱手。上次那篇社论 3 次修改，不是报社要求，是我自己做的。反复修改后，虽不尽如人意，但求无愧我心。只有无愧，才能放心，无负于人。这是写文章的原则，也是做人的原则。

最后，请人评说。文章只有读者认可，才算过关。白居易的诗老太婆都能懂，是因为事先他征求过一些老太婆的意见。旁观者清，兼听则明。要多听不同人的意见，更要听得进不同的意见。别人意见，可以取舍。如果固执己见油盐不进，定要像孔雀开屏那样露出破绽，吃苦头的最后还是自己。我写那篇社论请你提意见，不是谦虚，而是不愿吃懒惰带来的苦头，也给你们小青年做个样子。

兵贵在速，文贵在实。说话和写文章，是人们用语言和文字表达思想、处理社会关系的工具，说到底是个做人的问题。说假话、说大话、说空话的人，写出的文章也会假话、大话、空话连篇去吓人。做老实人、说老实话、办老实事，写精实文章，是一种修养，是知识分子做人的本分。

不久我调外地工作，14 年后回到财政部商贸司。1998 年，财政部组织编写《新中国会计 50 年》，他卧病在床，我去看他，又和他谈起了写文章的事，并说他当年讲的写文章的 4 点具体方法，一直指导我的写作实践，享用了半辈子。

“我是搞会计的，对文字没有什么研究。那次讲的只是一点体会，你还认真了。1993 年春《财政研究》有篇《论财税物价大检查》，9800 字，目录还用黑体标题。我看是你写的，很高兴。当年一说资金平衡表就脸红的小青年，现在也写大文章，真的改行了。”他还说：“一个人，不管做什么事，首先是要做好人，要大家都平安快乐。现在市场经济，物欲横流。有句旧话‘名妓晚景从良，半世之烟花无碍；贞妇白头失守，一生之清苦俱非’。人到晚年最要紧的是身心健康，莫为名利困扰，保持住做人的品格。”

“我记住了，淡泊名利，珍惜晚节，做个好人。过年后我退下来，您病也好了，有空就来陪您下棋。”我真诚感谢他的忘年关怀。

“但愿吧。”他叹了口气，“你爱写东西，送你几句话：言为心声，文如其人，笃初慎终，形端表正。”

不想此次一谈竟成永诀。《新中国会计 50 年》出版时，他的名字加上黑框。后听人说，是他推荐我参加该书编写的。我在他手下工作时间很短，会计资格、阅历浅薄，却名同书页，留下终生念想。他那无负于人的坦荡胸怀，“文如其人”的文品人品，寓传道于授业解惑之中的教育方法，恰似我的中学老师刘越，是让我从心底里称为“先生”的人。此后，常有“会计泰斗”、“会计大师”冠纪琬先生之名，见诸报端，令人欣慰。

退休后，全国预算会计研究会真诚相邀，我又当了《预算管理与会计》的编辑，实践着先生文贵在实和做好人的承诺。

（原载《财务与会计》2011 年第 1 期）

恩师驾鹤西行远　德行滋润后学深

——深切缅怀易庭源教授

许家林

2011年的十一国庆长假，窗外纷飞着蒙蒙细雨。虽然有7天的休息时间，但自己也没有做什么旅游计划，想借此了却一直存在心底的一项心愿：结合自己在大学学习期间的经历，将对易庭源老师的人生片段追忆串连起来，写成一篇文字，以表达一名学生对已经远行天国的恩师的感念之情。

耳顺年间——驰骋教坛

我是原湖北财经学院七九级学生，于1979年10月3日报到入校，那一年全校仅招收了700名本科生。当时我们的专业全称是湖北财经学院会计系财务会计专业（也只有一个专业），全年级共112位同学，由于缺少老师，所以除了英语、汉语与写作和计算技术3门课程外，其余课程全部都是采用大班上课的形式。

入校后的第一学期主要开设英语、高等数学、汉语与写作、政治经济学、工业技术学、计算技术与体育等基础性课程，第二学期才开始接触专业课，第三学期，我们开设了《工业会计学》，由易庭源副教授主讲（由于社会历史原因，易老师直到1983年才晋升为教授）。按照当时的教学计划，我们那个年级的《工业会计学》课程共开设了两个学期，每周6个学时。用今天的标准来看，这种课时安排就是较重的了。正是在这种教学安排下，易老师走进了我们这个年级的专业学习与生活之中。

记得那时易老师在为我们上课时，尽管已是61岁高龄，但仍精神抖擞。给我们印象特别深刻的一幕是：他在讲成本的经济实质与加强成本控制的社会经济价值时，但凡讲到激动处，会在讲台上来回走动，并一而再地振臂高呼："成本万岁！成本万岁！成本万万岁！"虽然30多年过去了，但老人家在讲课时的那种投入神态，仍历历在目。

易老师在讲课时大多采用自己长期教学积累形成的独特教学内容体系，特别是他自己所设计的、形式独特的、富有易氏特征的各种教学图例，不仅留在我们的学习笔记中，更是永远镌刻在我们的大脑深处。为了提高教学效果，他还与两位助教一起，自己编印了用钢板刻写油印的配套习题集，以及大量与授课进度相配套的教学图例。

在教学过程中，易老师注重启发式教学。记得当易老师讲完《工业会计学》第一章第一节“工业会计的对象与方法”内容之后，专门组织我们对以下三个问题进行了讨论：（1）为什么要从价值角度核算使用价值的再生产；（2）销售账户到底是什么性质；（3）记账方法是如何产生与演变的。在讨论会结束时，易老师还特别用《孟子·离娄下》中的一段话作了总结：“君子深造之以道，欲其自得之也。自得之，则居之安；居之安，则资之深；资之深，则取之左右逢其原。故君子往其自得之也”（意即：君子用正确的方法加深造诣，是想要自己得到收获。自己得到了收获，就能掌握得巩固安稳；掌握安稳了，就能够积累深厚；积累深厚了，就能在取用知识之时左右逢源而取之不尽。所以君子总是希望自己取得收获）。以此来激励我们在校期间要学习好会计专业知识，掌握过硬的生存本领。

由于《工业会计学》第一章的部分内容理论性较强且缺乏相应的参考资料，同学们学习起来感到有些困难。为了帮助我们学习和理解，易老师就将其1963年用钢板刻写的一套油印材料借给我们传阅学习，这套材料由三篇论文构成：一是易老师于1958年所写的《从资金运动观点来说明借贷原理》（载原中南财经学院《经济问题》1958年第3期）一文；二是殷宗鹗教授所写的赞同性论文——《读〈从资金运动观点来说明借贷原理〉》（载于《经济问题》1958年第4期）；三是大可同志所写的商榷性论文——《在复式记账中不能见物不见人——与易庭源同志商榷》。由于我当时担任班里的学习委员，就负责这批珍贵学习资料的发放与回收工作。当学期结束要将油印材料还与易老师时，我冒昧地提出请易老师赠送一份油印材料予我学习并留作纪念的要求，没想到他老人家很爽快地答应了。

为了培养我们思考问题的习惯，易老师结合《工业会计学》课程的学习进度，给我们布置了一些思考题，并嘱咐我们将自己的认识整理成文后拿给他批改。当时我曾根据易老师所留的课后思考题，将点滴学习体会先后整理成《谈对“销售”账户性质的看法》、《关于改进“逐步结转分步法”的“综合结转法”下成本构成还原方法的设想》、《谈几种简化的“平等结转分步法”》

等几篇小文章，并一一呈送给易老师。尽管他老人家当时教学科研工作非常忙，但对我呈送的每一篇小文章均作了详细的批阅，甚至对个别数字的错误也一一指出。

易老师不仅教我们专业知识，还传授给我们读书的理念。记得在《工业会计学》正式开课的第一节课上，易老师就专门给我们讲了大学学习的方法问题：第一，完整的大学生概念，应当是买书、读书与写科研论文；第二，大学生读书要做到不唯书、不唯师、不唯上；第三，一个合格的大学毕业生，要做到能够在 10 分钟内将一本新书读完。因此，读书既要将书“越读越厚”，要使其“厚得烂成一团”，达到可以当茶叶“冲茶喝”的状态；又要将书“越读越薄”，要薄得能够在规定的时间内将书中全部内容不慌不忙地讲完。易老师当时教给我们的这些读书理念，几十年来一直影响着我，并在我自己的每一届学生中宣讲与传递。

易老师除了在课堂上精心教学外，在课外对学生的辅导与指点上也从不吝惜时间。在《工业会计学》一年的教学时间内，每个周四下午，易老师均会带着两个助教对我们进行一对一的专业辅导与答疑。在我们大二两个学期的几十个周四下午，这项辅导工作可谓雷打不动。在课堂外以及对我们进行课外辅导时，易老师给我们的印象，从来都是笑容满面，用轻声细语的正宗湖南腔，为我们一一授课、答疑。

在专业课程教学期间，易老师还曾多次带领我们 100 多人到武汉的部分工厂参观成本核算工作。大三上学期教学实习时，易老师还为我们联系实习单位，并担任了在武汉机床厂进行专业实习小组的指导老师。一年多的教学交流，使我们这个年级的同学普遍感受到，易老师教的这门课给我们打下了扎实的专业基础知识，提升了我们对会计专业价值的认识，使我们受益终身。正缘于此，毕业以后的同学聚会时，易老师总是我们谈得最多、最想请到和最想见到的老师之一。

花甲年后——成果仍丰

易老师的一生，真正做到了笔耕不止。据统计，易老师共著有论著 10 部，发表论文 168 篇，荣获各种省部级奖励 15 项。易老师涉及的研究领域非常广阔，其研究的内容也与时俱进。他对会计学领域里的记账方法、记账原理、成本会计与控制、管理会计、财务会计、财务指标和账表制度等方方面面的问题都进行过探讨并有成果发表，而其中在学术界具有较重要影响的则是其三大理论：资金运动会计理论、成本控制时空观与利润分块责任制理论。即便是在他1992年以73岁高龄退休之后，还专注于人力资源价值会计理论的研究，并取得了较重要的成果。

资金运动会计理论，可以说是易老师一生中最倾情投入的研究领域。他用了40年左右的时间来创建、丰富并不断完善这一独创的会计理论体系。据易老师的回忆，当他于1940年考入湖南国立商学院接触会计后，就与会计研究结下了不解之缘。自从1941年听了张永吉教授讲解的德国会计学者恩斯特·巴比（Ernst Pape）提出的“资本循环说”，H. 莱脑（H. Leitner）、恩斯特·韦勃（Ernst Walb）和日本学者太田哲三额的“双重计算损益”理论后，就对资金运动理论产生了浓厚的兴趣。1950年前，他先后完成了8篇用资金运动会计理论诠释借贷复式记账原理的论文，1951年到1985年，先后撰写修改101次终于完成了《资金运动会计理论》（湖北科学技术出版社1986年1月第1版）一书，全面阐述了他的资金运动会计思想的形成与核心观点。

成本控制时空观，是易老师将哲学上的时空观用于指导成本核算时所独创的一个全新理念。记得20世纪80年代初期，易老师出任中国成本研究会理事与常务理事，开始革新成本计算原理，他扬弃了单纯的“产品观”，创立了“成本计算对象时空观”，并以此来具体说明分步法、分批法、简单法（单步法）的形成原理。与此同时，他还倡导建立成本项目“经济用途观”，以便按用途进行控制。他在树立“费用汇集划清界限观”中，巧用《三国演义》中的“过五关、斩六将”来诠释在成本形成过程中应当如何科学地归集与分配费用的方法原理，以防止成本核算中普遍存在的“假账真算”、“真账假算”，以及“化、挤、冲、摊”等不正常现象的出现。在此基础上，他还革新了管理会计学的原理，将管理会计学中事前长期投资的预测与决策理论，链接到以“成本时空观”指导下进行有效控制的系统观念之中。在构建如何围绕成本的事前、事中与事后三阶段控制工程中，他创立了具有易氏独特内涵的“可行性研究”、“价值工程”和“盈亏平衡点分析”等方法。这些思想，全面体现在其于1986年所著《工业成本学》（吉林人民出版社）之中。

创立“利润分块责任制”理论，更是易老师研究现实会计问题的一个里程碑式学术贡献。20世纪70年代末期，我国逐步进行经济体制改革。易老师认为，从1978年开始的“企业基金制”，到后来稳步推行的“利润留成制”、“利改税”、“承包经营责任制”和“税利分流”等方法，均是以一个笼统的“总利润”作为分配对象，故始终分配不准。易老师结合我国经济体制改革的现实，通过深入企业调研与多年的跟踪研究，积 20 余年研究心得，创立了“利润分块责任制”理论。1990 年，他向湖北省科委申请了“利润分块承包责任制的研究与试点”的重点软科学课题，并于 1990～1991 年间在鄂州三个工厂试行一年，进展顺利，并获得成功。2001 年 4 月，凝聚着其 20 多年研究心血的成果——《资金运动会计理论——新战略会计学》（中国财政经济出版社 2001 年 4 月第 1 版）得以出版，全面诠释了易老师循着“复式记账——成本计算——成本与收入的事前、事中与事后控制——利润分块责任制——账表革新”5 个相互连接的理论所构成的“新战略会计学”理论体系。

涉足人力资源价值会计的研究，是易老师与时俱进研究会计理论的又一创举。进入 21 世纪后，已经 80 多岁高龄的易老师，又将研究方向转到“人力资源价值会计”学说的创立上。其逐步形成的学术观点，除先后在国内有关核心专业期刊上发表外，核心学术观点还以《怎样开创人力资源价值会计》和《全面革新会计学，开创人力资源会计》为题，先后发表于《会计研究》2001 年第 1 期和 2008 年第 12 期上。

“让会计人员都成为‘诸葛亮’”是易老师对社会主义经济建设新时期会计人员要求与作用的一种特别诠释。易老师认为，传统的会计学仅仅阐明“记账、算账、报账”的方法，属于单纯业务观点，只能培养“账房先生”。现代经济需要我们培养的会计人员成为能够辅助领导运筹帷幄、决胜于千里之外的“诸葛亮”。

以上这些，还仅仅只是易老师留给我们今天无数会计后学珍贵学术财富的极小部分。进入花甲之年以后的易老师，除分别于 1986 年和 2001 年出版《资金运动会计理论》和《资金运动会计理论——新战略会计学》两本专著外，据笔者写作本文时以《中国期刊数据库》为基础的不完全统计，从 1982 年 63 岁开始到 2011 年 92 岁时离开我们为止的近 30 年间，共计在国内 16 种公开期刊上发表论文 96 篇。

当易老师 90 岁时，他在《立信会计学院学报》2009 年第 5 期上发表了其一生中的最后一篇学术论文——《论价值与使用价值矛盾会计学》。在该文结尾的“小结”中，易老师用他独特的学术语言与表达习惯，对他所坚持与倡导的会计“是从价值角度核算使用价值再生产的科学”这一学术命题作了全面诠释，他满怀深情地写道：“扬弃全世界通用的‘等式说’，创立‘资金运动论——价值与使用价值矛盾论’借贷原理，就能正确反映价值与使用价值由对立而统一的矛盾运动；创立成本计算对象‘时空观’与成本要素‘经济用途观’，并提出划清九个费用界限的观点，正确计算出产品单位成本（一个使用价值的成本），为正确处理这对价值与使用价值矛盾（即成本控制）创造良好的前提；创立世界领先的‘战略管理会计’，从成本与收入两条线进行事前事中控制，是紧紧抓住正确处理价值与使用价值矛盾的主要途径；创立‘利润分块责任制’新经济体制，分配反作用于生产，又开辟了正确处理价值与使用价值矛盾的另一新途径。通过以上四方面的革新，就把会计发展为一门正确处理价值与使用价值矛盾的新兴科学，培养会计人员成为企业领导的军师，甚至为‘运筹帷幄，决胜千里’的总经理。”这篇文章，既是他对自己几十年来所独创与倡导的一系列学术观点的一个框架式自我总结，也构成了易老师71年学术生涯的封笔之作，从而成为留予会计后学无数财富的一个重要组成部分。

九十高寿——教姿再现

2009年10月26日，是易老师90岁生日，中南财经政法大学会计学院专门举行了第二届“易庭源奖学金”发放仪式。我有幸受邀参与了这一活动，在现场深为感动——既为易老师对会计后学的一片厚爱，更为他对会计学术终身追求的精神。

当时易老师已经90高寿，耳朵也已经有点背了，不便与我们进行直接对话交流，但轮到他老人家发言时，却一下子来了精神，并坚持要站着讲话，仿佛又站到了当时的讲台上。如果不是身临其境，你很难想象一个90高龄的老人，在谈到会计专业问题的时候，仍然能够条清缕明地将会计专业与会计学术的发展与今天人类社会的可持续发展、世界和平、全人类幸福、企业社会责任、环境污染、低碳经济和构建和谐社会等现实经济问题结合起来，仍然能够用专业语言来诠释会计在整个社会经济发展中的地位与作用。虽然他老人家的发言只有短短几分钟，但却向我们传递了大量新思想与新信息，更主要的是向我们传递了一种对学术终生追求的精神。

看到易老师当时讲话时的神态，一下子将我们的思绪拉回到几十年前的《工业会计学》课堂，想起他老人家当时以60多岁的高龄，在讲台上为我们讲授他一辈子所钟情的资金运动会计理论、利润分块理论，以及以哲学时空观所诠释的成本控制理论时那种又说又笑、又跺脚又蹦跳的情景……在场几位几十年前的老学生深受感染，庆幸易老师曾是我们大学本科时的主干专业课《工业会计学》的主讲老师，庆幸我们曾经是他老人家的一名学生。

溘然仙逝——追思永远

2011 年 8 月 19 日 20 点 20 分，易老师在中南财经政法大学首义校区家中无疾而寂，溘然仙逝，享年 92 岁。次日上午 10 点，我、邹秉国、沈烈、高文进和孙贤林等几位现在校工作的七九级同学，相约到易老师家中吊唁我们敬爱的老师。与此同时，我们还受七九级一班、二班两位班长的委托，以“湖北财经学院会计七九级全体同学”的名义，向易老师的遗像敬献了花圈，以表达我们那个年级 112 位同学的共同哀思与悼念。

2011 年 8 月 23 日，在易老师的告别仪式上，其长子易中天教授代表易家子孙，在易老师的灵前敬献了挽联：“庭训犹在耳边，如东湖风，蛇山雨；源泉永存心底，是汨罗水，岳麓云。”可以说，这幅挽联表达了所有后辈对易老师逝去的难舍心情。

当我们通过不同渠道，将易老师仙逝的消息向分布在海内外的原湖北财经学院会计七九级的同学发布后，大家纷纷以不同方式表达出对恩师的无尽缅怀之情。学生周红在网上发帖深情回忆，在那个供水困难、酷热难耐的夏天，易老师将其叫到家里进行考前辅导的情景，感叹真是师恩难忘！

恩师难忘！这句话也表达了我们所有学生对易老师的情义！

（原载《财务与会计》2011 年第 12 期）

我们心中的葛家澍老师

林志军　李若山　曲晓辉　王光远　魏明海

2013 年 11 月 25 日，葛家澍教授逝世，享年 93 岁。近百年生涯，见证了中国的历史巨变，也在中国会计理论与实务发展以及会计改革的历史上留下了不可磨灭的印记：他提出了“资金运动理论”，替借贷记账法正名，倡导会计“无阶级性”，创造性地提出“信息系统论”等；他是新中国会计教育的先行者和拓荒者，在人才培养方面创造了很多“第一”。时至今日，虽然葛老已经离开半年有余，但我们未曾将其遗忘。为了追忆和缅怀这位会计大师，本刊编辑部邀请了葛老的五位学生，分别是新中国第一位经济学及会计学博士林志军、第一位审计学博士李若山、第一位会计学女博士曲晓辉、会计审计学领域的第一位博士后王光远及经济学博士魏明海，共同聊聊“我们心中的葛家澍老师”。

林志军：怀念恩师葛家澍

我们敬爱的葛老师辞世已经半年多，但我总感觉这是一个难以接受的事实，仍然会不断地回想起他对我们的谆谆教诲和精心培养的往事，仿佛他老人家仍然和我们在一起，不断给我们激励和鞭策。

我国恢复研究生教育制度后，我有幸于 1980 年成为葛老师的首批会计学硕士研究生之一，于 1982 年又成为他的首位博士研究生，1985 年毕业后留厦门大学任教，先后在葛老师身边学习和工作八年多，接受他的指导和帮助，许多往事历历在目，难以忘怀。

葛老师是一位勇于探索和不断创新的学者，是我国社会主义会计理论与方法体系的开拓者。他对会计学和经济学中的许多重要理论问题都进行过深入和持久的探索，从不盲目追随权威理论，总是依据自己的潜心研究和论证提出令人信服的新观点和新理论。例如，在建国初期，前苏联的会计学理论是我国会计学界的主流学派，限定会计对象是生产过程中财产物资变动的基本命题，但是葛老师在认真研究马克思《资本论》的基础上，认为主流学派观点不能反映我国特有社会主义制度下会计核算工作的本质，他凭借敏锐的分析能力和已有研究成果，公开指出苏式会计理论体系的缺陷，创立了独树一帜的“资金运动理论”，并且结合经济学理论不断充实和完善，为中国特色会计理论和方法体系建设奠定了坚实基础。又如，受早期体制的约束，我国经济学界对企业经营问题研究刻意回避“利润”和“资金利润率”等概念，我国著名经济学家孙冶方曾因倡导这方面研究而遭受不公正对待，但是葛老师并不畏惧政治压力，坚持进行“经济核算和经济效果”课题的研究，其核心观点就是企业必须坚持经济核算，讲求经济效果（资金使用效果）。在20世纪60年代的政治与经济环境下，这是难能可贵的创新，具有重大的理论和实践意义。此外，葛老师于“文化大革命”刚结束之时率先提出必须为“借贷记账法”恢复名誉，推动我国会计界的拨乱反正；从会计具有继承性的角度认真分析，明确提出会计在不同社会制度下具有共性的特征，不能以“阶级性”简单概括会计属性；提出“会计是一个信息系统”的新学说；在我国经济改革和对外开放的进程中，最早着手对现代西方会计理论和方法进行系统研究，相继对公认会计准则、财务会计概念框架、物价变动会计、公允价值会计等重大问题提出一系列深刻和颇具新意的理论观点，丰富和发展了我国的会计理论和方法体系。葛老师在这方面的奠基与开拓获得我国会计界的高度认可。

葛老师不仅具有渊博的知识，而且有着崇高的品德风范。虽然在我国会计学界和经济学界享有极高的声誉和地位，但他从不居功自傲，总是虚怀若谷、平易近人。对待同行或同事，不论学术观点是否相异或辈份高低，他都非常尊重别人。记得我在撰写硕士学位论文和博士学位论文期间，他都要求我前去拜访我国会计界多位前辈和老师，向他们汇报论文构思，听取他们的意见。国务院学位委员会最初提名会计学科博士生导师的时候只有一个名额，作为第一届经济学科评议组成员，葛老师是不二人选，但他又力荐上海财经学院的娄尔行教授成为我国首批会计学博士生导师之一。作为学生和弟子，我们对葛老师的为人处世风范都深有体会。他不仅受到学生们的衷心爱戴，也赢得我国会计界老中青同仁的一致尊重和敬佩。

做葛老师的学生是一件很幸福的事，能够感受到他像父亲一样的关怀和扶持。他总是积极地为学生创造各种发展机会，甘当人梯。他对每一位学生的生活和毕业后的工作与事业都给予无微不至的关怀和大力帮助。记得我当年毕业留校任教时，他为我的事业顺利发展付出极大的心血。如率先倡设副导师制，让我直接参与硕士研究生培养工作；他还多次联系校内有关部门，帮我解决了住房问题。

葛老师多年来培养了一大批学生，分布在海内外各行各业。每年三月，大部分已毕业的博士生都会从各地返回母校，看望他和师母，再次聆听他的教诲。同学们都已习惯于这一珍贵的相聚。现在，虽然葛老师已经离开了，但我坚信，他留给我们的宝贵知识和精神财富，将激励我们在不同的岗位上继续为中国会计的发展作出贡献。

敬爱的葛老师，我们永远怀念您。

李若山：十九年相随，领略恩师的人格魅力与学术智慧

师从葛家澍教授十年，并追随他工作九年。在长达十九年的岁月中，耳濡目染地领略了一位学术巨匠在平凡简朴的外表下的人格魅力与学术智慧。

1978 年，那是个学术思潮复杂交锋的年代，对我们这批通过高考刚刚跨进大学校门的青年学子来说，会计还是一个十分陌生的领域。但是，听说大一的会计学原理是由葛家澍教授来授课时，大家的兴奋之情溢于言表。记得第一次上课时，其他年级的同学都蜂拥而至，把教室堵得水泄不通。葛老师侃侃而谈，讲授起会计原理。尽管那时还不准讲借贷记账法，不准讲资产负债表，但他上课时，不是讲概念，也不是讲定义，而是通过会计三大要素，即货币计量、复式记账及权责发生制剖析会计原理中的精髓。他的每一次学术讲座或授课，听完之后稍微整理一下笔记，就是一篇几乎不用修改的高质量学术论文，足见恩师的学术功底之深。

在研究生读书阶段，尽管当时我国在学术与教育上还没有完全对外开放，但恩师很早就开始带领我们进入国际会计的学术殿堂：美国会计学术先驱佩顿、利特尔顿教授的学术成果，国际会计准则及会计概念结构框架等，不管是经典的还是刚刚发表的会计学术成果，恩师都会在第一时间向我们传导。我们常常惊讶于恩师对国际学术进展的及时掌握与全面深刻理解。记得刚刚接触并引进国际会计准则时，恩师一针见血地指出，借鉴与运用国际会计准则需要两个基础：良好的职业道德与精湛的专业判断能力。这几年中国资本市场在借鉴并运用国际会计准则中所出现的问题，无不印证了这一论断的科学性。

在生活中，恩师是一个极有修养且简朴的学者。平时总是穿着整洁而朴素的中山装，风纪扣永远扣着，也常常见恩师在普通食堂买些简单的饭菜带回家

吃。跟随恩师十九年，几乎没见他发过脾气。唯独有一次，他请当时中南财经大学的杨时展等教授来参加答辩工作，但办公室工作人员接待时大概没有衔接好，有些怠慢了这些教授。恩师非常生气地告诫工作人员，这些请来的教授都是在文革中受过磨难但学术水平极高的学者，大家一定要尊重、要体贴、要周到。从这一点也可以看出，恩师是个极重情义之人。

作为会计界的学术巨匠，恩师走了！但是，恩师的学术巨作，将成为中国会计学术圣殿中永远不朽的宝藏。

曲晓辉：春风化雨，润物无声

常常听到传言，每年春天的毕业季，都会有一些老先生由于指导学位论文过于劳累而病倒。没当博导的时候，当故事传。十八年的博导经历，一年年证实着这样的艰辛。前年搬家的时候，难免重翻当年博士学位论文手稿，里面竟然还夹着已经干枯的小虫，泛黄的纸张上流淌着恩师那一行行隽秀整洁的笔迹，翻展中似乎还能感受到恩师深夜批阅的气息。

我于 1986 年考入厦门大学会计学系，师从恩师攻读博士学位。在恩师的悉心指导下，翱游知识的海洋，艰辛伴随着惊喜。入学后，恩师第一次教导的情形仍历历在目。记得恩师讲了很多做人、治学的道理，还有读博的具体要求，包括听课及课前资料准备、课堂讨论、社会调查和发表文章等事。从那时起才懂得作研究要在一个领域深入下去、逐渐展开，不能“东一榔头西一棒子”。恩师的表情，和蔼而严肃；恩师的语气，温和而威严；恩师的教导，如醍醐灌顶，使我茅塞顿开，经久难忘。此后，恩师亦师亦父，指引着我前行。

记得以前起草一份关于恩师的个人介绍，我用的标题是《严谨、求实、创新》，当时得到恩师的肯定。在他看来，严谨是一种习惯、一种境界、一种精神，一种美德。作学问首要的就是严谨，不能人云亦云，不能断章取义，不可道听途说，更不能张冠李戴。选题和立意一经确定，论证是否严谨将在很大程度上决定研究的质量。“鸟宿池边树，僧敲月下门”，推敲始终是文章精准、精彩所必须。恩师的严谨，不但表现在治学上，还表现在做人和育人上。恩师的严谨，对于学科建设、队伍建设和学生的成长有着深刻的影响。

求实是指会计作为一门应用学科，会计理论研究必须紧密结合实际。对这一点的深刻认识，还是得益于恩师的悉心指导。我攻读博士学位期间，正是国家经济体制改革取得重要进展的阶段，承包、租赁、股份制等新的企业经营管理方式和组织形式正在积极探索之中。记得当时恩师承担国家社科基金，我有幸得到恩师的安排，利用暑假的机会，到北京、长春、沈阳、厦门等地进行经济体制改革与会计创新方面的实地调研，到生产经营一线了解第一手情况，采集有关数据。这次调研，使我明白了恩师学术研究能不断扎实推进的原因所在，也决定了我后来的研究密切关注制度环境的变迁和注重理论联系实际。

创新，也是恩师学术成果的一大特色。无论是创立资金运动理论，还是为借贷记账法恢复名誉，都是对中国会计理论发展和实务创新具有重大影响的贡献。恩师常常提及，没有创新就不要写文章。记得从投入师门开始，恩师就谆谆告诫，进入厦门大学以后，不能擅自发表文章，文章在投稿之前都要拿给他看看。后来自己有了些许积淀，再看入读博士研究生之前写的文章，自觉汗颜，越发能体会“谨言慎行、无新不发”的意义。对于恩师的告诫，后来在学科建设中也有了更为深刻的体会。恩师在指导我撰写博士学位论文时，要求不超过五万字，而且一定要有创新。这样的要求，我当了导师之后一直沿用，而且相信会一代代传承下去。

回想将近三十年来的一个个进步，一步步成长，无一不凝结着恩师的关注、支持和心血，特别是1999年以来本学科建设过程中每一个里程碑式的事件——教育部人文社科重点研究基地的申报、获批和运作，国家“985工程”哲学社会科学创新基地的申报、获批和运行等，都有恩师无私而巨大的支持。他甚至一字字推敲和修改有关材料，令我无限感激和敬佩。

继承、创新、严谨、求实；低调、友善、平和、谦逊；合作、无私、积极、奉献；志在高远，始于足下；殚思竭虑，博大精深。此乃我的恩师。

王光远：阑珊处的温暖

葛家澍先生离去已有数月。阅读文献或进行学术交流时，先生的名字或思想仍不时出现，但着实不愿轻易触碰内心的这一丝感伤。即便拿起笔写点东西纪念先生，也是倍感沉重。

师从先生始于20世纪90年代初，在先生直接指导下从事会计审计学博士后的学习和研究工作。当时正值中国构建社会主义市场经济体制下的会计制度体系的转型时期，先生虽已是古稀之年，但精神饱满、热情四溢，作为中国财务会计研究的引领者，传道授业，献策解惑，为中国会计准则体系的建设奉献着全部智识和精力。会计准则出台前，先生撰写了《关于会计改革的几个问题》、《关于在我国建立企业财务会计准则的几个问题》等文章，强调要“通过会计的反映和控制职能，促使企业真正成为自主经营、自负盈亏的经济实体，推动社会主义的市场体系，特别是证券市场和金融市场健康地形成、巩固和发展”，为会计准则制定奠定了坚实的思想、理论基础；准则草拟过程中，先生撰写了《关于构建我国企业会计准则体系的有关问题》、《制定中国会计准则如何借鉴国际经验》等文，就基本概念框架、体系结构安排、中国特色体现等问题进行了明确阐释；准则出台后，先生又撰文分析了会计准则国际化、股份有限公司会计等热点问题。眼界之远、视野之阔，令人震撼！其实，准则领域的贡献只是先生与中国会计事业同呼吸、共命运的一个缩影。经历了文革十多年的“沉默”，先生如同久旱逢甘霖的苍天大树，要将积淀了近半个世纪的智慧和精髓全部倾注给中国的会计改革发展事业。

从古稀到鲐背，二十多年间，先生一直用他的睿哲、博学、勤勉、谦逊感染和润泽着身边的每个人。先生教导我们，作学问忌浅薄浮滑、钻营取巧，要多读原著、原文。在先生指导下与之合作《纪念帕乔利复式簿记论　建立我国财务会计概念结构》一文时，先生要求我阅读《算术、几何、比及比例概要》一书的英文版及佩顿、伊尻雄治等学者的原著，并在我提交读书笔记后才与我一起讨论学者们的观点。先生说，作学问须先做人，忌哗众取宠、随波逐流，要包容客观。先生被誉为“会计拨乱反正第一人”，但对改革开放前旧会计模式的评价也是极为中肯的：“历史地看，我国的（旧）会计模式具有这些特点有其客观原因。它对于我国社会主义有计划地经济建设曾经起过积极的作用。即使现在，也不能全部否定”。先生说，“身教重于言教”，“要求学生做到的，自己一定要首先做到”。先生数十年如一日，始终关注业界前沿，屹立学术巅峰。近几年，先生仍独立撰文分析了国际金融危机中备受质疑的“公允价值会计”问题、国际会计准则理事会（IASB）与美国财务会计准则委员会（FASB）在财务列报方面的争议问题、会计中的价值与成本问题等。即使身患重疾，先生依然撰文呼吁要通过会计信息“向市场和社会传递一种十分重要的文化观念，即真实与公允的观点或‘诚信’意识”。拳拳之心，赤子之怀，无不让后辈动容！

在思想禁锢的年代，先生用无声的笔耕发出有力的抗争；在思潮澎湃的年代，先生用坦荡的胸襟平沟壑、纳百川；在荣誉接踵的年代，先生秉持学者的傲骨，潜行海底。诗人哈金说，如果能坚守内心的一份执着，世界将因你而旋转。人世沧桑九十载，先生在祖国海峡之滨坚守着一份学者的孤傲、大师的寂寞、智者的豁达，影响的注定是一个时代，传承给我们的是永不枯竭的正能量。

魏明海：胸怀国家的会计教育事业

胸怀国家的会计教育事业是我对恩师葛家澍教授永远的记忆！

我是厦大学子，博士毕业后却一直在中山大学（下称中大）工作。我不仅在厦大学习期间得到老师的精心指导，在中大工作期间也得到老师持续不断的栽培与扶持。老师为之终身奋斗的事业和创造的精神财富不仅留给了母校厦大，也传播到了包括中大在内的众多高校。

1991 年年初我完成了博士论文的撰写，面临工作选择。我希望到中大任教，老师多次与中大管理学院的领导沟通，深入了解中大发展会计学科的愿景与决心，最终支持我选择中大，提醒我谦虚谨慎、尽快融合到中大的团队。

1993 年年初，我刚担任会计审计系主任，肩负着学科建设的担子。老师邀请北京大学、人民大学的多位资深教授，一同来到中大协助我们制定学科建设规划，结合国家对外开放和广东发展外向型经济的需要，指导我们凝炼中大会计和工商管理学科的特色与发展策略。

1995 年下半年，扩大学术交流和提高研究水平成为我们的紧迫任务，老师又一次来到中大，欣然同意担任客座教授。通过与教师的座谈交流，老师建议我们要更加注重培育学术氛围，关注新兴经济、新型企业与资本市场的会计研究。他还提醒我，要多请教余绪缨、杨时展、阎达五和徐政旦等前辈，希望中大融入国内主流会计学术圈。

进入 20 世纪 90 年代末期，中大会计学科的建设进入了新的提升阶段，急需引进一批学术骨干。他建议我广开人才引进渠道，不仅要从厦大，更要从其他海内外高校引进人才。在老师的支持下，一批其他高校的学术骨干先后加盟中大。

2000 年年初，我被中大任命为管理学院院长。刚上任，我战战兢兢，专门回厦大请教老师。他点拨我，要搞“五湖四海”，指出院长就是服务，服务到了，大家必定团结合作，发展自然而来。

2007 年前后，我们向老师汇报有意创办一本英文会计学术期刊。他给予了极大的支持和鼓励，建议我们坚持立足青年学者，面向博士生。2008 年，China Journal of Accounting Research（中国会计学刊）正式创刊时设立了理事会和编委会，成员都是中青年学者，老师的名字并不在其中。当我们把名单告诉老师时，他极力赞赏。

据我所知，不仅是中大，国内还有许多其他高校会计学科的发展都与葛家澍教授的长期支持密不可分。老师以其宽广胸怀、远见卓识和务实工作，为国家会计教育事业的发展作出了巨大的贡献。

胸怀有多宽，事业就有多大。这是老师留给我最宝贵的精神财富！

林志军、李若山、曲晓辉、王光远、魏明海，和其他所有“葛家军”成员一起，在今天的财会审领域已经称得上是一支实力雄厚的队伍。他们在各自的道路上前行，并因取得的成绩获得认可和尊重。然而，无论走多远、飞多高，无论自己是否也已经年至花甲，他们从没有忘记自己是葛老的学生，没有忘记恩师多年来对自己的点滴指引和关怀。朴实的话语没有太多雕饰，却于字里行间让我们看到了葛老严谨、求实、创新的学术品格，尊重、谦逊、宽和的学者风范以及“生命不息，奉献不止”的人生态度，看到了这一件件在葛老的人生画卷里似乎并不起眼的“小”事，如何滋润着弟子们的心田，如一粒粒种子在他们心中开花结果。

葛老曾说，在科学研究的长河里，他只能算是一滴水。如今，这滴水已经平静地汇入大海，带着它所有的阅历和能量。有人说，这标志着一个会计时代的落幕。但是，正如他所说，科学是有继承性的，他的所有成果会不断地被了解、被研究，他的大师风范也会感染更多人，这些都将赋予“葛家澍”这个名字新的生命。

（原载《财务与会计》2014 年第 8 期）

第六篇

我与《财务与会计》

栉风沐雨　踔厉前行

——《财务与会计》创刊三十年记

《财务与会计》编辑部

2008年是不同寻常的一年。伟大的中国人民用无限的爱心融化了几十年不遇的冰雪，用空前的民族凝聚力抗击了百年不遇的地震灾害，用激情和汗水呈现给世人一场无与伦比的奥运盛宴，神七飞天用实力与智慧实现了中国首次太空漫步……在这个充满机遇和挑战的希望之年，《财务与会计》和着时代前进的足音，迎来了她的三十岁华诞。

三十年前，在改革开放春风的吹拂中，我国新时期第一本全国性财会业务指导刊物——《财务与会计》，在北京复兴门外三里河财政部内诞生了。小荷初露，尖角稚嫩，却孕育着广大会计人的无限希望，散发着勃勃生机。

三十年来，《财务与会计》沐浴着改革开放的甘露，根植于繁复深邃的财会沃壤，与改革开放同生同长，由一芽新绿，洇染成芳草萋萋的绿园，见证了我国会计改革开放的发展历程和辉煌成就，记录了我国会计实践上的每一个重大发展、理论上的每一次重大突破、行业中的每一步重大开拓，承载着无数会计人的光荣与梦想。

国盛而刊兴。三十年后的今天，在财政部历届领导的亲切关怀下，在社会各界特别是广大读者、作者的热情呵护下，《财务与会计》已经成长为宣传会计改革与发展的重要窗口，交流沟通理财理念、经验与心得的重要阵地，传播会计信息与更新财会知识的重要平台，展示会计人风采与反映会计人心声的精神家园，成为名副其实的指导全国财会工作、服务广大财会人员的主流专业媒体。财会改革的每一步坚实的步履，都在《财务与会计》留下了深深的足迹，而《财务与会计》也在一同度过这段辉煌岁月的会计人心中刻下了自己的烙印。

旧邦新命三十年

创刊伊始　唱响新时期财会改革先声

1978 年秋，《财务与会计》推出试刊号，1979 年 1 月 20 日正式出刊。前 20 年作为财政部机关刊物，由财政部主办，后 10 年作为非机关刊物由财政部主管。无论是由财政部主办还是主管，《财务与会计》始终把坚持正确舆论导向放在头等重要的位置。

1978 年的中国百废待举，百业待兴。十一届三中全会确定了改革开放的总方针，全党的工作重心转移到了经济建设上来，我国开始进行经济体制改革。作为改革开放重要组成部分的财会改革，也渐次拉开帷幕。在此重要关头，《财务与会计》担当起宣传政策、引导舆论、普及财会知识、促进会计秩序重建及加强经济核算、改善经营管理的历史使命。

翻开《财务与会计》试刊号的第一页，《国务院关于颁发〈会计人员职权条例〉的通知》赫然入目。该条例对各单位建立健全财会机构、充实会计人员以及会计人员的职责权限等都作出了明确规定，对当时情况下重建会计秩序、推动会计工作、促进企业管理水平提高起到了重要作用。从此，《财务与会计》迈开了为财会改革鼓与呼的第一步。

1979 年第 1 期，为配合《关于国营企业试行企业基金的规定》的发布，《财务与会计》发表题为《调动企业积极性的一项重要措施》的社论，鼓励企业加强经济核算，改善经营管理。

此后，各项改革接踵而至。《财务与会计》总是满腔热情，不遗余力地宣传、推进。

1980 年第 3 期，《财务与会计》发表了《认真贯彻利润留成试行办法促进企业增产增收增贡献》、《三者利益兼顾受到企业欢迎》的评论和调查报告等文章，并陆续刊登了《国营工业企业利润留成试行办法》等法规及相关问题解答，全面宣传利润留成试点工作，为调动企业和职工的积极性、搞活生产发挥了积极作用。

1980 年第 3 期，刊发著名会计学家杨纪琬先生的《开展会计理论研究 为四化作出更大的贡献》一文，对流行一时的“大家都姓公，核算有啥用”的错误认识作出适时澄清，并指出，会计在社会主义经济管理中的作用是“反映经济情况、监督经济活动、促进经济发展”。他文中提出的会计管理理论在学术界和实务界产生了强烈的共鸣。

1983 年，对国营企业利改税等企业财务管理体制改革的系统性宣传，有效推进了企业的税利分流，引导企业进一步扩大企业自主权，改善经营管理，提高经济效益。

随着经济体制改革的渐次展开，企业，特别是全民所有制大中型企业的活力不断增强，规模迅速壮大，然而不少企业的成本管理工作仍存在管理不严、核算不实等混乱现象。为此，《财务与会计》在 1984 年适时刊登了《国营企业成本管理条例》，发表《贯彻成本管理条例加强成本管理工作》的评论，指出“加强企业成本管理是提高企业管理水平的重要措施，它的施行必将把国营企业的成本管理推向一个新的水平”。

经济越发展，会计越重要。1985 年 1 月 21 日，我国会计工作第一部根本大法——《会计法》的公布，迎来了会计工作的春天，标志着我国会计工作进入了法制化轨道。《财务与会计》1985 年第 2 期，一篇《学习〈会计法〉贯彻〈会计法〉宣传〈会计法〉》的文章将这股会计春风吹进了广大财会人员的心头。葛家澍、杨纪琬、阎庆全等著名会计专家学者纷纷为我刊撰文，畅谈学习体会，引发了学习《会计法》的热潮。

20 世纪 80 年代初期，吉林省在企业整顿过程中，针对企业内部管理松散，损失浪费严重，成本超支问题，把银行结算、控制、信贷、监督职能引进企业内部，建立了一种新的厂内经济核算形式——“厂内银行”。《财务与会计》1988 年第 1 期发表了原吉林省省长赵修同志的《完善企业经营内部机制充分发挥“厂内银行”的作用》一文后，收到不少作者来信，要求介绍吉林省经验。于是，《财务与会计》推出“厂内银行核算”专栏，特请吉林省财政厅、吉林省会计学会的同志，介绍吉林省开展厂内银行核算的具体做法，在广大企业中引起较大反响，该期刊物为此增发十余万份。

在革故鼎新的改革开放初期，《财务与会计》始终和着会计行业发展的主旋律，准确而及时地传达着国家财政、财会法律法规和方针政策，普及财会知识，宣传财会改革，交流企业理财经验，为促进我国国民经济持续、快速、健康发展作出了贡献，并日益成为财会领域最有影响的专业性刊物，发行量由开始时的 20 万份增至 60 余万份，遥居全国同类刊物之首，被读者亲切地称为“良师益友”。

踔厉风发　汇揽财会改革风动云涌

1992年10月，党的十四大明确了经济体制改革的目标是建立社会主义市场经济体制，我国企业改革发展进入一个新的时期，会计事业也开始步入踔厉风发的新阶段。

1992年11月，财政部发布了《企业财务通则》和《企业会计准则》以及13项行业会计制度和10项行业财务制度。“两则两制”的发布使中国40多年来在计划经济基础上建立起来的会计核算模式悄然终结，与市场经济相适应并符合国际惯例的新会计核算模式确立。在这个会计改革节点上，《财务与会计》勇当排头兵，先后发表了社论《财务会计改革的重大举措》、评论员文章《重在落实》等，指出“两则两制”的施行必将对我国财务会计工作以及财政经济工作产生深远的影响，呼吁各级领导及广大财会人员要把贯彻实施“两则两制”作为落实十四大精神的一件大事来抓。12月，《财务与会计》推出宣传“两则两制”增刊，发行量达60余万份，有力地推动了“两则两制”的顺利实施。

1993年12月29日，第八届全国人大常务委员会第五次会议作出《关于修改〈中华人民共和国会计法〉的决定》，对1985年发布的《会计法》进行了重要修改，这是我国会计法制建设适应发展社会主义市场经济的需要取得的又一项重要成果。《财务与会计》从1994年第2期开始，开辟“贯彻执行《会计法》”专栏，约请财政部会计事务管理司参与修改《会计法》的同志撰写了会计法系列讲座，分六讲陆续刊登，有力地促进了广大读者对《会计法》的学习、理解和贯彻执行。

随着财会改革的不断深入，以《会计法》为中心的会计法律制度体系基本建立，如何改进和加强企业财务管理变得越来越重要。1995年第9期，发表了时任冶金工业部部长的刘淇同志的《适应形势 转变观念 突出财务管理的中心地位》一文，该文提出“应当把财务管理放到企业管理的中心地位上来，这是市场经济的客观要求”，从而引发了一场“财务管理中心论”的大讨论。《财务与会计》先后在“理财广场”、“双先经验交流”等栏目介绍邯钢、宝钢、燕化、四川长虹、齐鲁石化等国有大中型企业加强财务管理、提高经济效益的先进经验和做法，并特辟“学习推广邯钢经验专栏”发起推广邯钢经验，逐步使“企业管理以财务管理为中心”的理念深入人心，为更新我国企业理财观念，提高企业财务管理水平发挥了积极作用。

1999 年 10 月 31 日，第九届全国人大常务委员会第十二次会议第二次修订《中华人民共和国会计法》。为深入宣传《会计法》，从 2000 年第 1 期起，《财务与会计》特组织了会计、审计、会计史等方面领导和理论、实务界专家学者，畅谈学习、贯彻《会计法》体会；开设“《会计法》讲座”、“学习园地”等专栏，连续刊登《会计法》系列讲座，交流学习经验；对各地宣传贯彻《会计法》情况进行追踪报道，较好地帮助读者了解、学习和贯彻执行《会计法》，推动了《会计法》的实施。

从“两则两制”、《注册会计师法》等一系列与经济体制改革进程相适应的财会法规、制度的制定发布到各行各业各单位的贯彻实施，从企业重组改制、建立现代企业制度试点、会计委派制试点、开展企业绩效评价等一系列重大财会改革举措的施行到总结交流和完善，《财务与会计》不仅忠实地记录了财会改革每一步前行的足迹，深刻影响和推动了财会改革发展的进程，也在改革开放的浪潮中书写了自身创新发展的辉煌篇章。

风吹别调　铺展科学发展的世纪画卷

2001 年，世纪交接，千年更替。中国会计结束了她艰辛的世纪之旅。“以史为镜，可以知兴替”。在世纪交替之际，《财务与会计》推出了大型迎新专栏，其中特刊专稿——《中国会计的世纪决算》，回顾 20 世纪中国会计的百年历程，告慰昨天，启迪来日；《迈向 21 世纪的中国年轻会计、财务、审计学人第一方阵》，推介了一批活跃的或富有代表性的我国财会审计领域的中青年学人；《新会计人谈会计》，约请一批来自企业界、教育界、会计师事务所等目睹了 20 世纪 90 年代中国会计发展与变革的年轻会计人，畅谈各自的心路历程、未来展望，用率真朴实的语言和炽热的情怀，为新世纪会计高歌。

跨入新世纪，《财务与会计》一如既往地及时宣传我国财会改革的新动向、新成果、新政策。

2000 年 12 月 29 日发布、2001 年 1 月 1 日起在股份有限公司范围内实施的《企业会计制度》，是我国会计核算制度的又一次重大改革，标志着我国会计核算制度正在走向成熟。《财务与会计》义无反顾地担当起宣传、引导重任，在“政策导航”、“本刊专稿”、“特约观察”、“新制度 · 新准则专题”等栏目组织多篇专稿，约请财政部有关领导、会计理论与实务界专家，对《企业会计制度》及 1997—2001 年陆续发布（修订）的 13 项具体会计准则进行深度的解读和阐释，并增设“企业会计制度讲座”专栏，请会计司分 18 期对

《企业会计制度》进行讲解，引导企业正确运用新制度、新准则，规范会计核算、提高会计信息质量，真实反映企业财务状况、经营成果和现金流量。

2006年2月15日，我国企业会计准则体系和注册会计师审计准则体系正式建立，这是我国会计、审计发展的重要里程碑，标志着我国企业会计准则与国际财务报告准则实现了实质性趋同。两大准则体系自2007年1月1日起分别在上市公司和境内会计师事务所施行。范围广、时间紧，《财务与会计》再次承担起两大准则宣传阐释、推动实施的重任，除在“新企业会计准则专题”、“研究与探索”、“业务与技术”等栏目约请会计理论与实务界专家学者，就新准则的主要变化、新旧准则的衔接及实务操作的重点、难点等各个层面进行探讨，还请会计司撰写了专题讲座，自2007年第3期开始分12期刊登，深受广大财会人员欢迎，推进了新准则体系的顺利实施。

对于接踵而至的新《企业财务通则》、新《企业所得税法》、《企业内部控制基本规范》等重要法律法规的出台，《财务与会计》都不遗余力地进行了全面、及时、准确、权威的宣传报道，将会计改革事业披荆斩棘、勇往直前、科学发展的壮美画卷依次展现在广大读者面前!

天开文运铸华章

高举旗帜　肩负起支持和服务会计事业发展的时代重任

30年来，随着改革开放的不断深入，我国会计事业长足发展、空前繁荣。《财务与会计》始终站在时代变革的潮头，倾听巨轮破浪前行的声音：会计立法从无到有，相继诞生，不断修订，臻于完善，一步一个脚印地接踵前行；注册会计师事务所如雨后春笋，应运而生，跨过了脱钩改制的“门槛”，在磨难中曲折行进；会计学术理论研究立足实际，解放思想，兼容中外，吐故纳新，为蹚开会计新路求索先行；国家会计学院南北新立，塑造会计后备人才的学府深化改革，迎送着一批批拳拳学子；行业触角不断延伸，行业吸引力越来越强，会计已逐渐成为热门职业，受人尊敬的职业……杂然互动的会计脚步，声如潮涌（中国财政杂志社原副总编刘凤桐语，见《走进会计的日子》）。在这浩荡奔腾的时代大潮中，《财务与会计》八面来风，坚持与会计人同声，与时代发展同温，尽情奏响自己的华彩乐章。

河北374工厂自1984年开始实行内部承包责任制，将核算单位由总厂逐渐分解到分厂、车间。在实施内部独立核算过程中，核算方法、核算程序、考核指标等方面遇到了诸多问题，使他们感到十分困惑。“就在我们进退维谷之时，又是《财务与会计》刊登的‘厂内银行核算’专栏的系列文章，给了我们启发。我们根据文章介绍的做法，结合我单位的实际情况，确定了单轨制的厂内银行核算方法，尽管问题复杂，有《财务与会计》做后盾，一个一个问题都迎刃而解，较好地开展了我厂的厂内银行核算，对我厂经济的发展起到了促进作用。”347 厂的总会计师在来信中不无感慨地说。

很多读者都会记得，20 世纪 90 年代末期，乡镇单位财务秩序混乱，违法违纪现象屡禁不止。1999 年 1 月，一篇介绍湖北省宜昌县财政局从制度创新入手，积极推行“零户统管”这一全新乡镇单位财务管理模式的专稿《零户统管 零的突破》刊出后，在各地引起较大反响，推动了地方乡镇财务管理体制改革。一位内蒙古哲里木盟库伦旗的读者来信说：“贵刊‘专稿’引起旗委和旗财政局的高度重视，专门召开全旗财务工作会议，研究推广该文所介绍的管理办法。制定了详细、具体的实施方案，并召开‘零户统管’现场会，在全旗推广‘零户统管’管理办法”。

这种例子在《财务与会计》还有很多很多。30 年来，《财务与会计》坚定不移地为推进改革开放默默贡献着自己的力量。

春风化雨　感知会计人心路历程

作为全国唯一跻身于“全国优秀经济期刊”、“全国百种重点社科期刊”以及“国家期刊奖”的会计杂志，不仅要奉献给读者以政策理论指导、实务操作指南，还应奉献一种最亲切友好的人文关怀，关心会计人的喜、怒、哀、乐，关注会计人敬业、进取、执着、珍爱、困惑、企盼、自励等心灵百态，感知他们的所思所求、希望梦想。因此，《财务与会计》提出“会计的人文，人文的会计，推进会计的人文建设，促进会计人的全面发展”的办刊新思路，切切实实做“始终代表中国先进文化的前进方向”的践行者。

1979 年第 2 期刊登了这样两篇文章：《吃一堑 长一智——从〈老会计一去一归〉谈起》和《一个老会计的呼声》，面对两个老会计不同的命运，《财务与会计》大声呼吁：“要珍视老会计！”一针见血地指出：“我们的会计专家不是多了，而是不足。在全国人民安定团结，一心一意进行四个现代化建设的今天，我们需要懂得专业知识的内行和专家。”

1999 年年底，一封读者来信揪起编辑们的心：一个会计专业的农村大学生，毕业后被分配到一个很不景气的单位，工资低、环境差，根本无力赡养年迈的父母，更不要说结婚生子了。参加计算机、英语等级考试、电视台招聘均以失败告终；想通过考 CPA 改变自己的命运，太低的通过率又让他望而却步。生活和前途一片渺茫，情绪一度低落到极点。编辑部的同志们以自己的亲身经历，用贴心的话语、真挚的感情，给他回了一封洋洋洒洒数千字的信，开导、鼓励他。看完回信，这个堂堂七尺男儿流下了感动的眼泪："我父亲常对我说，做人做的是一种感动，《财务与会计》的编辑们就是那种让人感动的人。我把这封信当成了生命中的救命稻草……我给自己定了一个目标，不管有多难，我也要朝这个目标走。这也是为了曾经帮助过我的人。"这是发生在《财务与会计》编者和普通会计人之间的故事之一，这样的故事还有很多很多。

2000 年，河南某安装公司的一位因下岗而深感迷惘的职工，收到编辑部寄去的杂志和学习材料后，写来热情洋溢的感谢信："再次深切感受到了贵刊编辑的真诚、热情，我无法用我的拙笔表达内心的感激。虽然我现在暂时没有了工作，身处窘境，但我不再气馁，不再怨天尤人。我会永远记得在我困难的时候，是《财务与会计》的编辑们给了我无声的帮助，使我一颗干枯的心又焕发了激情与活力。"

2004 年北京读者刘艳平来信："《财务与会计》作为专业性杂志，能够辟出一角，关注会计人的生存状态，刊登一些会计人的故事，讲述会计人的酸甜苦辣，实在是难能可贵。'会计人语'中的篇篇文章读后都让人感动，特别是刊登在 2004 年第 3 期上的《四年一梦——妻的 CPA 历程》对我触动很大。我也是一名 CPA 考生，屡试屡败，差点就要放弃了，但做一名 CPA 又是我多年的梦想，因此很不甘心。这篇文章给我参加 CPA 考试注入了一针强心剂，让我从此又充满了信心。"

中国科学院合肥物质科学研究院的高昌庆是《财务与会计》的忠实读者，自 1987 年参加工作以来，从未间断过阅读每一期《财务与会计》，特别是"百花园"栏目（现已改为"会计人语"栏目），从中感受到一个个会计人或敬业进取、或困惑无奈、或执着自强，也盼望着自己作为一个会计人的酸、甜、苦、辣有一天也能被印出来，让会计兄弟姐妹一同感受。但受多种原因所限，2003 年以前，他没有发表过一篇文章。2003 年，在《财务与会计》编辑部同志们的多次指点、热心帮助下，高昌庆的第一篇会计人文题材的文章终于在《财务与会计》上发表了，并从此一发不可收拾，他的名字时常出现在《财务与会计》及其他报刊上。仅 2005 年，就在不同的财税报刊杂志上发表了长长短短的文章 50 多篇。在编辑部的鼓励下，高昌庆将写过的文章进行了整理，于2006年8月正式出版了《斑鸠的会计生活》一书（斑鸠是高昌庆在会计视野网站的网名），作为国内第一本由基层会计人撰写的人文会计图书，《斑坞的会计生活》得到了不少好评，高昌庆也因此加入了安徽省作家协会。

30年来，《财务与会计》在深化会计专业知识宣传的同时，始终着意会计人文关怀，媒介会计人的心声。从创刊初期的“会计新风”、“会计人物”、“百花园”、“新老会计叙家常”，到如今的“会计人语”、“会计人征文”、“编读往来”，《财务与会计》一直致力于走进会计人的内心世界，“为会计人说话，让会计人说话，说会计人的话”。

2003年，一本讲述普通会计人最平常的故事、记录当代会计人心路历程的短文集——《走进会计的日子》出版了。它集结了近年来散见于《财务与会计》“会计人语”、“会计人征文”等栏目的文章，或朗朗或窃窃，或铿锵或含蓄，但抒发的都是会计人最真挚的情感，俯首谛听，总能引起会计人的心灵共鸣，激励我们在人文会计的大道上执着奋进，永不言悔。

百花齐放　打造多维的知识平台与信息高地

“《财务与会计》一直是我的良师益友，是我案头翻阅的字典”，财政部副部长王军曾如是说（2001年第2期）。“《财务与会计》是我工作、学习的启蒙老师。每次拿到新刊物都如获至宝、爱不释手，从‘法规介绍’到‘问题讨论’，从‘业务与技术’到‘工作研究’、‘财会知识’，每读一篇都有新的收获，每一点知识都为我提高业务水平带来帮助。《财务与会计》伴随我成长，指导我进步，已成为我学习和工作的一部分”，时任财政部部长助理的冯淑萍（现任全国人大预算委副主任，本刊名誉主编）和《财务与会计》有着同样的不解之缘（2003年第12期）。

《财务与会计》30年如一日，源源不断地为1 300万财会人员输送着精神食粮。

1990年，一篇通讯——《先锋人》，让千百年来在账页沙沙、算珠劈啪声中劳作耕耘的会计人看到了从繁重的手工操作中解放出来的希望。迅猛发展的信息技术正在把会计的方方面面推向一个新时代。面对即将到来的种种机遇，“我们不应只是被动地接受或继承旧的思维方式和规则，而应积极主动地做好迎接未来挑战的准备”（《IT环境下传统会计面临的十二大变革》，杨周南教授发表于《财务与会计》1999年第7期，此文后被《新华文摘》全文转载）。其实，早在1985年，《财务与会计》就登高望远地提出，要“改革传统会计核算方法，实现会计工作电算化”，并于1986年率先推出“会计电算化知识讲座”、“电算与财会”栏目，其中“会计电算化知识讲座”的系列文章后经整理，汇编成书，对于广大财会人员系统学习电子计算机知识，尽快应用于财会工作实际起到了不小的作用。

30年来，为贯彻执行财会政策法规、推进财会改革的实施，《财务与会计》除长期开设“法规介绍”、“政策导航”栏目外，还陆续推出了“自学会计辅导讲座”、“乡镇集体、个体、涉外企业财会”、“进出口贸易会计核算讲座”、“国际会计知识讲座”、“资产评估技术与理论讲座”、“新企业财务制度讲座”、“现代企业财务管理讲座”、“合并会计报表讲座”、“会计法讲座”、“企业会计制度讲座”、“新企业会计准则讲座”、“新企业财务通则讲座”及“审计准则讲座”等几十个专题、专栏，极大地促进了广大财会人员对政策的学习掌握，让广大财会人员在财会知识与信息的海洋中自由徜徉。

2002年起，《财务与会计》加大力度关注会计专业技术和注册会计师资格考试，不吝版面，及时报道有关考试信息动态、答疑解惑、组织经验丰富的老师出相关自测试题，还潜心组织编写了《会计专业技术资格考试复习精要及自测题库》（“金手指”系列），为推进会计人才培养作出了不懈的努力。

为开拓读者视野，《财务与会计》还开辟了“世界之窗”、“阅读与欣赏”等栏目，在以扎实的内容介绍国外先进的制度体系、管理经验和方法的同时，力求以鲜活的文字，为读者带来如饮甘饴的精神享受。

上海一位90岁的会计老人这样评价《财务与会计》：“我从事财会工作六十余年，看过不少国内外的会计专业刊物，可以说还没有哪份刊物像《财务与会计》那样适合我。它既能为我所学，又能为我所用，并不断督促我在财会工作岗位上与时俱进。”和老人一样有着《财务与会计》情结的人又岂止成千上万。

学以论道　点燃会计人“诚实守信，勤勉尽责”之灯

“诚信是根本，是一把有刻度的尺子，只有处处用诚信衡量自己，才能换来无悔的人生。”这是会计人最深切的感悟。

《财务与会计》一直重视诚信建设，始终把会计职业道德建设放在重要位置。1986年起，就开辟“会计职业道德”专栏，提出“加强会计职业道德教育，提高会计人员思想素质”，为发展会计事业打下了坚实的思想基础。同时，《财务与会计》始终重视编辑队伍的职业道德建设，1992年制定了《编辑

人员的职业道德守则》："甘于寂寞不为名，乐为他人做嫁衣；满腔热情对作者，尽心尽力为读者；不以文权谋私利，努力奉献好文章"。这朴实无华的几句话成为一代又一代编辑人共同的心灵契约和《财务与会计》薪火相传的宝贵精神遗产。

随着"安然大厦"的轰然倒塌，世通、银广夏等一系列会计造假违规事件相继曝光。面对诚信的缺失，《财务与会计》作为我国会计的核心媒体，敏锐把握会计行业和会计人的冷暖与脉搏，在 2002 年第 2 期"本刊专稿"栏目大声疾呼：《诚信兮，归来》！吹响了我国会计界诚信建设的号角。此后，《假账并不都是会计惹的祸》、《以诚信审计人生》、《诚信会计与会计诚信》等一系列诚信建设力作，掀起了对诚信的深切呼唤。

2003 年，《财务与会计》发起了历时两年的"我谈会计诚信征文"活动，让会计人在诚信的诉说中细听思想走动的脚步，在诚信的牵引下构筑行业不朽的丰碑。来自不同地区、不同岗位、不同职务的会计人，以诚信的名义讲述着各自平凡的经历和心中的故事，以饱含深情的笔触写出了一篇篇感人至深的文章，如同盛夏中一股股清凉的风，令身处喧嚣躁动的心灵回归纯净。使"诚信为本，操守为重，坚持准则，不做假账"进一步深入人心。

一位读者在来信中说："作为一个一生追求诚信的会计人，我走过的是一条漫长而又艰辛的路……单位的同事、朋友从此就像躲避瘟神一样远离我，我如同长在山涧崖缝里的一棵孤独的小草，只有独自面对高山和流水黯然神伤。《财务与会计》开辟的'我谈会计诚信征文'栏目让我有了诉说的地方，在我身处逆境时，在精神上给了我极大的鼓励。我感觉自己不再是孤军奋战。有时候诚信是孤独的，但诚信不会因孤独而绝望。"可见，征文的意义远远超出了活动本身，这让编者们既感到欣慰，更感到肩头的责任重大。为了回馈读者对本刊的关注、信任和支持，2005 年，编辑部精心挑选了征文以及"会计人语"、"财会审论坛"等栏目中的部分优秀文章，编撰成《以诚信的名义——会计诚信的诉说与会计人的心灵图存》一书，如同一盏诚实守信的航标灯，照着会计人一路同行。

风物长宜放眼量

与时俱进　在机遇和挑战中不断实现自我变革与创新

“坚待做到理论和实践的统一，力求有情况、有分析、实事求是地提出问题、研究问题，力戒说空话、说套话”始终是《财务与会计》不懈的追求。

三十年来，《财务与会计》不断适应时代发展和需求，进行了三次大的改版和数次微调。

创刊初期，《财务与会计》涵盖了财政、税收、会计三方面内容，素色封面，栏目设置较为简单。1980 年 1 月，《财政》月刊从《财务与会计》中分辟恢复，刊物的内容趋于专业而精粹。

1982 年 10 月，《财务与会计》第一次扩版，由初办时的小 16 开本、32 页，扩展到 48 页，增加了“理财广场”、“自修之友”、“财会知识讲座”等新栏目，为企业交流理财经验、普及财会知识提供了一个广阔的平台。

1985 年 1 月，刊物一改素面朝天的形象，在全国同类刊物中率先推出彩色封面，面貌焕然一新。

1986 年 1 月第二次扩版，扩展到 64 页，栏目、内容也更加丰富多彩。也就是在这一年率先推出“会计职业道德”栏目，开创了同类期刊先河。

刊物一路播种，一路收获。继 1993 年获全国财政系统优秀刊物评选特等奖之后，1997 年，《财务与会计》被中国经济期刊联合会评为“全国优秀经济期刊”，次年又被新闻出版署确定为全国百种重点社科期刊。

进入新世纪，报刊业竞争加剧，特别是财会领域尤为突出。另外，随着改革开放步伐的加快，读者需求也更加多元化。为在激烈的市场竞争中立于不败，更为给读者提供更丰富的信息、给作者提供更广阔的展示空间，2000 年 1 月《财务与会计》进行了第三次扩版，由小 16 开 64 页改为大 16 开 80 页，刊物逐渐彰显新、深、活、实的风格特色，人文气息越发浓厚。这一时期，诞生了一批深受欢迎的新栏目，如“政策导航”、“特约观察”、“名家新论”、“讨论与争鸣”、“交流驿站”等，也巩固了一批具有品牌效应的传统栏目，如“案例分析”、“会计人语”、“理财广场”、“问题解答”……

同年，《财务与会计》推出了我国第一份财会期刊公开电子版，并与“会计视野网”建立合作版面，实现了真正意义上的编者、读者、作者在线交流，标志着我国财会期刊已进入网络时代。

2002年1月，《财务与会计》第二次被评为全国百种重点社科期刊，并被列入中国期刊方阵，在同类期刊中独占鳌头。

2003年1月，《财务与会计》在第二届国家期刊奖评选活动中，荣获国家期刊奖提名奖，标志着《财务与会计》新时期刊物风格基本形成。

随之，《财务与会计》在文风上进一步创新，特别是“会计人语”、“会计人征文”等栏目，更加追求文字的轻松、灵动，风格的活泼、新颖，发表了《我的行李包》（成都紫涵）、《下岗会计的苦乐年华》（云南张宏）、《致艰难岁月》（湖南晓萍）、《我身边的会计人》（河南李曙亮）、《一位会计对儿子的拷问》（安徽夏泓凌）等许多触动会计人内心深处的优秀人文会计文章。

2005年2月，凝结着杂志社几代人心血、凝聚了读者和作者几十年关爱的《财务与会计》登上了我国期刊界的最高荣誉殿堂，在第三届国家期刊奖评选中荣获最高奖项同时也是期刊界唯一的政府奖项——国家期刊奖。财政部领导对此给予高度重视并寄予殷切希望。

成绩只能说明过去，荣誉鼓舞我们前行。随着经济全球化时代的来临，财务与会计理论及方法体系的国际趋同，国企改革与发展进入攻坚阶段，企业理财环境出现了重大变迁，财务管理的地位、作用、目标和使命都出现了重大变化。2006年1月，《财务与会计》理财版在这样一个新的环境下应运而生，《财务与会计》正式由月刊改为半月刊。上半月为综合版，仍延续原来的基本内容和风格；下半月为理财版，专注于企业财务，面向企业中高层财务管理人员，立足理财新知识和新理念，为读者解读财经政策、观察经济现象、评述资本市场、揭示财务真相、交流理财经验、探索理财路径。三年来，《财务与会计》理财版发行量节节攀升，在读者中颇有山鸣谷应之势。

科学发展与读者、作者携手打造财会品牌期刊

在《财务与会计》成长的过程中，财政部历届领导始终关怀着《财务与会计》。

1989年，《财务与会计》创刊10周年，原国务委员兼财政部部长王丙乾亲笔为本刊题词：“进一步办好《财务与会计》，更好地为改革和建设服务，为财会人员服务”，为我们指明了今后努力的方向；1994年，财政部原部长刘仲藜为本刊创刊15周年题词：“宣传财会改革，传播财会知识，交流理财经验，研究现实问题”，对刊物取得的成绩予以肯定；1999年，《财务与会计》创刊20周年之际，财政部原部长项怀诚发来贺信，希望《财务与会计》面对

来之不易的成绩要“戒骄戒躁，继续努力，百尺竿头，更上层楼”；财政部原副部长张佑才出席纪念《财务与会计》创刊20周年座谈会并发表讲话，对刊物20年的辉煌历程予以肯定，同时希望“进一步总结《财务与会计》的成功经验，把刊物质量提高到一个新水平。”财政部原副部长高强在座谈会上即兴作诗为贺；2003年，时任财政部部长的项怀诚、副部长廖晓军到杂志社调研时对《财务与会计》当前及今后的宣传工作提出了新的要求；同年，在“《财务与会计》荣获国家期刊奖提名奖庆贺暨读者作者座谈会上”，财政部副部长李勇代表部党组到会祝贺并致辞，他要求我们“把获奖作为新的起点，树立品牌意识和精品意识，在保持刊物权威性、指导性、实用性的前提下，进一步提高趣味性、可读性、知识性”。2008年年初，谢旭人部长来杂志社看望干部职工时，对《财务与会计》30年来取得的成绩给予了充分肯定，并对《财务与会计》今后如何更好地为会计事业服务提出了殷切期望。

在《财务与会计》发展的道路上，广大读者、作者始终如一地关爱和呵护着《财务与会计》。

在种类繁多的财会期刊中，《财务与会计》始终是许多读者的首选刊物，有着不可替代的地位。在重庆市秀山土家族苗族自治县财政局，“每到一期《财务与会计》，大家都争着看，抢着读，有的还要详细摘录转抄，以便指导工作”。他们还开展了读刊评刊活动，“通过读刊评刊，从中汲取了大量的精华营养，沟通和建立了与山外的信息联系，有力地促进了山区民族财会事业的迅猛发展。”

“在这个喧嚣的世界里，能称得上知心朋友的几稀？《财务与会计》着实当之无愧。静夜捧读，犹如与挚友促膝谈心，心心相印。这里的每一篇文章后面，都站立着一个深思的会计人，这里的每一篇文章前面，是一双双中国会计人深邃的眼睛……”从读者到作者，中瑞岳华会计师事务所高级合伙人张连起10年来相继在《财务与会计》上发表了《艺术·魔术·骗》、《法律·道德·愿》、《眼界·境界·换》、《昨日·今日·看》等百余篇人文及专业会计作品，以灵动的文字、轻松的笔调、深刻的思辨，演绎会计人的所思、所想、所怨、所求，尴尬与顺遂，失落与歌哭。《财务与会计》每每欣然推介，堪称财会期刊与会计人互动互生的典型样本。多年来，除老一辈著名专家、学者外，王化成、耿建新、黄世忠、汤谷良、叶友、唐爱军、刘志耕等一批中青年知名作者、读者始终不离不弃，关注、支持着《财务与会计》的成长。

领导的殷殷关切，读者、作者的不懈坚持，都是我们前行的动力。

为了使刊物越办越好，让读者、作者、编者更好地互动起来，《财务与会计》两次举办“读者意见征答”活动，收到读者反馈意见信函几麻袋，近万封；专门聘请评刊人（李洪仪等）对我们每一期杂志“挑毛病”，以便改进；设“编读往来”等专栏刊登部分读者对刊物提出的意见与建议；举办理财家俱乐部、读者作者座谈会等活动，为实务界、理论界专家、读者搭建交流、学习的平台。

30 年来，《财务与会计》一直秉承高质低价的原则，严把稿件质量关。在坚持以质取胜、以新取胜的原则下，对每篇文章均钩沉提要，精心修改；对自由来稿，编辑们一视同仁，披沙沥金，着眼长远，积极培养作者，培养稿源。通过努力，刊物整体质量不断提升，而价格自 2000 年定价 6.5 元以来，始终未变。刊载文章注重质量，不仅不收取任何费用，而且所有文章一经录用皆有稿酬，注重刊物的信誉和品质。

30 年精诚求索，30 年栉风沐雨，在这个激情澎湃又深刻变革的大时代，我们愿意以更深入、更理性、更负责的努力，期待更加璀璨的盛放。

三十而立。《财务与会计》的路还很长。“今朝更好看”是读者的感言，“明天可期待”是编者的心愿。不管前进的道路如何坎坷，30 岁的《财务与会计》将在新的起点上，一如既往地坚持“服务读者”的宗旨，坚持朴实、内蕴的风格，坚持亲切自然的人文关怀，兢兢业业，与时俱进，科学发展，与读者、作者一起协力打造中国的财会期刊的旗舰品牌，编写一本会计人自己的心灵读本！

（原载《财务与会计》2008 年第 12 期）

三年与三十年

——《财务与会计》理财版成长记

《财务与会计》理财版编辑部

1979年1月，当改革开放的春雷唤醒了长城内外、大江两岸时，一本承载会计人梦想与期待的杂志——《财务与会计》也应运而生了。

三十年来，《财务与会计》与改革开放一同成长，在社会主义市场经济大潮中破浪前行。她精耕于“财会”这片充满希望的田野，见证了中国财会改革30年的成就，记录了财会工作者三十年奋斗的足迹，书写了财会期刊三十年探索与实践的传奇诗篇。

三十年来，刊物顺应时代需要和读者呼声，历经三次扩版增容，栏目、内容也根据财会改革与发展的新形势、新特征，进行了较大的调整和充实。

三十年来，刊物始终坚持正确的舆论导向，始终秉持“贴近时代、贴近读者、贴近实际”，始终与广大财会人员同呼吸，实现了社会效益与经济效益的辩证统一。刊物先后获得“全国优秀经济期刊”、“全国百种重点社科期刊”、“国家期刊奖提名奖”和“国家期刊奖”等荣誉和称号。

在庆贺《财务与会计》创刊三十周年之际，我们也迎来了传播现代理财理念、推动企业理财理论发展和方法创新的《财务与会计》理财版创刊3周年。

随着经济全球化的发展和信息技术的广泛应用，财会理论及方法体系的国际趋同，国企改革与发展步入攻坚阶段……企业理财环境出现了重大变迁，财务管理的地位、作用、范围、目标和使命都发生了革命性变化。无论是传播速度、涵盖内容，还是财智元素、文化因子；无论是对目标读者的定位，还是对焦点问题的关注，一月一期、仅仅80页容量的《财务与会计》已难以从容应对。新形势、新任务和新需求呼唤《财务与会计》的进一步创新与发展。2006年1月，《财务与会计》理财版在这样一个新的环境下应运而生，《财务与会计》正式由月刊改为半月刊，完成了其精彩旅途上一次重大的裂变。在新的格局下，《财务与会计》上半月为综合版，仍延续原来的基本内容和风格；下半月为理财版，专注于企业理财，面向企业中高层财务管理人员。三年来，《财务与会计》理财版以推动企业理财创新和提升理财人生情趣为己任，以增进“财商”和“价值创造”为核心理念，以“新解”、“新知”、“新识”为基本追求，为读者解读财经政策、观察经济现象、评述资本市场、揭示财务真相、交流理财经验、探索理财路径、解决理财新问题。这株《财务与会计》人用三年时间培育起来的新芽正在“财会”沃土上散发着勃勃生机。

登高望远

这三年仅是《财务与会计》三十年奋斗的一小步，但却是理财版登高望远的一大步。

正所谓“顺风而呼，声不加疾也，际高而望，目不加明也，所因便也。”

面对纷繁复杂的理财环境，《财务与会计》理财版只有站得更高，才能看得更远。新世纪的理财者也只有以更宽广的视野来理解、洞悉和运作理财实务，树立风险观念和信用观念，才能为企业的生存、发展和获利提供更有效力的决策支持。

突出政策性，增强引导力。

《财务与会计》理财版的政策指导体现在“财经时讯”、“政策导航”、“法规解读”和“记者访谈”。

2006 年 3 月 21 日，财政部、国家税务总局联合下发通知，对我国现行消费税的税目、税率及相关政策进行调整。此次政策调整是 1994 年税制改革以来消费税最大规模的一次调整，对于进一步增强消费税调节功能，促进环境保护和资源节约，更好地引导有关产品的生产和消费具有重要意义。《财务与会计》理财版立刻约请财政部税政司就新增应税项目及原因、取消的税种和调整的税目税率及原因等进行解读。

2007 年 3 月 16 日，十届全国人大五次会议以高票通过了《中华人民共和国企业所得税法》，同日国家主席胡锦涛签署第六十三号主席令予以公布，自 2008 年 1 月 1 日起施行。新企业所得税法的出台，标志着我国现行按内资企业和外资企业分设并执行了 20 多年的所得税制度的统一，是中国税制改革的里程碑。编辑部及时邀请财政部税政司司长史耀斌撰写文章，就新旧税法的主要变化作了详细的阐释。

2008年6月28日，财政部和证监会等部门联合发布了《企业内部控制基本规范》，开创性地建立了以企业为主体、以政府监督为促进、以中介机构为重要组成部分的内部控制实施机制。编辑部力邀财政部会计司司长刘玉廷撰写了《提升我国企业管理水平和可持续发展能力的重大举措——写在〈企业内部控制基本规范〉发布之际》一文，使广大读者对企业内部控制标准体系建设与实施的现实意义及发展过程、标准体系的框架结构、标准体系建设与实施需要处理的几个重要问题有了深入的了解。

突出前瞻性，增强吸引力。

《财务与会计》理财版的前瞻视点体现在“特约观察”和“专家视点”。透过这个窗口，近期财会界重大事件、重要财经现象和热点问题的介绍分析、预测和评述清晰可见。透过这个窗口，读者对与企业相关的财经政策及财会业务走向了解会更透彻、把握会更准确。

2006年4月25日至29日，十届人大常委会第二十一次会议首次审议了《反洗钱法》草案，其中对公职人员进行身份识别、大额和可疑交易报告制度、反洗钱义务主体、主管部门有权进行反洗钱调查和反洗钱措施适用反恐融资五个方面的内容引人瞩目。国际货币基金组织曾做过估计，中国每年洗钱数额高达2 000亿~3 000亿元人民币，反洗钱形势十分严峻。《财务与会计》理财版及时发表了《财务视角下的洗钱与反洗钱》一文，分析了洗钱行为在财务活动中的种种表现，提出了财务部门在反洗钱方面应该如何作为。

近年来，在经济和金融全球化的背景下，伴随着我国经济的持续增长和资本市场的逐步开放，我国内地公司（尤其是中小企业）海外上市愈演愈烈。与此同时，有关我国企业海外上市的利弊之争也成为业内的热门话题。编辑部立刻组织了《静观我国企业的海外上市热潮》的文章，冷静分析了我国企业海外上市热潮及其成因、我国企业海外上市的利与弊，指出尽快完善国内资本市场、优化融资环境，使更多的优质企业自愿选择在国内上市，让国人更多地分享经济增长和发展带来的收益。

2008年1月，法国兴业银行上演的交易员巨额诈骗震惊全球。为何在强调金融企业内部控制及风险防范理念的今天，这样的大案还能一而再、再而三地发生？编辑部策划的文章《新经济环境下再谈金融企业内部控制——从法国兴业银行案件谈起》阐述了经济全球化对企业的内部控制及风险防范产生的影响，为我国金融企业构建良好的企业内部环境和有效执行内控制度提出了建设性的意见。

3 年来，《财务与会计》理财版还对股权分置改革、《证券法》修订、新《公司法》的实施、新会计准则体系的颁布、新《企业财务通则》的实施、央企整体上市、大小非减持等重大财经政策、法规和重大财会事件进行了介绍、分析和解读，力图帮助读者“会当凌绝顶，一览众山小”。对实务工作者来说，当国家财务管理政策、制度和理财大势了然于胸时，“逐鹿理财战场”自会淡定、从容。

着力在实

有一则寓言是马克思生前最喜欢的。

哲学家问船夫：“你懂数学吗?”“不懂。”船夫说。“你的生命的价值失去了三分之一，”哲学家说。“你懂哲学吗?”“更不懂。”哲学家感慨说：“那你的生命的价值就失去了一半。”一个巨浪把船打翻，哲学家掉在河里。船夫问：“你会游泳吗?”“不会，不会!”船夫说：“那你的生命价值就失去了全部!”马克思主义认为，人们对客观世界的认识和改造，人生价值和理想的实现，都离不开社会实践。

《财务与会计》理财版的这三年正是从实践中来、到实践中去的三年。

以可用、有用、适用的内容助企业持续发展。

理财版创刊伊始就很重视文章的实用性和可操作性。像“理财广场”、“纳税筹划”、“ERP 平台”、“案例分析”和“资本市场”栏目所反映的内容，都与企业实务工作息息相关。

通过理财经验、理财思路、理财技巧的具体介绍，提供一个在现金及成本费用管理、投资融资、纳税筹划、ERP 应用以及企业改革与创新管理等方面相互学习和借鉴的园地，是读者的期待，也是编者的践行。

国内外大量的管理实践表明，企业资不抵债不一定破产清算，但若现金流中断就往往会陷入困境；不管企业规模有多大、效益有多好，资金能否顺畅周转决定了其能否实现持续经营与可持续发展。作为企业价值的驱动因素，现金流以其超越利润指标的优势正逐渐成为衡量企业盈利能力与未来成长性的主要标准以及评价企业综合财务素质的重要指标。《财务与会计》理财版用了大量版面刊登了很多来自实践的现金管理经验。《企业集团现金池：“1 + 1 >2”的奥秘》一文介绍了国外现金池的发展情况、现金池的产生原因、典型模式和具体做法，为企业集团增强其对资金的统筹调配能力、建立适应环境变化的快速反应机制提供了新的思路；《现金流管理：现代财务管理的永恒话题》分析了现金流管理典型成败案例，指出了现金流管理之道。一段时间以来，相当一部分企业只重视市场开拓和资本运作，却相对放松了内部管理，结果造成高收入、高成本，甚至低收入、高成本，经济效益在低水平徘徊。我国相当一部分企业或行业的产品成本管理还不完善，存在着较大的成本降低空间。《财务与会计》理财版对成本管理相当重视，对来自基层的降本增效经验的宣传更是不遗余力。《长安福特实施成本内部控制的方法和启示》、《目标成本管理在山东路桥集团的应用》和《火电企业燃料成本控制的有效途径》等文章都是实践经验的总结。

企业发展离不开投资，而投资又离不开资金。如何利用市场法则，通过资本本身的技巧性运作或资本的科学运动来实现价值增值和效益增长？如何降低筹资成本，有效化解筹资风险？这些内容对于成长中的中国企业来说至关重要，《财务与会计》理财版也始终给予重点关注。《我国钢铁上市公司的投资价值几何》、《限售股的减持动机和市场反应透析》和《上市公司权益方式再融资选择：配股与增发》等文章便是来自于实践的总结和升华。

随着经济的发展，越来越多的企业认识到在恪守税法并且促进企业发展的前提下，通过对经营、投资、理财活动事先进行合理规划和安排，充分利用税法提供的优惠政策及可选择条款，可以最大限度地获取节税利益。《财务与会计》理财版邀请税务筹划方面的专家和有丰富纳税工作经验的财务人员，三年来为读者呈现了《企业增值税的筹划点与筹划方法》、《所得税优惠税率变化对微利企业的影响》、《消费税的纳税筹划》等八十多篇文章。

随着政府的推进和企业的重视，ERP在我国也越来越受到广泛的关注，但与世界先进水平相比，我国ERP应用仍存在应用数量少、周期长、范围不均衡、深度不够和效益有待提高等诸多问题。针对ERP这一熟悉而又陌生的事物，《财务与会计》理财版邀请财务和信息化专家、ERP的具体设计和使用者为广大读者提供了《华凌空调公司ERP实施案例》、《ERP在全面预算管理中的应用》和《实话实说ERP》（系列）等文章，为读者系统介绍了ERP应用案例，分析和揭示了ERP施行中应注意的问题。

《周易》云：“穷则变，变则通，通则久”。走过了30年的改革历程，经历了放权让利、机制转换、制度创新三个阶段，中国企业的改革与创新管理之路没有终点。《财务与会计》理财版在宣传企业改革与创新管理上不遗余力，

《虚拟经营的实施方法与启示》、《神东煤炭财务创新》系列文章等，对于拓展理财领域，提升理财水平有很强的参考价值。

以多层面、多角度、集中性的报道促企业知行合一。

在美国次贷危机严重波及全球经济、我国股市持续低迷的大环境下，如何树立信心、实现可持续发展对企业的生存和发展有着更加现实和深远的意义。《财务与会计》理财版“本期专题”栏目的一组文章，通过对烟台张裕葡萄酿酒股份有限公司、中国铝业总公司和武汉钢铁股份有限公司的财务行为与可持续发展的分析，探索了中国企业可持续发展的理财之路。

为了给读者提供更加系统的知识和更多层面、更多角度的借鉴，促进知行统一，《财务与会计》理财版着力打造了“本期专题”和“点睛系列”栏目。“本期专题”栏目力求多角度观察、剖析财会界重大事件、重要财务现象和热点问题，总结理财得失及启示，介绍理财新领域、新探索，三年来，刊物邀请理论界和实务界的名家、新秀为广大读者呈上了三十多桌丰盛的“理财大餐”，内容包括股权激励、中小企业融资、金融衍生品的应用、企业风险管理、战略成本管理、新会计准则对企业的影响等，广受读者好评。相比较而言，“点睛系列”栏目更像是一道“特色快餐”，直击企业理财过程中的难点和误区，帮助理财者把观念、思路和做法落到实处。三年来，该栏目共策划了“全面预算管理”、“企业绩效评价”等多个系列。

除了“本期专题”和“点睛系列”，编辑部还有针对性地对其他栏目进行系列策划。例如，为配合2007中国并购年的主题，“案例分析”栏目专门编发了中国企业跨国并购的品牌扩张战略、渠道战略、资源战略、技术战略、投资战略、产品战略6篇系列并购案例；“理财广场”栏目分4篇系统介绍了中国神华集团的财务集中管理模式、资金集中与控制、财务人员集中管理模式、统一核算业务模式；“纳税筹划”栏目策划了融资活动中的纳税筹划和房地产开发企业的纳税筹划两个系列；“ERP平台”栏目专门邀请厦门大学汪一凡教授以“实话实说ERP”为题写了《为什么不该取消会计的库存明细账》等10多篇文章，针砭常见谬误，提出改进设想，在读者中引起较大反响。

以人为本

“以人为本，本理则国固，本乱则国危。”国如此，刊物亦如此。“贴近实际、贴近生活、贴近群众，为会计人说话，让会计人说话，说会计人的话，开启一扇透视中国经济和会计改革发展的窗口，打造一个展示会计行业进步与风采的舞台，创办一份为社会各界和广大会计人喜欢和支持的刊物。”这是财政部领导对部办机关报刊的殷切希望，也是我们践行科学发展观，以人为本，不断开创财会宣传工作新局面的行动指针，更是理财版编者孜孜不倦的追求。

以人为本，就是要不断激发作者的写作热情。

由于创刊时间短，理财版的作者比较缺乏，自由来稿较少且来稿也多为理论性的，约稿同样存在很多困难。文章既要通俗易懂、深入浅出，又要从实践中来，再到实践中去；既要有较扎实的理论功底和较强的文字能力，还要对企业财务管理实务和资本市场较为熟悉。在理论界实证研究大行其道、实务界少有人总结和思考的情况下，想找到做法具体、内容鲜活、可操作性强的文章实在不是一件容易的事。编辑部的同志为此花费了大量的心血，他们利用开会和外出采访的机会广泛联系企事业单位的财务人员和财经院校的师生，向他们介绍理财版的办刊情况、刊物定位、栏目设置和用稿要求，挖掘实务界中对写作有兴趣、高校中接触实务较多且对某些实务问题有所研究和体会的作者。在处理稿件过程中，编辑们又结合作者所长，提出有针对性的修改建议，反复与作者沟通。编辑们的热情努力，激发了一大批中青年专家、学者和理财新秀的写作热情。三年来，不少优秀的作者从理财版脱颖而出，形成了刊物一道亮丽的风景。

以人为本，就是要刻画好优秀理财者的鲜活形象。

在加强作者队伍建设的同时，理财版一方面积极安排编辑记者参加各种会议，从中了解财务理论界和实务界的新进展、新思路、新做法，从而把握好宣传的重点，采写的闪光点；另一方面密切与企业的联系，尽可能派出记者深入企业理财第一线，广泛接触理财名家、CFO 和普通财会人员，搜集鲜活的素材，刻画好优秀理财者的鲜活形象。

3 年来，《财务与会计》理财版克服了人手少、时间紧、任务重等诸多困难，先后采访了中国航空工业第一集团副总经理顾惠忠、一汽集团财务控制部部长部德吉、辽宁铁煤集团副总会计师王吉生、中国铁道建筑总公司副总会计师李世钰、湖南华菱管线副总经理兼财务总监谭久均等财会领域的杰出人物，刻画出一系列鲜活、生动的理财人形象。

以人为本，就是要碰撞出理财者智慧生存的火花。

在我国现代企业管理模式中，CFO的角色该如何扮演？CFO的责任和权利该如何界定？CFO该如何管理企业财务？一个长期从事财务工作的CFO，如果想要成为一名合格乃至优秀的CEO，应该怎样发挥自己的优势和克服自己的缺陷呢？3年来，“CFO论坛”栏目邀请了包括中国石油天然气股份有限公司财务总监王国樑等在内的近百位CFO畅所欲言，发表对财会热点和业务问题的看法，真切反映了我国财务总监、总会计师的现实需求和智慧生存。“名家主持”栏目就如何历练自己的综合素质等诸多CFO感兴趣的话题展开讨论，仿佛一场场常办常新的小型讨论会，让参与讨论者切磋思想、激扬文字、闪烁智慧的光芒。

除了用笔交流，亦有心灵的碰撞。2006年7月20日，《财务与会计》理财版联合综合版共同举办了首届“《财务与会计》理财家俱乐部仲夏茶座”。这是企业高层管理者交流的平台，是编者、读者与作者的通联渠道，更是《财务与会计》理财版新的宣传阵地。现场嘉宾结合《中央企业总会计师工作职责管理暂行办法》畅谈了自己担任总会计师的感受、经验、困难，发言中既有实实在在的总结，也有闪烁理性火花的思考和建议，气氛非常热烈。后续的“企业内部控制”，“ERP应用与企业财务信息化建设”、“美国金融风暴的启示与思考”等主题活动，更是提升了《财务与会计》的影响力，形成了刊物、发行、广告三位一体的良性互动，为《财务与会计》的发展开辟了更为广阔的空间。

以人为本，就是要始终与理财者同呼吸。

培育期刊的核心竞争力，是读者、作者、编者三方面共同努力的结果，缺少了哪一方面都不行。为了解广大读者对理财版的真实意见和想法，编辑部就理财版的栏目设置、选题安排、办刊基本思路、对刊物的要求和愿望，以及封面、版式设计等进行了多次读者问卷调查，反响热烈。编辑部还分别在石家庄、沈阳、南通、连云港、青岛等地召开了多次不同规模的读者座谈会，与理论和实务界的读者进行面对面的交流，在增进相互了解和理解的同时也扩大了刊物的影响。“编辑信箱”栏目更是常年与读者互动，架起了编者与读者之间的七彩虹桥。

为顺应读者要求，也为了给大家提供新的交流和分享的舞台，编辑部3年间陆续开辟和调整了一些栏目。“点睛系列”是财务管理问题的系列分析，“谈股论金”讲述个人投资者在风云变幻的股市、基市搏杀的酸甜苦辣，“财苑走笔”栏目则增加了刊物的人文气息。同时，为进一步满足读者的需要，编辑部还对“理论讲堂”、“案例分析”、“理财广场”、“考辅之页”、“纳税筹划”等栏目的内容作了较为系统的安排，力图为读者提供更系统、更全面的知识。“职场人生”栏目围绕办公室文化、人际关系、职业规划、事业发展、职称评定、资格考试等，表现了中高层财务管理人员的所历所为、所思所感。“考辅之页”栏目刊登的《高级会计实务》考前辅导和模拟试题被部分考生奉为圭臬。

为了给广大读者提供“轻松一刻”，2007年，《财务与会计》理财版还与南通珠算博物馆联合举办了以珠算为题材的对联、歇后语、谜语（面）征集活动，得到广大读者的积极响应和好评。编辑部分季度共从应征者中评出优秀对联18幅、优秀歇后语19条、优秀谜面16则。吉林省长春市的马万友等众多读者来信表示首肯，希望编辑部能够继续举办此类活动，在加强读编互动的同时，进一步弘扬中华传统文化。

继往开来

改革开放三十年来，我国财会事业取得了巨大成就，财会工作已经从传统的计量核算扩展到企业管理、控制、决策和战略实施的各个层面，财会人员也逐渐成为企业管理团队、决策团队、专家咨询团队的重要成员。《财务与会计》已经站在了经济社会发展的前沿，既时刻关注着经济社会发展的动向，又顺时应势不断进行自我变革和创新。做新时期中国财会改革与创新的见证者、参与者和推进者，是包括《财务与会计》在内的当代财会期刊的历史使命。三十年来，在广大读者和作者的悉心关爱和支持下，《财务与会计》人上下求索，迎来了今天绚丽的绽放。

三年来，《财务与会计》理财版既一如既往地坚持《财务与会计》“立足基层、面向社会、服务财会工作、服务财会人员”的办刊宗旨和“三贴近”的办刊要求，又坚持求新、求活、求深、求实的专属风格，从简单处挖掘深意，从繁复中萃取精华，始终保持鲜活、内蕴、拓展的知识与实践维度及人文情怀，并逐渐获得广大读者的认可和喜爱。读者、作者、编者三方面的共同努力获得了回报，理财版在注重社会效益的同时，经济效益逐年提高，发行量连年攀升，理财版理事会异军突起，在编者、读者间架起了新的桥梁。

2008 年的大幕缓缓落下。这一年，战胜了雨雪冰冻和特大地震灾害，成功举办了奥运会，我们体会了太多激情与感动。还是这一年，突如其来的金融海啸考验着世界经济，也考验着中国的理财人。理财路上，不只有鲜花，还有荆棘，但请不要害怕，三十岁的《财务与会计》和三岁的《财务与会计》理财版始终都会与您一路同行。

（原载《财务与会计》〈理财版〉2008 年第 12 期）

星垂平野阔　月涌大江流

——写在《财务与会计》创刊三十周年之际

张连起

三十年前，一本叠印着财务会计界的曲折与期望，承载着改革开放催生的光荣与梦想的杂志——《财务与会计》，在临近北京长安街一座大楼六楼的夹层里新鲜出炉。

追溯历史，探寻《财务与会计》的发展轨迹：1957 年财政部会计制度司从原一机部财务司接办《工业会计》月刊；1959 年改名为《企业会计》；1960 年至 1963 年因国家经济困难停刊；1964 年 1 月复刊改名为《会计》；1966 年 7 月因文革再次停刊；1978 年秋天试刊定名为《财务与会计》，1979 年 1 月正式出刊。由此可见，这是中国财会界传承最久、影响最远的专业杂志，也是党的十一届三中全会后最早出版的财会期刊。

三十年斗转星移。“周虽旧邦，其命维新。”《财务与会计》诞生于改革开放大幕初启之时，惠泽于解放思想的春风甘露，成熟于市场经济的创新大潮。平野宏阔，大江东流。

三十年沧海桑田。《财务与会计》记录了中国财会领域的改革历程，见证了中国经济社会的发展足迹，传递了财会研究与实践的丰富信息。风生水起，山鸣谷应。

三十年自强不息。老子说：“胜人者力，自胜者强。”《财务与会计》在同类期刊中一枝独秀非蛮力之所为，而是不断发掘自身潜力和功力，以改革为导向，以内容为支撑，以形式为牵引，以读者为助力，熔铸严谨、务实、多维、灵动的办刊风格，锻造政策解读、时事观察、学术研究、实务指导、理财广场、人文会计等特色板块。潮平岸远，风正帆悬。

壮歌嘹亮：唱响思想解放先声

三十年的中国财会史，是一部思想解放史。

《财务与会计》创刊伊始，正是宣传落实《会计人员职权条例》之时。1963年1月，国务院颁布《会计人员职权试行条例》。“试行条例”对加强财务管理、维护财经纪律、促进国民经济发展，起到了积极的促进作用。根据试行的经验和新时期总任务的要求，国务院对这个条例进行补充修改后于1978年9月颁布了《会计人员职权条例》（以下简称《条例》)。《条例》着力描绘了“经济越发展，会计越重要”的思想雏形，力求奠定新时期会计工作的重要性与会计人的位置基础。《条例》的宣传贯彻，顺理成章地成为《财务与会计》的切入点，同时也成为《财务与会计》创办初期一抹浓重的亮色。

会计有没有阶级性？这个问题现在看来早已不成问题，但在乍暖还寒的早春时节，却有着拨乱反正、振聋发聩的启蒙意义。《记账方法没有阶级性》（贺南轩，《财务与会计》1979年第2期）一文，通过借贷记账法的服务对象、记账内容以及记账符号的论述，旗帜鲜明地提出：“说这种方法是资本主义的、修正主义的、只能为资产阶级服务的说法是不正确的。”这是改革开放幕启时分，中国财会界告别阶级斗争的第一声嘹亮的呐喊。

《财务与会计》为此加了编者按，强调指出：我们曾经担心，发表这样的文章会引起不同意见的争论，最后可能作不了结论，收不了场。其实，这种担心是不必要的。认识是一条无尽头的长河。认识来源于实践，又通过实践来检验。它有发源地，却没有停顿不前的终点。实践不断深入，认识也不断发展，永无止境。在马列主义、毛泽东思想指引下，理论工作者也好，实际工作者也好，在任何一方面进行探索，提出创造性的意见，总是难能可贵的。在探索过程中意见有所不同，这是很自然的，不可能、也不应该轻易地宣布某一看法为定论。众说纷纭，莫衷一是，并不一定是坏现象。真理好比燧石，它受的敲打越厉害，发射的火光越灿烂。我们不应当害怕不同意见的争论。当然，讨论应当以亲切协商的语气，平等待人的民主作风，言之有据，以理服人，切忌唯我独尊，乱扣帽子。

一时间，记账方法的讨论蔚为气象，这是接续20世纪50年代中断的记账方法大讨论的“香火”，表明财会领域的思想解放运动正在兴起。石人瑾在《财务与会计》1979年第6期上发表文章对此作了归纳：关于评价记账方法的标志问题，有的同志认为，一种好的记账方法，必须符合下列两个要求：(1）科学性：要求能够正确反映企业经济活动的真实内容，提供正确的核算资料，以便企业领导实现对生产“过程的控制和观念总结”。(2）群众性：要求简明易懂，简便易行，有利于开展群众核算，群众监督，实行民主理财。另有同志认为，客观性也是评价记账方法的一项重要标志。

关于“要不要争取外援、利用外国的先进技术和资金”的问题，《解放思想 积极而又稳妥地利用外国的先进技术和资金》（王韦，《财务与会计》1979年第3期）一文给出了明确答案：党的十一届三中全会，决定从今年起把全党工作的着重点转移到社会主义现代化建设上来，这是党中央的一个重大战略决策。为了加快社会主义现代化建设的步伐，要完整地准确地学习和掌握毛泽东思想体系，正确贯彻执行“自力更生为主，争取外援为辅”的方针，要在坚持独立自主、自力更生方针的基础上，采取各种国际上通行而又对我们有利的方式，积极而又稳妥地引进外国的先进技术、设备和资金。

在科学技术是第一生产力的论断下，如何认识会计这门技术性很强的工作？它究竟应该属于什么范畴呢?《财务与会计》1979年第4期发表王文龙的文章，回顾了马克思的经典论述：“过程越是按社会的规模进行，越是失去纯粹个人的性质，作为对过程的控制和观念总结的簿记就越是必要；因此，簿记对资本主义生产，比对手工业和农民的分散生产更为必要，对公有生产，比对资本主义生产更为必要。”该文还对社会主义社会化大生产条件下的会计职能和作用进行了深刻阐释，向文革中盛行的“三年不算账，钱也跑不到国外去”的“会计无用论”进行了清算！

解放思想，往往要借鉴老一辈会计人的世界眼光，于是《财务与会计》不时闪过潘序伦（如潘序伦回忆录、潘序伦论会计道德）等大师先贤的身影。

挺立潮头：高举改革开放旗帜

回首30年改革开放之旅，从发端于家庭承包的农村改革到按劳分配的落实，从给个体经济以出路到砸碎“大锅饭”与“铁饭碗”，从宣传小平南巡谈话到澄清对改革的种种质疑……中国改革历程中每一个“摸着石头过河”的脚步，都助推着《财务与会计》留下改革的屐痕。

开放的中国，开放的会计。中国财会史将会记载下这样一些充溢着改革精神与理性的文章：

以奖金分配为引线，正式为按劳分配正名。《应当摆脱奖励中的平均主义羁绊》（戴宝善，《财务与会计》1979年第12期）一文指出：贯彻按劳分配原则，实行奖励制度，是发展生产力加速实现“四化”之必需。然而，平均主义往往从中作祟，妨碍奖励制度的健康发展。平均主义的表现甚多，争立名目，差距微小，人人有份，彼此拉抬，是其共同特点。封建思想、小资产阶级思想是平均主义的根源；企业管理水平低，是平均主义猖獗的条件；相互影响，是平均主义蔓延的催化剂。

创新会计观念，发展会计科学，始终是《财务与会计》孜孜以求的目标。《关于丰富和发展我国社会主义会计学的几个问题》（黄学科，《财务与会计》1980年第1期）一文指出：会计是一门管理经济的科学，是随着生产的发展和人们管理经济的需要而产生和发展的。经济越发达，生产、分配、交换（流通）和消费的过程越复杂，就越需要利用会计来进行反映和监督。会计对于机械化、社会化大生产来说，比小规模手工劳动重要得多；对于以公有制为基础的社会主义经济来说，又比私有制为基础的社会经济重要得多。我们要加速社会主义现代化建设，要按照客观经济规律办事，要用经济手段管理经济，要加强经济核算、讲求经济效果，就必须丰富和发展会计科学，充分发挥会计工作在四个现代化建设中的作用。

没有创新的理论，就没有会计的一切。《开展会计理论研究的几点意见——兼论会计学的科学属性》（杨纪琬、阎达五，《财务与会计》1980年第5期）对此作出了响亮的回答，同时发出“世纪之问”：发展会计科学，首先需要大力开展会计理论研究，没有理论指导，会计科学的发展和提高是困难的。现代会计形成一门自成体系的独立科学，已有两百年的历史。在人类历史发展的长河中，两百年虽然是短暂的一段，但是人类社会的政治、经济生活却发生了巨大变化，人们对自然界和社会的认识进入了新的阶段，各门科学都在各自的领域向深度和广度进军。在此期间，会计科学虽然也有发展，但是同其他科学比较，则处于相对落后状态。是什么原因阻碍着会计科学的发展呢？

推进会计改革，扩展会计边界，一直是《财务与会计》润物无声的追求。《建立有中国特色的管理会计——对管理会计的几点基本认识》（唐腾翔，《财务与会计》1984年第2期）着力阐释了管理会计与社会化大生产的关系：管理会计是社会化大生产的产物，社会化大生产的基本特征有三：一是建立在进步的科学技术基础上；二是共同劳动的规模大，分工协作细；三是面对着激烈的市场竞争。在社会化大生产的条件下，一个企业要想生存和发展，就必须具备良好的素质和高强度的应变力与竞争力，而要做到这些，没有科学的、严密的企业管理是办不到的。

《深化会计改革杂谈》（王军，《财务与会计》1992年第9期）对会计改革的内涵进行了重构：会计改革这个名词内涵非常丰富。有企业会计改革、行政事业单位会计改革，有会计管理体制改革、会计核算方法和理论研究方法的改革，有会计人员自身作风的改革、会计组织机构的改革，等等。因此，我们探讨会计改革，大的思路要理顺，小的方面要界定，改革措施要有针对性。眉毛胡子一把抓，一是说不清楚，二是弄不准确，三是难以操作，四是效果不佳。

《财务与会计》1995 年第 9 期刊发《适应形势 转变观念 突出财务管理的中心地位》一文，将财务管理置于企业管理的核心位置，从而引发了一场持久的“财务管理中心论”的大讨论，并逐步使“企业管理以财务管理为中心”的理念深入人心。

把握会计准则建设的形势与任务，总结我国会计准则建设的经验与启示，与国际惯例对接，是《财务与会计》不懈的使命。《中国会计准则建设的经验和启示》（陈毓圭，《财务与会计》2000 年第 3 期）、《新中国会计准则建设的新课题》（陈毓圭，《财务与会计》2000 年第 10 期），分析了中国会计准则建设面临的国内外环境，明确把会计核算改革作为突破口，抓住中国国情与国际惯例这对主要矛盾，介入国际会计准则制定过程，同时，对于公允价值、会计判断、新技术革命对会计准则建设的影响进行了探讨。

会计改革的旗帜，被《财务与会计》高高举起。

铁肩担道：维护会计人的“天赋权利”

《财务与会计》1980 年第 12 期，刊载了时任国务院副总理姚依林在全国会计工作会议和中国会计学会年会上的讲话，其中一段是：从我们国家的需要来说，会计工作的重要性完全不低于科学技术。从目前来看，会计人员的需要，会计人员的缺乏，比科学技术干部更严重。这段话，点出了会计人员的地位和重要性，给日复一日埋头于繁杂事务中的会计人送去了温暖。

这激发《财务与会计》将对会计人的维权使命担在肩上。

每一个会计人心中都有一盏灯，等待《财务与会计》去点亮。有时，会计人自身就是发光体。

赵凡，一个连名字都叫得质朴无华的普通会计，得到《财务与会计》的热情关注。《财务与会计》1983 年第 9 期刊出：山西省太原市机电公司的女会计赵凡，来到首都北京，见到了时任财政部部长王丙乾。王部长说：你如实反映情况，维护国家利益，向不正之风斗争的精神很好。你还要相信，歪风邪气总是暂时的。

《财务与会计》随后发表了一组文章，展现了赵凡的不凡形象。赵凡之所以不凡，在于她作为单位的“管家”，对企业的收入支出，来龙去脉，一清二楚。赵凡之所以不凡，还体现在她坚信党和国家一定会对违法乱纪行为进行正确处理的坚强信念。在斗争的道路上，她经历了六个极不平凡的春秋，遇到过不少困难，经受过不少挫折。她一次一次地上告，又一次又一次地受到阻挠……“违法乱纪不正风，截留利润法难容。赵凡正气冲霄汉，尽责操心立大功。”

一切为了会计人，为了会计人的一切，凝结为《财务与会计》的价值认同。

《财务与会计》1981 年第 2 期用财会谚语“临摹”会计：怕得罪人的人，不能当会计。日清月结，会计之责。依靠群众，会计主动。手续不全，漏洞拜年。掌柜不理财，店门白白开。奢者毁于化整为零，俭者成于化零为整。事业要兴，财会要严；财会一松，万般落空。财会之过，莫大于“拖”，会计之罪，莫大于“随”。

提升会计人专业素质，促进会计达标升级，体现了《财务与会计》的人本思维。

《为“四化”大力培训财会人员》（天津市和平区业余中学，《财务与会计》1979 年第 5 期）一文，记录了改革初期“多出人才、快出人才”的会计培训图景。《在试点经验的基础上 进一步开展会计工作达标升级活动》（魏克发，《财务与会计》1989 年第 5 期）一文，显现了会计工作达标升级活动经过扩大试点、逐步全面推开的政策部署。《办好会计硕士专业学位教育 开创我国高级会计人才培养新局面》（刘玉廷，《财务与会计》2005 年第 5 期）一文，承载着 MPAcc 学员成为高层次应用人才的光荣与梦想。

以会计人为本，让《财务与会计》感到了沉甸甸的使命。

围绕中心：谱写服务经济社会的乐章

增产节约、增收节支（又称“双增双节”）是 20 世纪 80 年代的“主流行动”，《财务与会计》自然对准焦点，剑及履及。

《进一步做好增收节支工作》（柳标，《财务与会计》1987 年第 7 期）一文指出：在全国范围内开展的增产节约、增收节支运动，是促进我国国民经济稳定发展，加速社会主义四化建设的重要法宝。几个月来，由于各地区、各部门的共同努力，“双增双节”运动已初步开展起来，并取得了初步成效。我们要进一步提高思想认识，认真总结经验，扎扎实实地做好工作，把“双增双节”运动不断引向深入。

《财务与会计》同时围绕“双增双节”作了系列报道：《立足内部挖潜 搞好双增双节》（中国石油化工总公司，《财务与会计》1987 年第 9 期）；《完善承包经营开展“双增双节” 深化会计改革是当前会计工作的中心——云南、贵州省和重庆市部分企业会计工作情况调查》（江生，《财务与会计》1988 年第 7 期）……试图告诉会计人——既不丢“西瓜”，又要拣“芝麻”，才是会计的应有之义。

会计法制建设关系到会计工作的成败，以法治“会”，是法治社会的“标准色”。《财务与会计》大力普法。

中国财会界资深学者纷纷在《财务与会计》上撰文，高度评价《会计法》的颁布：《新中国会计发展史上的重要里程碑》（葛家澍，《财务与会计》1985 年第 3 期）；《充分发挥会计的核算和监督职能——学习〈会计法〉的一点体会》（杨纪琬，《财务与会计》1985 年第 3 期）；《遵守〈会计法〉开创会计工作新局面》（娄尔行，《财务与会计》1985 年第 4 期）；《〈会计法〉体现了我国立法的民主精神》（李宝震，《财务与会计》1985 年第 4 期）……

《会计法》实施 10 周年后，《财务与会计》1995 年第 4、5、6 期连续发表了杨时展撰写的《有关我国〈会计法〉的几个问题》，解答了“为什么我国要制定《会计法》、为什么要对 1985 年制定的《会计法》进行修改及作了哪些修改、各单位领导对《会计法》的贯彻负有哪些责任”等大家比较关心的问题。

览尽会计大潮，纵论制度变迁，宣传“两则”、“两制”不遗余力。

1992 年 12 月，《企业财务通则》、《企业会计准则》正式发布。这是我国财务会计管理制度的重大改革，也是建立社会主义市场经济体制的一项重要举措。为此，《财务与会计》于 1992 年 12 月出版增刊——《企业财务通则》和《企业会计准则》专辑，书写了财会宣传史上浓墨重彩的一页。

阎达五以《中国会计的第三次革命》（《财务与会计》1993 年第 3 期）为题，阐述了制定和施行《企业会计准则》的意义：这是建国以来我国会计制度的一项根本性改革，也是当前会计改革进程中所采取的一项重大措施，其深远影响可与建国初期建立分部门、分行业、分所有制一统到底的会计制度相比拟。施行会计准则影响到近千万会计人员的会计观念、业务技能、办事程序和工作习惯，也影响到各级各类财会专业学校的课程设置、教学内容和教材建设。有人把这次准则的发布与实施称之为中国会计的第三次革命。

整顿经济秩序，重塑会计诚信，是20世纪末21世纪初的“绿色行动”，此时，《财务与会计》成为“瞭望哨”。

“琼民源”引起了民怨，《痛定思痛——对“琼民源”事件的一些思考》（裘理瑾、李若山，《财务与会计》1999年第5期）一文对“琼民源”虚假业绩进行了专业分析。《对“红光实业”事件的一些思考——关于我国证券市场及注册会计师法律责任问题分析》（李若山、裘理瑾，《财务与会计》1999年第2期）一文对证券市场及注册会计师法律责任问题进行了系统反思。《“东锅”探微——我们的分析与思考》（求理、木子，《财务与会计》1999年第7期）一文，揭示了注册会计师对舞弊现象应有的关注。解剖这些案例，总会找到诚信失守的共性。《整顿市场经济秩序 重塑社会信用基础——“黎明股份”与“湖北立华”事件之透视与反思》（张连起，《财务与会计》2001年第7期）指出：基于造假基础上的对财富的追求，到头来，不但财富追逐不成，反而会搬起石头砸自己的脚。子规夜半犹啼血，不信东风唤不回！《诚信兮，归来》（张连起，《财务与会计》2002年第2期）一文认为：失信是市场经济的“败血症”，诚信是会计人的“维信素”，是走向未来的“通行证”。要想让注册会计师立德、守信，必须具备三个条件：第一，建立在重复博弈的基础上，因为一次博弈的最优选择是欺骗；第二，受损者有积极性实施惩罚，过失者能为自己的过错付款；第三，错误与舞弊可以被观察到。

财会界每有大事发生，《财务与会计》都能作出积极的反应。

人文嫁接：点亮会计魅力之灯

《财务与会计》：厚重，但不失轻松；严肃，但不失亲切；主流，但不失时尚。

《财务与会计》1981年第3期，刊载了新凤霞回忆《会计姑娘》演出的文章：会计这个名词，我在旧社会只知道他是管账的先生，那时我见过的账房先生，就是给戏班财主和有钱掌柜管账打算盘的人。如我们跑码头去演戏住在客店里，管账的拿着算盘来跟我们结账，钱多钱少都得听他的，我们唱戏的没有文化，不会算账，干受剥削……新凤霞娓娓道来，通过演艺生涯引出会计种种，其实是人文的尝试。

《财务与会计》成长的根须，深植于人文。

一个叫陈新元的作者，在《财务与会计》创刊十周年之际写下自己与《财务与会计》的不解之缘：1982年夏，我给《财务与会计》寄上一篇关于

“小金库”的杂谈。那是我第一次写财会方面的稿件，有人劝我说：“你既没有什么知名度，编辑部里又无熟人，想登文章谈何容易?”我抱着试一试的心情投了稿。出人意外的是一个多月后，居然收到了一份《财务与会计》，上面配图刊载了我的短文。我对编辑的不欺无名深为感佩，此后便经常投稿，几年来，《财务与会计》陆续发表了我写的二十几篇史论结合的杂谈，为探索理财之道、激浊扬清略尽绵薄。

笔者与《财务与会计》堪为超越十年的“人文同好”。自1999年始，笔者相继在《财务与会计》上发表了《艺术·魔术·骗》、《法律·道德·愿》、《眼界·境界·换》、《网上·网下·干》等人文会计作品，于方寸间激扬大气象，于管窥中开放大视野，以轻松的笔调状写行业，以灵动的文字阐释专业，力求演绎“活”的会计。《财务与会计》亦欣然推介，引为知己。这实在是大时代背景下财会期刊与会计人互动互生的典型样本。

科学发展：描绘会计战略画卷

《财务与会计》走过的三十个脚步，矫健而闪亮。

作为党的十一届三中全会后第一本复刊或创刊的财会杂志，1983年1月，《财务与会计》第一次扩版增容，由小16开32页增为48页；1986年1月，《财务与会计》第二次扩版增容，由小16开48页增为64页。2000年1月，《财务与会计》第三次扩版增容，由小16开64页改为大16开80页。2006年1月，《财务与会计》正式由月刊改为半月刊，上半月为综合版，下半月为理财版。

1987年1月，《财务与会计》在全国率先开设“会计电算化知识讲座”，为我国会计电算化尤其是商品化软件的发展作出了开拓性的贡献；1988年4月，《财务与会计》推出“厂内银行核算”专栏，为当时企业改革的关键环节提供了操作指引；2001年1月，开辟了大型迎新、创新专栏，为转型期的中国会计作了一次世纪性梳理。

学习实践科学发展观，《财务与会计》动力强劲。

大禹治水的时候就创立了会计；孔夫子为后世留下了“会计，当而已矣”的名言；当时间进入到“中国会计战略发展时刻”，需要发现、记录、见证者盛装出场。此时，《财务与会计》不做谁来做？这个时候不做何时做?

面对新一轮的改革开放浪潮，会计工作管理部门和注册会计师行业的自律管理组织怎样才能结合实际，把科学发展观的要求转化为谋划发展的正确思路，转化为推动发展的创新意识，转化为促进发展的政策措施？《统筹六个方面 推动会计管理工作科学发展——访财政部会计司司长刘玉廷》（本刊记者，《财务与会计》2008 年第 9 期）一文指出学习实践科学发展观，会计管理工作要统筹会计准则体系、内部控制体系、信息化体系、人才体系、注册会计师的队伍建设以及注册会计师行业的发展、会计理论研究六个方面，其中前三个方面即标准体系建设三位一体，相互结合，可以促进企业建立健全世界先进水平的现代企业管理制度。《以科学发展观引领注册会计师行业又好又快发展》（陈毓圭，《财务与会计》2008 年第 9 期）一文指出要根据行业发展的实际，在巩固现有发展框架的同时，重点解决好“缺、短、弱”的突出问题，努力实现注册会计师行业全面协调可持续发展，统筹协调好“四个关系”。

“物有本末，事有终始，知所先后，则近道矣”（《大学》）。《财务与会计》创新发展理念，把握发展规律，转变发展方式，大道以行，道不远人！

中国财会界铺展开一幅壮丽的长轴画卷：会计审计准则趋同战略、会计领军人才培养战略、会计师事务所做大做强战略、内部控制规范建设战略、“走出去”战略等系列发展战略，如漫天星斗，熠熠生辉。而《财务与会计》，幻化为硕大无垠的天幕。

《财务与会计》的愿景，青铜鼎般坚定，青花瓷般细腻，中国红般鲜艳！

——成为中国最具影响力、最有权威性、最受尊敬和信赖的财会期刊，成为服务经济社会、践行科学发展的新媒体。

——成就一份“可读——易读——悦读”的专业读物，营造一个无论是学者专家还是基层会计人都能平等参与的专业圆桌和声音广场。

——让事件更深刻，让专业更深邃，让阅读更轻松，让形式更精美。

——走近会计人的内心世界，走近学术与实务的制高点，走近诡谲多姿的理财之门。

因为我们都有一个共同的名字：会计人！所以，《财务与会计》就是你我的乡土，你我的主场。一种被称为温暖的感觉，会长留在你我心中。

手握三十岁的杂志上路吧。“尽管路有些黑，但有星星在。”闪烁的星光，叠印在这本杂志上。

这是你的杂志，也是我的杂志。你和我，心连心，永远一家人。我们在一起，握紧《财务与会计》！

（原载《财务与会计》2008 年第 12 期）

怀念《财务与会计》的创办人、首任总编辑

——左春台同志

张秉魁

《财务与会计》走过了三十年的历程。三十年的前十五年，我是亲历者、参与者，感受颇多；后十五年我离休了，是旁观者。在纪念《财务与会计》创刊三十周年之际，回首前十五年的艰难历程特别是创刊的头两年，有些事记忆深刻，终生难忘。而这些事都与创刊人、首任总编辑左春台同志有关，因此引起我对他的深切怀念。

创刊之初，编辑只有几个人，具体负责编辑部工作的最初是王裕同志，后来又有李晓村同志，由于他们不懂会计，也没干过编辑这一行，许多事都是左总编直接抓，这样我就有较多机会与左总编接触。又由于在几个人中，我是唯一学过会计、干过会计、搞过编辑工作的，因此许多事自然就落到了我的头上。当时要抓的事很多，最紧迫的任务是抓普及财会知识方面的稿件，为此，我跑了几所财经院校。虽然东奔西跑，手忙脚乱，节假日也很少休息，工作相当艰苦，但是在左春台同志的关怀与指导下，干得很愉快。从他对工作的认真态度、解决问题的办法和思考问题的方法中，我也学到了不少东西。

积累资料　准备写稿

第一次在我头脑中留下深刻印象的，是左总编解决创刊号头篇文章的办法。干我们这一行的，谁都知道头篇文章即带头文章的重要。作为财政部主办的、面向全国的、文革后第一家出版的《财务与会计》的第一篇文章，应该怎样写，写什么？这是一个很大的难题。在我们还未想清楚该怎么办的时候，他已经很“轻易”地给解决了，即重新刊发时任中共中央副主席的李先念同志十六年前发表在《人民日报》上的《对财务会计人员的几点希望》一文，并征得了李先念同志的同意。文章中不只是提出对财会人员的希望，也对各级领导提出了要求，指出财会队伍在数量和质量上，都赶不上社会主义建设事业

发展的要求，因此，要有计划地充实、整顿和提高财会队伍，要更好地运用和发挥财会工作的作用，支持财会人员一切正确的意见。这不仅是解决了创刊号头篇文章的问题，以李先念同志的身份，对财会人员肯定是个巨大的鼓舞，同时也有助于提高《财务与会计》在读者心目中的地位。李先念同志在1963年发表的文章，到1979年时间已过去十六年，一般人早就淡忘了，左春台同志还能够想起它、应用它，由此我体会到两点：一是他很早就关注财会工作；二是他注意积累资料。他还怕我们没有注意到，不够重视，1979年3月5日下午，他到编辑部与大家交谈，说了不少应该注意的事项，其主导思想是要大家在工作中不只是关注选稿、组稿、加工稿子，还要注意积累资料，准备写稿。这说明他本人十分重视积累资料，并受益于积累资料，因此希望我们当编辑的也要重视积累资料，为日后搞写作准备条件，提供便利。

哪怕是一个简讯　也要字斟句酌

1979年的2月，一位同志写了个简讯稿，标题是：《专管员的工作发动单位和群众验收》，送到左总编那里，他看后有个批语：“题目就不通，我改了一下。要注意，哪怕是一个简讯，也要字斟句酌”。王裕同志看后批示：“左主任的批评很重要，我有责任，请大家传阅”（左总编是财政部办公厅副主任，平时我们都称他左主任）。左总编的批语，在我思想上引起很大震动，对我日后的工作影响也很大。他作为财政部办公厅副主任，有行政任务在身，又兼任《财务与会计》总编辑，工作无疑是很繁忙的。按说他可以只看些大稿件，简讯之类的小稿子，由编辑部负责人审核就可以了。但他不只是看，而且修改、加批语，语言又是那么中肯。这说明他具有对工作严要求、对读者高度负责的态度，我很受感动。在日后的工作中，我始终牢记：“哪怕是一个简讯，也要字斟句酌”，严格要求自己，也严格要求编辑部的同志。时间长了，就形成习惯。编辑部在制定“编辑职业道德”时，不光把抠文字作为一条写了进去，后来由我组织编辑的《财会期刊编辑与通联工作》一书中的“编辑人员的职业道德”一章中，也写进了这个内容。这些可以说明，左总编的批语，在我身上所起的作用。我想对其他同志，也会有不小的影响。

坚持实事求是

1979年是中华人民共和国成立三十周年，各行各业都要总结三十年的工作，会计工作也不例外。当时有位会计专家写了会计工作三十年的文章，这篇文章准备在《财务与会计》上刊登，我把文章要来，看后给了左总编。左总编看后提出一个问题：文章中没有提到“增减记账法”。“增减记账法”是当时的商业部于1964年提出并试点、1965年推广的一种记账方法，先是在商业系统普遍采用，后来在工业、基建和国民经济其他部门也有不少单位采用，是当时较为广泛使用的一种记账方法。但当时会计界在记账方法问题上有争论，有主张“增减记账法”的，也有主张“借贷记账法”、“收付记账法”的，左总编了解这方面的情况。他认为，总结会计工作的三十年，应当包含“增减记账法”的内容。他要我找那位会计专家增补“增减记账法”的内容，我遵照去办。出乎我意料的是，当我说明想法后，那位会计专家很不冷静地说：“我不是忘记，也不是疏忽，我不想写它。”一个要求写，一个不愿写，让我这个办具体事情的人很为难。我只好把他的话如实告诉了左总编。左总编听后态度也很坚决：“不管你喜欢还是不喜欢，愿意还是不愿意，它在中华人民共和国的土地上存在了十五年，你不改，我还可以不用。”在当时，在现在，我都认为，左总编的态度是对的。总结工作是针对过去，对客观上存在过的事物要客观地实事求事地总结，不能感情用事，不能喜欢的就写，不喜欢的就不写。

写回忆　不但是为了回忆往事

创刊初期，稿源不足是个突出的问题，大稿小稿都要尽力去抓，左总编在这方面尽了大力。他利用工作上的便利条件，从办公厅研究处组来不少稿件，他用蔡边文的笔名，1979年写了4篇文章，1980年写了3篇文章，这些文章不只是为解决稿源问题而写，都是针对现实中存在的问题，有很强的针对性、指导性，有的还是作为带头文章刊登的。1980年，他还写了回忆录——《会计是学经济的一所很好的学校——我当会计的回忆》，分三次连载在当年的第9、第10、第12期上。他写当会计的回忆，也有很强的针对性，正如他在文章中所说的：“写回忆，不单是为了回忆往事”，是想通过自身的体会，说明会计工作的重要，会计工作不能轻视它，领导者更不能轻视它。这个回忆录对当时的许多人都有启迪作用。改革开放之初，会计人员在数量和质量上都不能满足工作的需要，急需加速培养，但又存在着不少思想障碍，比如，办培训班，有人就说缺这少那没条件。回忆文章中说，他当年参加学习的培训班，课堂是一个三面有墙一面敞开的棚房，同学们搬几块石头和木板当座位，相比之下现在的条件比那时好多了。想要学习的人中有的有畏难情绪，怕学不好。文章说，他只参加了三个月的短期会计培训班，时间虽短暂，但基本上掌握了记账的技术，说明并不难。对不重视会计工作的人，文章中讲的道理更多，都是他的亲身感受。他从会计工作十分重视原始凭证，“要收有凭，支有据，而且收支要平衡”这个日常用语中，悟出很多富有哲理的见解。向下作调查，向上写报告，听报告，看材料，研究问题，都要注意有凭有据，实事求是，而不能单凭空话；注意事物的两个方面，“两点论”，而不只看到一个方面，“一点论”。他的这些观点，对当时的领导干部和做具体工作的财会人员，都有启迪作用。

思路广　点子多

《财务与会计》1981 年第 3 期，把简讯算上总共八篇文章，有五篇是约稿，其中又有两篇是执行左总编的指示组来的，而且作者都是大名人。由此体现出左总编思路广，点子多，出主意，出产品。

记得大约是 1980 年年底，我们收到杭州市财政局推荐的关于陈云同志打算盘的照片，决定在刊物上刊登，但需写个说明。怎么写，由谁写？还是左总编的主意：找诗人、书法家赵朴初题词、题字。我们根本没有想到，甚至不敢想。照他的意见去办了，还真的如愿以偿，赵老题了词、字，并写成横幅：

唯实是求 珠落还起 加减乘除 反复对比

运筹帷幄 决胜千里 老谋深算 国之所倚

陈云同志打算盘的照片和赵朴初的题词、题字、横幅刊登在《财务与会计》1981 年第 3 期封二。一个是高级领导人打算盘，一个是诗人、书法家题词、题字，很能吸引读者。它的宣传作用不亚于一篇大文章。

还有一次，左总编要我们去向新凤霞约稿，当时我想，她是演戏的，能写出我们需要的文章吗？他解释说，1962 年召开全国会计工作会议，为了配合会议的召开，中国评剧院排演了评剧《会计姑娘》，新凤霞是主演，她会对会计有感受，周总理还看过她的演出，我们可以请她写纪念周总理的文章。我们照办了，新凤霞应约写了一篇回忆文章——《回忆〈会计姑娘〉的演出和对周总理的怀念》。出乎我们意料的是：文章不但写出了她演《会计姑娘》的感受，而且写出了李先念同志和周总理的重要指示。她在文章中说，为了演好这出戏，她学习了很多有关财会工作的文件和会计知识，认识到今天的会计是为国家和人民当家理财的，是一项很重要的工作，应当好好宣传。她说《会计姑娘》这出戏的主人公李秀英，是一名农村回乡知识青年，性格勇敢坚强。她为了当好会计，与不遵守财经制度的错误行为作斗争，剧中有几段唱词很受观众的欢迎，如母亲怕她得罪人，要她“各扫门前雪，休管他人瓦上霜”，李秀英的唱词是：“妈妈你站的高来远处望，莫害怕来莫心慌，新社会、旧社会大不一样，两个天、两个地、两种心肠；新社会人民当家把权掌，不能叫坏人再猖狂；我下海不怕风和浪，上山不怕虎和狼，纵然是万把钢刀压在我的脖子上，也要和坏人坏事大干一场！”李先念同志看了她的戏，散戏后上台接见了全体演员，并说，这样勇敢坚守岗位的会计姑娘应当鼓励，这出戏很好，应当叫搞财会工作的人都来看看。在昆明演出时，周总理和陈毅同志出国归来途经昆明，听说她在昆明演出，要看她的戏，她为总理演出了《会计姑娘》。看完戏，周总理和陈毅同志上台接见了他们，并表扬这个戏演得好。总理说：“会计是掌握国家经济命脉的管家人，这个题材很重要，你们应该进一步加工整理这出戏，把它演得更好，成为保留剧目。”新凤霞感慨地说，她塑造了一个受到广大财会人员欢迎的会计姑娘形象，得到党和国家领导人的鼓励，心里非常高兴，她愿与财会战线的同志们共勉。新凤霞是个名人，在我们的刊物上发表她的文章，吸引了更多的读者，发挥了更好的作用。

关注基层单位的会计人员

左总编曾做了三年基层单位的会计工作，对基层单位的会计人员有深厚的感情，他经常提醒我们要满足基层单位财会人员的需要。即使在他离开总编辑的岗位后，在他写的纪念《财务与会计》十周年的文章中，仍然提醒我们：“乡镇企业的财会人员同《财务与会计》的密切程度，较之国营企业就差一些，个体专业户、私营企业以及外资企业、中外合资企业的财会人员就更差一些。改进与加强同他们的联系，使他们也把《财务与会计》当成不可须臾离开的朋友，这是《财务与会计》继续努力的一个重要方面。”我的体会是，左总编的这个建议或者要求，体现出他始终坚持的、面向各行各业财会人员的办刊方针。怎样改进与加强同他们的联系，我想，办法只能是提供适合他们需要的文章，并且针对这些企业的特点，文章从内容上说要实一些，并注重解决实际工作中存在的问题；从篇幅上说要短一些，因为基层企业的财会人员，工作总是很忙，长了没时间看。还有，尽可能多采用基层单位实际财会工作者的来稿，他们的来稿常常反映出实际工作中存在的需要解决的问题，刊登他们的来稿，解决他们的问题，自然就能增进感情，密切联系。一般说，做实际工作的财会人员写的东西，较之大学老师写的东西文字差些，往往是有内容，表达不清楚，要费劲加工。这就需要我们编辑人员有“自找苦吃”的精神。我吃过这个苦，也尝到了它的甜，《财务与会计》的发行量曾经达到65万份，与此不无关系，每次召开听取意见座谈会，总能听到刊物所刊登的文章实用性强的好评。

我同左总编在财会宣传的内容上有较多的共同语言，是因为我也干过几年基层单位的财会工作。他的想法我容易理解，他的建议我易于接受，是因为我觉得他办刊的指导思想或者说办刊的方针是正确的。这是个带根本性的问题，如果没有他正确的指导思想，刊物办成啥模样是很难说的。写到这里我又想起一件往事，记得是1979年8月8日的下午，编辑部的一位负责同志告诉我，他有事外出，要我去左总编那里谈稿件问题，我以为是某篇稿件有问题左总编要同我谈，又由于手头的事没处理完，迟去了一会儿，没想到左总编抱着那位负责同志编排的第9期（1979年）稿件到编辑部来了，原来是要同我们商量这期稿件如何编排的问题，这分明是对原先的编排不满意。我们一起商量了两个多小时，左总编要我按商定的原则重新编排一下，我照办了。这又一次说明了左总编对工作认真负责的态度。

1990年10月19日，左总编永远地离开了我们。在纪念《财务与会计》创刊三十周年的时候，应该怀念、应该感谢的人很多，我觉得最应该怀念、最应该感谢的是《财务与会计》的创办人、首任总编辑——左春台同志。

（原载《财务与会计》2008年第12期）

遇见你，我的世界从此与众不同

——写在《财务与会计》创刊三十周年之际

常叶青

你是怎样走来的？我在记忆的深处寻觅。

记得那是研究生毕业那年，我被分配到了一家金融企业的计财部从事会计工作。公司的财务老总十几年如一日地订阅《财务与会计》杂志，不仅自己阅读，因为实在喜爱，还特地每期多买几本，推荐给公司的会计人员。

在好奇和感动之余，每期我总是要先睹为快。学术性的文章，带我走进无垠的知识绿地；时事性的文章，带我关注姿态万千的世界；哲理性的文章，引发我海阔天空地思考；趣味性的文章，每每让我发自内心的微笑。

等待，似乎只为能与你相遇。感谢我曾经的这位领导，是他对你的情有独钟，让我遇见了你。烂漫青春的你，打开了我思想的天窗，我的世界从此与众不同。

新颖、有个性是我初识你的感受，那时的我只是阅读你万绿丛中一点红的别致，却因为你的高山仰止，不敢与你亲近。真正与你熟悉，还是2004年的那个夏天。我写了那篇关于投资基金会计与信托业务会计整合的论文，它是我对会计实务工作中遇到的困境的理论思考。你居然登载了，我是多么地欣喜。有一首歌是这样唱的："夏天夏天悄悄过去，留下小秘密。"这个夏天，我与你熟悉，与你亲近，你从此成为我心中珍藏的秘密。

因为这次惊喜的意外，我更加关注你。我在灯下仔细读你，我发现了你与众不同背后的深刻和隽永。我喜欢你的万寿点墨，俏皮甜美中蕴含有深意；我喜欢你的案例分析，架构起理论与实践完美的桥梁；我喜欢你的研究与探索，广阔视角下的追问和寻觅……

我被你深深吸引，从此，不想再远远地观望你。我愿意追随你的脚步，我想得到你的垂青。可这真的有点难，你不只实用，你还有着很好的品味。你喜欢严谨的研究态度，喜欢新颖而深刻的话题，喜欢哲理性的思辨，喜欢唯美的文笔，还有那浓浓的人文情怀。你有着一种追求尽善尽美的执著……

我不断给你写信，用了属于我的方式。但你始终沉默不语。你的沉默，让我染上轻愁。可因为依恋，我情愿坚持；因为懂你，我愿意坚持。

成了你的朋友，虽然不是很亲密。等你却已然成了我的习惯。在晨曦微露的初晓，在温暖和煦的午后，在清淡如水的月夜，盼到你光临我的小屋时，我总会泡上一杯香茗，在袅袅清香中细读你的娓娓道来，感受你的激情澎湃。你关注与企业相关的经济政策、财税政策、财会审政策，关注重要财经事件对财会审改革与发展的影响，细心体察企业财务与会计改革的实践，你为学术争鸣开辟了研究和探索的空间，为会计人打开了一扇通往过去和瞭望现实世界的窗，你也细心地在自己的心房给会计人留下了倾诉和交流的空间。在你的潜移默化下，我逐渐成长，绽放出属于自己的妖娆和美丽。

三十个寒暑成就了智慧的你，富有文化韵味的你。如今的你已经日渐成熟。我用敬慕的眼光再一次向你回眸，你说，总有什么东西让你无法停下向前的脚步。我相信，与时俱进的你，会日臻完美。

我乐意与你这样的杂志终身为友，也乐于做一个热心的伯乐，将你推荐给我的同行和朋友，一如我曾经的领导，将我引领到你的面前。

与你相遇，在你最美丽的年华。你陪伴我，走过了我青涩的岁月。你似一幅流光溢彩的画卷，为我打开了神奇的会计世界。我将继续追寻你的脚步，继续向你倾诉，继续与你分享。

我亲爱的朋友，在你三十而立的日子，我只想轻轻地，轻轻地告诉你，遇见你，是缘分；爱上你，我的世界从此与众不同。

（原载《财务与会计》2008 年第 11 期）

走近《财务与会计》

——一位实习编辑的感受与思考

王　斌

出于对编辑职业的浓厚兴趣以及提升写作能力的迫切愿望，我一直想去专业期刊作一回亲身体验。一次偶然的机会，从一位熟识的老师那儿得知，《财务与会计》杂志主要面向会计实务工作，编辑同时兼为记者，工作很有挑战性；而且哪怕只是阅读资深编辑们的层层修改稿，对提高文字水平也会有很大帮助。这更坚定了我去实习的信念。庚寅盛夏，经老师引荐、中国财政杂志社领导批准，我有幸成为《财务与会计》编辑中心的一名实习编辑。

在杂志社、编辑中心领导和同事们的无私关怀和悉心指导下，我度过了一个月充实而快乐的实习生活。《财务与会计》是目前唯一获得国家期刊奖的财会类期刊，也是目前发行量最大的财会类期刊。作为一名会计学专业的博士研究生，能在这作实习编辑，我倍感荣幸和自豪。四周的时间虽然短暂，但从中学到的知识和受到的启发，我相信一定会让我受益终生。泰戈尔说：谢谢火焰给你光明，但是不要忘了那执灯的人，他是坚忍地站在黑暗当中呢。在实习结束之际，谨以此文向默默为我执灯的、不吝赐教的领导和同事们致以最诚挚的谢意！

感受：做好编辑工作需具备哪些特质

从某种程度上说，编辑之于杂志，就像父母之于子女，都少不了含辛茹苦的孕育和潜移默化的熏陶。因而，要想准确而全面地评价一本杂志，最有效的方式就是从了解那里的编辑和编辑工作开始。

（一）心境：淡泊明志，宁静致远

实习期间，正值京城溽景薰天，人不由自主地会变得浮躁起来，我也不例外。然而从实习第一天起，领导们谦和豁达的人格魅力、同事们严谨乐观的工作态度，就给酷暑中的我注入了股股温馨的清凉，让我心头始终萦绕着秦观那句“夏木阴阴正可人”。

秦总编谈笑间不经意流露出的深厚学养和敏锐思想让我深深折服；周主任未言先笑、娓娓道来，尽现江南女子的温婉内涵；闫主任蔼然可亲、从容不迫，腹有诗书气自华。聆听领导们的教诲，让我不由生出“万人丛中一握手，使我衣袖三年香”的仰慕之情。资深编辑阿静姐，热情旷达，极具亲和力，不仅在生活上悉心照顾我，而且手把手教我改文章，她凝练文字的能力令我佩服不已；为我答疑解惑最多的小崔姐，爽朗自信，才思敏捷，睿智而有灵气，单从她写的日常工作邮件中就能看出其良好的文字驾驭能力。当然还要说说与我同龄的几位 80 后编辑：小武温文尔雅，临大事而有静气，很有绅士风度；忻儿淡雅聪慧，做事有条不紊，思维独特而缜密；璐怡温润恬静，心素如简，文笔流畅，一丝不苟。此外，还有笑容明媚的编务李莉姐，面对读者或作者的来电咨询，她总是用那温柔似水的声音耐心细致地作答。他们待我亲如兄弟姐妹，帮我在最短的时间内消除了陌生感和距离感。在幽幽书香静心处的编辑中心遇到他们，在产生强烈归属感之余，更让我体会到从事编辑工作应有的淡定心境：险躁不能冶性，宁静才能致远。我想，正是因为有了这样的指导思想，才使得《财务与会计》三十余年来能够兼容并蓄而又独树一帜。

（二）态度：不问得失，精益求精

我的实习工作是从接触一线的责任编辑和阅读近几期的原稿资料开始的，亲眼见到那连续四五审的修改稿和反复三次的校对稿，才深刻体会到每一篇文章定稿过程的种种不易。财务与会计编辑中心分为《财务与会计》和《财务与会计》（理财版），两版各有五位一审编辑和一位编务。编务记录完收到的每份稿件的详细信息后，会在第一时间按文章内容转发给相应栏目的编辑。一审编辑们在查看每篇文章后作出初步判断，只要不是立即判断为不能采录的文章，编辑们都会再次仔细研读并开始着手改稿。为在逻辑严谨的基础上尽量保持作者原意，编辑们经常需要跟作者进行反复沟通；对于每篇文章，编辑们都需要搜索权威资料逐一核对引文出处和内容，以确保引用准确。在这一过程中，难免会出现多番沟通修改后稿件最终质量还不能达标，或一审编辑已经费时费心改完后在二审、三审那里发现有似曾相识的现象，而这些都会成为编辑们工作的“沉没成本”。通常稿件一审通过后，还要送编辑中心副主任和主任那里进行二审、三审，通过后再送给分管的副总编进行四审，有些重要稿件还要再经过总编或社长五审。全部审核通过后，一审编辑须进行清稿。若没有电子版稿件，编辑们还要一字一句地把内容输入电脑。最后在付印前，为把出错率降至最低，编辑们还要对比原稿进行两次逐字逐句的校对和一次从头至尾的通读。

我粗略算了下，在每月二十多个工作日内，每位编辑至少要完成2万多字的上稿量和近9万字的校对量。即便编辑们不存在病休或事假，在这一个月内，他们可能还会被派承担外出采访、参会、写稿等多项任务。然而在如此繁重的工作任务下，大到逻辑结构、小到用词标点，编辑们从不懈怠，对每篇稿件都精雕细琢。即使是像校对这种技术含量不高但又特别伤神费力的工作，编辑们也总是毫无怨言、点点比对，连一个小小的半角空格都难逃他们的“法眼”。看着那些经由他们字斟句酌、画满了密密麻麻标记的修改稿，真让人有了一种脱胎换骨的变化。“妙着几字、境界全出”的文字内功，实在令人钦佩。

为了能不断提高文字水平和业务能力，好多编辑都是提早上班、推迟下班，以便利用这些时间多看些书，不断更新、充实自己。由于日常工作繁忙，为了能提高出刊质量，编辑们还经常把稿件带回家，利用晚上或周末时间改稿、校对。他们“运用之妙、存乎一心”的功力，其实都是源自这种扎实勤奋的努力。然而，当大家看到杂志刊出的文章时，几乎无人知晓编辑们付出过多少心血和汗水。我曾经问过他们，会不会因为是在为他人作嫁衣而心有不甘。他们说：能呈现给读者一篇优质的文章，比什么都重要。朴实简短的回答，让我为之深深动容，在自愧不如的同时，也让我明白了作为编辑应有的工作态度：不问得失，精益求精。正是有了这样一批兢兢业业、用心深耕的编辑班底，《财务与会计》才能始终保持着上乘的质量和蓬勃的朝气。

（三）团队：亦师亦友，真情互助

由于刚开始接触全新的东西，我脑中的问号不停地涌现，不得不经常打扰编辑中心的同事们。他们非但不嫌我资质愚钝，还总是非常细致、周全地为我答疑解惑，甚至还利用短暂的午休时间主动为我讲解组稿、选稿、审稿等的流程内容。有时我的问题可能只是提给就近的编辑，但大家觉得有需要补充或讨论的内容，就会积极主动地参与进来为我指点迷津，知无不言、言无不尽。

更情深可感的是，领导们因为担心我刚开始阅读原稿（指过期刊物所刊用稿件的编辑修改稿）过于枯燥，还经常给予我心灵上的安慰和心理上的疏导，鼓励和帮助我调整好心态，尽快适应新的工作角色。对待经验不足的年轻编辑，领导们总是格外用心良苦。既要让我们知道问题是什么、根源出在哪里，还充分考虑到我们的心理承受度，耐心地因材施教，用巧妙的方式让我们在鼓励中明白自己的不足和改进方法。此外，为了让年轻后辈增长见识、拓展视野，领导们还经常创造机会，让年轻编辑多与名人大家面对面交流，向他们当面求教。在实习期间，我就因此有幸见到了大名鼎鼎的张连起先生，一睹才子风范。这些真挚的人文关怀，久久融漾于心间，也让我深深领悟到《财务与会计》能够不断传承拓新的本源所在。

思考：《财务与会计》与学界如何加强合作，实现共赢

在写此文之初，其实只是想汇报一下对实习生活的感悟。然领导们不嫌我才疏学浅，鼓励我大胆对杂志发表意见和看法。好意却之不恭，我只好斗胆班门弄斧，从一个博士生的视角说说我的陋见，尤其是作为博士生，如何更好地利用《财务与会计》这一良好平台表达学术观点。

（一）均衡发展桥梁作用

一种文化有了深厚的根，才能吸引外来文化。一本杂志同样也是如此，只有旗帜鲜明、独具特色，才能吸引读者和作者，才能有持久的生命力。《财务与会计》杂志是为构建政府主管部门、实务界和理论界的交流平台而生的，其天然地有一种其他杂志无可比拟的联结政界、业界、学界这个铁三角的桥梁优势：《财务与会计》是由制定财会政策的财政部主管，故可快捷获悉政府主管部门制定政策的本质意图和执行目标，从而能够在第一时间向业界和学界传递最准确的信息；主管部门也非常乐意加强与企业的沟通，获取政策执行效果的第一手资料，愿意听取学术界对财会理论或政策在指导实践中的修正建议；实务界的财会人员，在贯彻实施财会政策或法规时，也不免有一些疑惑或诸多心得体会，学者们也很热衷于讨论和解决理论与实践相结合的各项问题。可以说，《财务与会计》提供了一个三方交流互动的平台。

实习期间，我翻阅了从1979年《财务与会计》创刊以来的各期杂志后发现，政界与业界的互动交流频繁且较为有效，但学界的参与和实质贡献则相对较少。这可能与高校研究生对《财务与会计》不够了解有关。高校在对研究生进行考核时，要求必须发表一定数量的学术论文，不带参考文献的论文在许多情况下不被认可为学术性论文，因而在考核标准中所占份额很小甚至不列入考核范围。而《财务与会计》作为偏实务的专业期刊，刊载的文章多不带参考文献，这在很大程度上降低了来自高校的写稿和投稿热情。事实上，从近年开始，《财务与会计》中某些理论性较强的栏目（如“研究与探索”、“案例分析”）已经开始适当列入主要参考文献，也许是因为大家一直觉得《财务与会

计》更偏重实务性而忽视了对其应有的关注。

另外，学术界的青年会计学人，尤其是在校博士生，最头疼的莫过于如何度过科研第一关——选题。按理说，深入财会工作的一线去发现实践中存在的问题是最好的方式，然而对于很多青年会计学人来说，既没有从事会计实务工作的经验，也不可能都有机会走向实践一线广泛了解需求，因而如何找到具有理论价值和实践意义的选题成为当务之急。根据实习过程中对《财务与会计》的阅读和思考，我发现许多栏目（如“讨论与争鸣”、“业务与技术”、“CPA理论与实践”等）与财会实践密切相关、见解独到，可以为学术论文的选题提供许多有益的灵感。

因此，通过杂志本身或相关网络平台，加强对高校读者的宣传，让其充分意识到《财务与会计》的这些优点，将有助于吸引高校稿源，提高学界的参与热情。同时，鼓励与实践紧密相连的深入浅出的理论文章的撰写，也更有利于《财务与会计》桥梁作用的均衡发挥。

（二）积极发挥引导作用

上下五千年的文化积淀与传承，使得中国人从来不缺少思想，只是缺少对思想的表达或者说缺少表达思想的平台。具体到学术界对财务与会计理论的研究，也存在这样的表达困境。《财务与会计》杂志正好有能力提供一片彰显这种学术思想火花的天空，帮助和引导青年会计学人从事更有实践价值的学术性研究。

目前的学术研究中，的确存在不少像张连起先生所言之思想贫乏苍白的文章。南京大学杨雄胜教授也指出，现在的青年学者，往往只是满足于简单追求工具精致主义的形式化会计研究，严重忽视对理论基础的系统掌握，甚至只是利用会计公开数据去回答一些非会计问题。这种本末倒置、盲目崇洋的做法，严重损害了中国会计学术研究的健康发展。高校的学术研究最终要以服务和指导实践来体现其真正的价值。作为全国发行量最大、唯一获得期刊荣誉最高奖的财会类期刊，《财务与会计》理应担当起引导和鼓励青年会计学人撰写和发表更有实践价值的、更具思想性的高水平文章的责任。

其实在高校中，博导们往往也有许多实践意义很强的、与企业合作的横向课题。但是，由于许多核心期刊只偏好发表学术性更强的纵向课题研究成果，且企业只要求学者提交研究报告而并未有发表文章的硬性要求，因而有发文考核压力的博士生们对这种横向课题研究的参与热情不高。如若《财务与会计》能鼓励这部分文章的写作，提供其发表的平台，既有助于博士生完成毕业时的学术考核要求继而提升积极性，又能把企业实践中遇到的财会问题放到更广阔的平台上进行交流和讨论。再者，从研究内容上来讲，学界与业界的这些横向联合课题项目，大多偏重管理会计领域，而管理会计研究因缺乏公开数据，许多学者即便颇有兴趣也难以问津。若引导和鼓励这种类型文章的撰写发表，提供学界与业界直接切磋的机会，将有助于帮助学界打破这一研究瓶颈，更好地促进中国管理会计理论与实践的发展。具体做法可通过制定并发布详细的投稿内容须知或举办相关征文活动，引导和鼓励学界与业界联合撰稿，相信只要做到要求明确，来稿的针对性和适用性是会有一定保证的。

行文至此，突然觉得有些不舍。想到在《财务与会计》编辑中心的实习生活，想到各位师长和友人的殷切关怀，眷恋和感激之情溢于言表。我唯有加倍努力、潜心钻研，以上佳表现回报各位领导和同事们的真挚鼓励和无私帮助。

祝我们的《财务与会计》越办越好，永葆活力！

（原载《财务与会计》2010 年第 10 期）

会计人的共同家园

——预贺《财务与会计》改版

盖　地

2014 年 4 月，一缕春风拂面，获悉我们会计人的挚友——《财务与会计》将于 2015 年由月刊改为半月刊，“理财版”将改为《财务研究》。2015 年，《财务与会计》的容量将会倍增，有关财务与会计的内容将会更加丰富、信息传递将会更加及时；《财务研究》的创刊，将为财政、金融、财务管理等领域的学术研究成果提供一个新的展示平台，必将大大促进我国的财务理论研究和财务学科建设。作为我国期刊界唯一的政府奖项——国家期刊奖的获得者，这次改版，也一定是《财务与会计》发展历程的一个重要转折点。

《财务与会计》自 1979 年创刊以来，转瞬间已经走过 35 年，迎来其风华正茂、英姿勃发的大好时代；作为一位老会计人，也深感时移世易、时不我待，唯有学习，方能不被淘汰。

《财务与会计》与我国改革开放同步，与我国会计改革同行。自创刊以来，《财务与会计》既反映了会计改革的每一项重要举措、每一个典型经验，又大力推动着会计理论与实务的研究与发展。我们共同经历了《中华人民共和国会计法》的诞生与修订，我国会计从会计制度规范阶段到会计制度与会计准则规范并存阶段、再到会计准则规范为主的发展阶段；我们共同见证了会计从核算到管理、到内部控制、再到财务信息共享，对会计的理解与认识在不断深化；利润留成、厂内银行、邯钢经验、“两则两制”、会计诚信、准则趋同、会计信息化等每个阶段的热点问题，都能在《财务与会计》中及时看到；政策导航、案例分析、理财广场、研究与探索、讨论与争鸣、交流驿站、会计人语等耳熟能详的栏目，让不论从事会计实务的会计人，还是从事会计教研的会计人，都可以找到自己的最爱，都可以从中获益。

2008 年，在《财务与会计》创刊 30 周年之际，我曾以《〈财务与会计〉：伴我成长 助我进步》为题撰写了一篇短文，发表于当年的第 9 期。“伴我成长助我进步”那是我的由衷之言。从我的第一篇习作在《财务与会计》1980 年第 4 期发表后，35 年来，作为《财务与会计》的忠实读者，深感受益匪浅；作为作者，也时有文章在《财务与会计》发表。回首与《财务与会计》的缘分，点点滴滴，历久弥新。记得在 20 世纪 80 年代初期，我在《财务与会计》发表了几篇有关记账方法、会计处理方法、固定资产折旧和成本计算方面的争鸣文章，其中在 1983 年第 5 期发表的《定额比例法不一定该取缔》的文章，是与辽宁省轻工业厅财务处崔羽白同志文章的商榷。后来，我有幸参加了几次原轻工业部财务司组织的全国会计决算会，与崔羽白认识并成为朋友，正是“不打不相识”。我至今难以忘怀那时候学术争鸣的良好气氛，《财务与会计》则为我们提供了一个交流切磋的良好平台。20 世纪 80 年代后期，随着改革开放的深入，国家鼓励个体经济发展，但却没有统一规范的会计制度，当时《财务与会计》的编辑约我撰写《个体工商户会计核算讲座》，促使我不得不学习、不得不调研。现在看来，真是雕虫小技，但对我来说，当时那就是“高难”。1988 年 11 月，编辑部张秉魁、秦中良同志到天津大港油田调研，我有幸陪同前往，在“磕头机”旁，在湿地湖畔，我们聊天，我们凝望，仿佛就在昨日。

我非常欣赏黑多的一句话：“真正值得尊重的责任文化，应该是以自己的不失责为底线，主动地为他人排忧解难；以自己的智慧获取真实的信息，来保证自己责任的履行。”我们深爱《财务与会计》，我们与《财务与会计》结缘，就是因为她有责任、有担当，不失责。

《财务与会计》是我们会计人的共同家园。春天里，我们共同耕耘、播种、浇灌，期待着收获，期待着丰收。

《财务与会计》是一个百花齐放、姹紫嫣红的美丽家园。在这个家园里，每个人都是一朵绚丽的鲜花，争奇斗艳。

期待着，明年的家园更大、更好看！

（原载《财务与会计》2014 年第 7 期）

期盼《财务研究》如其所然

吴江涛

我是《财务与会计》的忠实读者，也是她的忠实作者。因此，我对《财务与会计》有深厚的感情。《财务与会计》刊登的文章，我经常读。《财务与会计》在“中国会计视野网站”上设置的论坛，我经常去浏览。《财务与会计》的每次变化，我都十分关注。这次《财务与会计》再次改版，吸收合并理财版改为半月刊，新创办《财务研究》，我觉得这是一个富有洞见的改刊决策。财务是一个重要的领域，但一直没有一本相关的专业研究杂志。这不能不说是财务、会计领域的遗憾。我认为，且不论《财务研究》将来的内容如何，单就该杂志的推出，即已是财务领域的创举。《财务研究》的创刊日注定是值得纪念的。我热切期待《财务研究》的出版。

作为一名未来的读者，我希望《财务研究》是这样一本杂志：

第一，富有价值。刊登的文章对财务理论或实践具有启发或指导意义。对于一本标记了“财务”两字的杂志而言，这一点特别重要。财务是关于价值管理和创造的，如果《财务研究》的文章无关价值管理与创造，从财务角度而言，其本身就是不经济的。《财务研究》的定位是“学术刊物”，其专注于学术，自然有别于实务，但即便是学术文章或杂志，也莫要数典忘本。

第二，富有思想。不论杂志设置什么样的栏目，也不论作者采用了什么研究或观察方法，我希望该杂志的每一篇文章，都能传递作者独特的思考或思想。我觉得这样的文章才能算得上“研究”。作者有思想，读者有获益，这是一本杂志的生命线。

如何才能做到以上两点呢？这是创刊者需要认真思考和回答的问题。我想提几点建议：一是杂志需要主动培育一些有思想和经验的作者，或需要主动发掘一些有思想或价值的议题。二是杂志栏目设置、作者之间的争鸣形

以看到领导的修改思路及方式，自己再领悟提高。

“《财务与会计》要改成半月刊了，同时新创办一本学术刊物《财务研究》。”刘大姐把我从回忆中拉了回来，“所以要约请一些老朋友写一写与《财务与会计》之间的故事。”一时间，我的脑海里全是那些虽分别已久却毫无生疏感的熟悉的面孔——才华横溢的总编写得一手好字，编辑部主任总是那么严谨细致、干练又体贴，还有一直关心帮助我的那些兄弟姐妹，他们有的风趣幽默，有的勤勉能干，有的也偶尔来点“古灵精怪”……也许，《财务与会计》在大多数人的眼里是一本杂志，亦或一份精神食粮，但在我看来绝不仅仅如此，那是所有曾经一起共事奋斗过的面孔和记忆，是鲜活的，是立体的。它教给了我认真的态度，教会了我责任的内涵。

在走过三十多个年头后，这一次，《财务与会计》要改成半月刊了。每次想到这个好消息，我内心的喜悦犹如蓝黑的夜空中烟花绽开的那一霎那。就让我把您称作“伙伴”吧，亦师亦友的伙伴。人们都说情谊愈深厚，言语愈无力。万千华丽词语在我看来，都抵不过一个“好”字。那么，祝您转型顺利，改版成功，乘载着我们的希望，继续一马平川。祝，好！

（原载《财务与会计》2014 年第 10 期）

我心中的《财务与会计》

叶　友

《财务与会计》是会计人共同的精神家园。创刊35年来，已成为一个联结广大会计人的交流平台。在这些人中，既有居庙堂之高的政策制定者，也有持学术殿堂之雅的理论研究者，还有领时代潮流之风的企业高管，更有天南地北的基层财会工作者。这所有身处不同方位的会计人，上至白发苍苍的长者，下至年少青涩的学子，通过《财务与会计》这样一本刊物联结在一起，不能不说，这是一个奇迹、一份奇遇、一种奇缘。

《财务与会计》是学问的探索者、知识的传播者、时代的记录者，是广大财会工作者的福音书。我与责任编辑的结识也肇端于《财务与会计》的共同事业。他们亦师亦友，我不记得有多少次为了我的文章的修改，他们与我一个字、一个词地反复沟通、推敲，电话来电话去，邮件来邮件去，使我终于了解到也有这么一群媒体人，他们不计得失、精益求精，努力达成他们理想标准。几十年来，他们对理想的追求本身演变成了一种信念与品性，那就是对文章质量绝不敷衍，绝不苟且，绝不妥协。

《财务与会计》是一份不断奋斗、与时俱进的刊物。面对经济环境的变化，为了更好地为我国财会事业及读者服务，《财务与会计》拟于2015年吸收合并《财务与会计》（理财版），由月刊改为全彩半月刊，同时创办学术刊物《财务研究》。之所以有这样的计划，我想其原因在于：第一，随着我国经济的不断发展，各类企业的不断增多，各类经济活动越来越活跃，随之财务与会计活动也越来越繁多，因此就产生了更多的财务会计理论与实践方面的需求、题材与素材，需要我们不断创新、归纳和总结。第二，《财务与会计》由月刊改为半月刊，能够提高刊物的时效性，这也契合了我国经济形态和财会知识更新加速的现实。第三，新创办的学术刊物《财务研究》将与《财务与会计》一道，将实务研究与理论研究更好地结合起来，同时也易于读者、作者和编者的分类定位，更有利于刊物的组稿、审稿、编辑和销售等经营和管理工作。

值此《财务与会计》改刊和《财务研究》创刊之际，我个人认为刊物将来应关注以下几个方面的内容：

一是增加跨国财务会计的实务介绍和经验交流的内容。随着我国“走出去”战略的实施和参与国际经济的不断深入，越来越多的国内企业“走出去”了。在别的国家办厂开业催生了大量的跨国财务与会计事宜，诸如在国外的筹资、投资、税务、薪酬等一系列问题。我国虽然较早开展了财务与会计的跨国研究，但是实际上在过去真正“走出去”的企业并不多，许多企业不是以对外直接投资而只是以对外贸易的形式参与了国际经济，而且“走出去”的主要是大型企业，中小企业并不多，而现在“走出去”的企业越来越多，且大多为中小企业的直接投资，在跨国财务与会计的实务指导和经验交流等方面，它们有极为迫切的需要。我建议《财务与会计》今后可考虑设一个专栏，向那些在海外有投资的企业约稿，大量刊登这方面的实务介绍和经验交流的文章，包括他们实施的对跨国财会人员的招聘和培养，为“走出去”企业提供一些借鉴。

二是加大投融资等与金融市场密切相关文章的刊发力度。在过去，我国企业的投融资渠道比较单一，金融市场的投融资产品也比较少。随着我国利率市场化步伐的加快、人民币国际化进程的加速、金融市场的急剧发展和金融产品的不断丰富，企业所面临的利率风险、汇率风险越来越大，企业投融资渠道的选择、避险工具和获利机会也越来越多，这就要求我国企业特别是中小企业，要更善于在金融市场上长袖善舞、趋利避害，也要求财会人员扩展视野、提高业务水平。

三是在财务研究方面，目前我国还缺少一本专门的刊物，《财务研究》的创办填补了这一空白。目前，我国财务研究的文章要么过于理论化，许多实务人员不愿意看，要么过于操作性，缺少对实务的提炼与升华。当然，批评容易而建设艰难。我建议将财务研究分为基础理论研究和应用理论研究两类。为提高刊物的“研究性”，需要一些形而上的基础理论思考与探讨，但如果光是一些形而上的思考与探讨，就我个人而言，久而久之就无味之极！估计读者中也有不少人会是这样的感觉。因此，特别建议关注那些将理论运用于实际分析或者将实务升华为理论的好文章，这也是阐释理论、宣传理论的最好方式。

四是继续坚持理论联系实际的优良刊风，秉持海纳百川的学术胸怀，倡导并刊登多主题、多题材、多风格的文章。《财务与会计》的一个鲜明特色就是其入世情怀，用目前比较流行的说法就是“接地气”，这才使其拥有了广大的读者群体。其根本原因在于，财务与会计本身就是一门实践性相当强的学问。

五是继续坚持严谨的编审态度，保持文章的高水准。现在各种财会类、财经类、经济类、管理类的刊物很多，各种新刊物也不断涌现。有些刊物为求生存、谋发展，不惜使尽全身力气、用尽各种招数，甚至也会刊登一些追求“噱头”的文章，在审稿时也不尽严谨。许多文章看起来“漂亮”，但实际上却经不起推敲，这样的刊物也许可以博得一定的眼球、取得一时的成功，但是最终却往往站不住脚，一段时间以后就会失去读者。

沧海横流，方显英雄本色！《财务与会计》主动求变的诚恳、负重前行的英姿，在时代的背景下愈益鲜明！我衷心祝愿《财务与会计》越办越好，基业长青，成长为百年老刊。再过六十五年，也许我们中的许多人将不复存在，然而我们现时奋斗的影子将深深镌刻在将来读者翻过的每一页纸上，历久而弥新！

（原载《财务与会计》2014 年第 8 期）

我与《财务与会计》的深厚情谊

戴国华

有这样一本杂志，她通俗易懂，实用性强，我和她结缘于1986年，当初怎么也没有想到，这本杂志会伴随我走过人生二十八年，并让我收获丰厚。她就是广大财会人员的良师益友——《财务与会计》。欣闻从2015年1月开始，《财务与会计》将吸收合并《财务与会计》（理财版），由月刊改为全彩半月刊，同时创办学术刊物《财务研究》，倍感高兴。值此之际，我想用感谢、感恩和感触六个字表达我对《财务与会计》的深厚情谊。

感　谢

我的启蒙老师。1989年中专毕业刚涉足会计工作的我，面临的首要问题是如何将学到的理论知识运用到实际工作当中。当时，我除了尽快熟悉了解相关会计制度和向师傅请教外，更多是通过阅读《财务与会计》吸收一些与工作相关的知识，以指导和帮助我的会计工作，让我在较短的时间内尽快适应会计岗位。1992年至1994年，《财务与会计》刊登的有关资金管理、会计基础工作先进做法等吸引了我，我仔细领会，消化吸收，并积极运用到企业实际工作当中。在充分调查研究的基础上，1994年年初我向公司领导上报了关于《基层单位推行独立核算，实行资金集中管理》的调研报告，得到了领导的重视和支持。当年，我公司为了加强资金的集中管理，对基层单位实施独立核算，公司取消了基层单位20多个银行账号，只保留财务科对外的户头，公司的财务状况明显好转。我根据实际工作经验撰写的论文《强化资金管理，提高经济效益》在当年单位管理年会和原铁道部大桥工程局财务会计学会上均被评为“二等奖”。科长后来问我是如何想到撰写这方面的文章的，我说是因为《财务与会计》启发了我。

我的入门老师。原来接触《财务与会计》，只是想学习知识，没有想过投稿，一个偶然的机会，让我萌发给编辑部投稿的念头。记得在 1999 年，财政部实施国有企业年度会计报表需经外部中介机构审计的规定，当时我正负责全局会计报表的编报工作，第一次品尝到配合审计的辛酸苦辣，感悟到会计人员对外审工作缺乏理解和沟通的困惑，也体会到审计人员在有限的时间内寻找审计依据的艰难……我思考着导致这些问题产生的深层次原因，萌发了以撰写文章的形式表达自己想法的念头。2000 年年底，怀着忐忑不安的心情，我将几经修改的《国有企业年度会计报表审计面临的问题及其对策》一文邮寄给《财务与会计》编辑部。没有想到的是，稿件发出仅十天左右的时间，我就接到责任编辑打来的电话。经过与责任编辑的多次沟通和精心修改，我的第一篇文章终于得以发表在《财务与会计》2001 年第 5 期，实现了我多年想发表文章的愿望。责任编辑平易近人的话语，现在回想起来，依然历历在目。

我的成长老师。随着给《财务与会计》投稿的增多，我慢慢结识了诸多责任编辑，也正因为有了他们的辛勤工作，才使得我的文章屡屡得以在《财务与会计》上发表。特别是记录着我圆梦之路的文章——《让不可能变成可能——记一位敢于有梦、追梦和圆梦的会计人》在《财务与会计》2013 年第 11 期“特别报道”栏目的刊发，在广大会计人员当中引起了较大反响。这对我是巨大的鼓舞，无疑也是不断前行的动力。作为读者和作者，在此，我深深感谢《财务与会计》所带给我的一切。

感　恩

《财务与会计》为我提供了展现个人能力、实现自我价值的平台，更让我难以忘怀的是 2008 年我被《财务与会计》评为创刊三十周年的优秀作者，并作为特邀嘉宾参加了在北京召开的“庆贺《财务与会计》创刊三十周年座谈会”。2014 年 5 月我又一次受邀参加了在北京举办的“《财务与会计》第四届理事大会暨《财务研究》创刊、《财务与会计》改半月刊发布会”。两次参会经历，让我近距离聆听到了财政部领导对财务和会计的独特见解，也认识了许多业内的专家学者，受益匪浅。作为读者和作者，我始终对《财务与会计》给自己提供的发展平台心存感恩，唯有真正关心和支持《财务与会计》，与《财务与会计》同发展，才能表达我内心的感激。今后我想要做的事情是：

一继续撰写好文章，回馈读者。近几年，在《财务与会计》责任编辑的帮助和指导下，我发表了一些与实际工作密切相关的文章，受到部分读者的关注，他们看完文章后，还通过多种途径与我进行沟通，我受益匪浅。《财务与会计》改刊后，我将一如既往给予关心和支持，尽力将工作中的一些新思路和好的做法，形成文章奉献给读者。

二做好义务宣传员，为增强刊物的影响力尽绵薄之力。我记得武桥重工集团股份有限公司财务部部长曾经向我询问有什么财会类杂志对工作有所帮助，我不加思索地回答是《财务与会计》，并将如何订阅等情况告诉他。近期又碰到他，他告诉我《财务与会计》有许多文章确实对实际工作具有较强的帮助和指导作用，真是一本很实用的杂志。2013 年我分别在中国中铁大桥局集团两个子公司财务人员写作培训班上将《财务与会计》强力推荐给大家，并告诉大家，坚持阅读《财务与会计》就会有收获。《财务与会计》改刊后，我将继续做好《财务与会计》的义务宣传员，为进一步扩大《财务与会计》在广大财会人员当中的影响尽自己的一份心力。

感　触

改刊后的《财务与会计》要取得成功，除离不开责任编辑的辛勤工作外，更离不开读者和作者的关心和支持。作为忠实的读者和作者之一，对于《财务与会计》的改刊，我有以下一些感触：

感触一：栏目顶层设计是关键。从目前的《财务与会计》栏目设计来看，更注重国有企业财务、会计等方面的内容，我认为，《财务与会计》的长远发展定位应该是综合性的财务会计管理，除了应关注国有企业财务、会计等方面的内容外，还应关注民营企业、行政事业单位、农业企业、中国境外企业财务会计管理等方面的内容，栏目设置要能体现内容的综合性。

感触二：栏目如何策划是根本。编辑不能“等、靠、要”稿件，应主动出击，提前谋划，每年至少要推出一些内容新颖、紧跟形势的专题。通过向先进企事业单位财务会计人员、财经类教育工作者、知名专家等约稿，将一些读者关心的热点、重点内容进行多视角深度报道，并吸引更多的作者参与讨论，这样必将带来办刊质量和水平的提升。

感触三：多方位宣传是前提。我曾经到中国中铁大桥局集团内企业调研财务管理工作，发现有些财会人员不了解《财务与会计》，有的甚至工作十多年都没有见过《财务与会计》，这从某些方面反映了《财务与会计》的宣传力度还不够。我个人认为，在当今市场经济环境下，《财务与会计》做好市场营销工作是生存和发展的重要前提。因此，《财务与会计》应加大宣传力度特别是要利用好互联网资源。发行工作者要深入到大型国有企业甚至民营企业进行宣传，与大型央企进行长期战略合作，将《财务与会计》深入到广大财会人员的心中。

感触四：电子刊物发行是基础。我的书柜里放着积攒多年的《财务与会计》杂志，搬了几次家，好多书都丢了，可《财务与会计》一本也没有丢。我的儿子问他妈妈："现在很多书都可以从手机上看，为什么《财务与会计》却不能？"妈妈无语……的确，在电子信息产品发展如此迅猛的当今时代，改刊后的《财务与会计》可尝试发行电子刊物，这样既方便读者及时阅读查看，又便于收藏，可谓一举多得。

（原载《财务与会计》2014 年第 9 期）

后记

着手编辑出版《财务与会计》新世纪会计文化系列丛书第三辑已说了很多年，但由于人手不够，就一直只停留在“愿望”阶段。因为2015年《财务与会计》要改为全彩半月刊，同时创办一本学术刊物《财务研究》，2014年编辑部人员逐步得到补充，也因为想在《财务与会计》这一历史转折点献上我们编者的祝愿和礼物，因此，该书的出版被提上日程，并付诸实施。作为第一辑《走进会计的日子》和第二辑《以诚信的名义》的姊妹篇，第三辑《有梦会计人——〈财务与会计〉2005—2014人文剪影》包括“身边的会计人”、“经历和感受”、“思与悟”、“追梦人生”、“哲人风范”、“我与《财务与会计》”六个部分，所述的也大多是来源于基层会计人日常生活、工作和学习中的故事，很质朴，也很真诚。倘佯其间，你可以真切感受到会计人对工作的热情，对生活的热爱，对信念的坚守，对梦想的追求，还有对身边会计人的那份感动，以及对《财务与会计》的深厚情谊和无限期盼，相信本书与《走进会计的日子》和《以诚信的名义》一样，带给您的也将会是一些非常的感受和体验。

由于编者水平有限和在图书运作上的经验不足，本书也许会存在一定的错谬和遗憾，诚恳地欢迎您在阅读本书时不吝赐教。

本书得以出版，要特别致谢瑞华会计师事务所及首席合伙人、党委书记杨剑涛先生所给予的大力支持。杨剑涛先生是一位志在报国、心怀感恩、坚守信念、执着梦想的会计人。2013年，他用业务超过31亿元的事实提前一年兑现了自己的承诺，也是从这一年开始，他所带领的瑞华团队连续两年占据中国会计行业百强榜第三名，改变了国际“四大”在中国会计师事务所综合排名前四位的格局。由于杨剑涛先生在我国注册会计师行业所具有的重要影响，在2014年10月召开的CroweHorwath International巴黎年会上，他当选为CroweHorwath International联席主席，从2015年1月1日起履新。CroweHorwath International是全球十大会计网络之一，在全球100多个国家拥有150多家独立的会计和咨询服务公司。杨剑涛先生成为担任全球前十大国际会计网络主席的第一位中国人。此外，他还积极参与社会公益事业，坚持多渠道回报社会，先后向革命老区、红军小学等捐款累计近400万元。瑞华会计师事务所及杨剑涛先生的支持，为本书的顺利出版提供了保证。

还要感谢《财务与会计》和《财务与会计》（理财版）的读者、作者所给予的关注和热情鼓励，感谢本书责任编辑——中国财政经济出版社的樊清玉，她敬业务实、认真细致，为本书的顺利出版付出了巨大的努力。最后，还要感谢中国财政杂志社出版处的王子剑及《财务与会计》编辑中心的责任编辑刘黎静、刘霁、王雅涵为本书所付出的认真、细致的劳动。

编　者

2015年6月